U0744302

高职高专财会专业系列规划教材

投资与理财

（第3版）

魏涛 初晓丹 刘洋 编著

Investment and Finance

電子工業出版社·
Publishing House of Electronics Industry
北京·BEIJING

图书在版编目（CIP）数据

投资与理财 / 魏涛等编著. —3 版. —北京：电子工业出版社，2016.9

高职高专财会专业系列规划教材

ISBN 978-7-121-29780-9

Ⅰ. ①投… Ⅱ. ①魏… Ⅲ. ①投资—高等职业教育—教材 Ⅳ. ①F830.59

中国版本图书馆 CIP 数据核字（2016）第 203182 号

策划编辑：姜淑晶

责任编辑：李慧君

印　　刷：北京七彩京通数码快印有限公司

装　　订：北京七彩京通数码快印有限公司

出版发行：电子工业出版社

　　　　　北京市海淀区万寿路 173 信箱　邮编　100036

开　　本：787×1 092　1/16　印张：15　字数：365 千字

版　　次：2007 年 6 月第 1 版

　　　　　2016 年 9 月第 3 版

印　　次：2025 年 6 月第 13 次印刷

定　　价：39.00 元

凡所购买电子工业出版社图书有缺损问题，请向购买书店调换。若书店售缺，请与本社发行部联系，联系及邮购电话：(010) 88254888，88258888。

质量投诉请发邮件至 zlts@phei.com.cn，盗版侵权举报请发邮件至 dbqq@phei.com.cn。

本书咨询联系方式：(010) 88254199，sjb@phei.com.cn。

高职高专财会专业系列
规划教材编委会

出版说明

作为现代高等教育的重要组成部分，高职高专教育可说是与经济建设、劳动就业联系最紧密、最直接的。它承担着为高新技术转化、传统产业升级提供智力支持的重任，承担着提高劳动者的就业能力和创业能力、促进劳动就业的责任。近年来，我国高职高专教育有了很大的发展，为生产、管理、服务第一线培养了大批技术型、应用型专门人才，为我国经济发展和社会进步起到了重要的推动作用。

高职高专教育以培养高技能人才作为教学目标，因此，与普通本科教育相比，有自己鲜明的特点：① 理论知识以"必需、够用"为度；② 以市场需求为目标，以培养实际操作能力为核心；③ 实践教学在教学计划中占较大比重，注重学生职业能力的培养，实现"零距离上岗"，即学生毕业进入企业后，不再需要专门的上岗培训，直接就可以上岗，从而实现人才培养与上岗就业的零距离。

为了真正实现高职高专教育与上岗就业零距离的目标，许多高职高专院校正在进行逐步的教学改革，改革方案里提出要适当规模地控制基础理论课程教学的深度与广度，加强校内模拟实训室和校外实习基地建设，强化技能培训，熟悉岗位要求，增强学生择业就业能力，增加学生的就业机会。

教学改革，教材先行。为了推动我国高职高专教育教学改革向"以培养职业能力为中心，理论和实践并重"的方向发展，在国家教育部的指导下，电子工业出版社在全国范围内组织并成立了"全国高职高专教学研究与教材出版编委会"（以下简称"教学研究与教材出版编委会"），旨在研究高职高专教学目标、教学规律，以及与教学改革配套的教材建设，规划教材出版工作。教学研究与教材出版编委会的成员单位皆为教学改革成效较大、办学特色鲜明、办学实力强的普通高校、高等专科学校、高等职业学校、成人高等学校及本科院校主办的二级职业技术学院，而教材的编者和审定者则均来自从事高职高专和成人高等教育教学与研究工作第一线的优秀教师和专家。

教学研究与教材出版编委会根据《教育部关于加强高职高专教育人才培养工作的意见》的文件精神，以及上岗就业零距离的教学目标，规划了这套"高职高专系列规划教材"，力求能够反映高职高专课程和教学内容体系改革方向，按照突出应用性、实践性的原则重组系列教材结构；力求教材能够反映当前教学的新内容，突出基础理论知识的应用和实践技能的培养。教材中的基础理论以必需、够用为度，强调应用知识点的教学，在专业课程教材的内容设计上加强针对性和实用性；教材内容尽量体现新知识、新技术、新工艺、新方法，以利于学生综合素质的形成和科学思维方式、创新能力的培养，同时注重实训和实习环节，以提高学生的操作技能及与实际岗位的对接。规划教材覆盖了人力资源管理、财务会计、国际经济与贸易（国际商务）、物流管理、市场营销、金融保险、工程造价、商务英语、旅游管理等专业的基础课程和专业主干课程。这些教材全部按教育部制定的《高职高专教育基础课程教学基本要求》编写，在此基础上，这些教材在形式上加以创新，加入一些实际案例以及延伸阅读等内容，方便学生课下学习，拓宽知识面；同时，将主要的专业核心课程设计成教材和模拟实训二合一教学包；此外，电子工业出版社华信教育资源网上还提供教学课件以及习题答案免费下载等增值服务。上述规划教材适合各类高等专科学校、高等职业学校、成人高等学校及本科院校主办的二级职业技术学院使用。

编写高职高专教材是一个新课题，希望全国高职高专和成人高等教育院校的师生在教学实践中积极提出意见与建议，并及时反馈给我们，以便我们对已出版的教材不断修订、完善，与大家共同探索我国高职高专教育的特点和发展道路，不断提高教材质量，完善教材体系，为社会奉献更多更新与高职高专教育配套的高质量的教材。

全国高职高专教学研究与教材出版编委会

第 3 版前言

2008 年经历了席卷世界的次贷危机，同时欧盟仍然陷入欧债的泥潭，房地产价格出现了过山车般的剧涨剧跌，存款利率持续下降，从"双创"的蓬勃发散发，到国家鼓励共享经济，现在已经毫无疑问地进入所谓的"互联网+"时代。互联网金融的发展必然对传统投资理财方式提出新的挑战，互联网金融表现出巨大的发展空间和发展张力。随着互联网金融的发展，投资理财的策略也必然会产生巨大的改变：从原来的单一化转向现在的多元化。原来人们的理财观念就是，除去日常开支，剩余的基本都存进银行。随着存款利率的下降，市场为了满足人们对收益的追求，开始推出多种理财产品，如银行理财、基金类、宝宝类等，人们也开始渐渐尝试多样投资理财方式，逐渐形成一种多领域投资、风险分散、收益增多的局面；从稳健型投资转向中高等的风险投资，比如只是存款的人渐渐少了，或者存款的金额渐渐缩小比例了，诸如基金、股票的投资爱好者越来越多；同时，理财服务也从有原来的标准化分离出私人定制服务，领域按照理财人群和需求进一步划分，特殊化专享的私人理财服务逐渐自成体系，形成很多高净值用户更便捷的服务；线上理财风生水起，互联网金融大放异彩，宝宝类理财产品开启互联网金融新时代，P2P 理财成为今日耀眼的明星，传统与创新并存。

面对纷繁变化的资本市场、外汇市场、黄金市场、房地产市场和互联网金融，许多投资方式和投资品种都发生了巨大变化，因此有必要对理财方式、投资品种和投资理念进行重新梳理。

本书自 2007 年出版以来，多次重印，深受广大读者欢迎，此次修订在保持第 2 版框架的基础上进行了研究和撰写。主要包括：探讨房地产投资未来的走势，引发中国房地产投资的黄金时代已经一去不复返的反思，对第 10 章进行了大幅度修改，以适应当前房地产发展的趋势；面对当前的形势，对黄金投资、外汇投资、证券投资部分进行了相应的补充；在国家政策的影响下，普惠金融、绿色金融必然是大势所趋，投资理财也将逐渐全民化，加之互联网金融信用信息共享平台的引进，2015 年下半年开始，《关于促进互联网金融健康发展的指导意见》《网络借贷信息中介机构业务活动管理暂行办法(征求意见稿)》等相关政策出台，再到中国互联网金融协会成立，互联网金融行业开启了更加规范化的发展，将会有越来越多的投资者开始对互联网金融产品投资，因此加入了互联网金融一章，力图使读者对互联网金融有一个清楚的认识。

限于作者水平和所掌握的资料数量，书中难免会出现一些错误和不妥之处，恳请同行和读者指正并多提宝贵意见。

目　　录

第 1 章　投资理财的初步探析

引言

　　英国有一个"金钱训练营"，它是专门培训孩子如何理财的集训营，主要以 12～18 岁的初中和高中生为培训对象，帮助他们了解基本的金融知识，养成良好的花钱习惯，为日后的生活打下基础。

　　集训的第一天，孩子们会在教练的指导下，为自己的未来勾画出一幅图画，制作成一个梦想之板。接下来的几天，教练将教会孩子们如何实现梦想。培训内容主要包括：金钱如何流通，怎样才能赚到钱，如何才能使金钱增值，以及如何管理金钱。集训最后一天，教练将领着孩子们到商店、银行及投资公司参观。

　　金钱训练营是让教练通过游戏、活动、小组练习等形式，将抽象的概念用浅显易懂的语言和生动的形式表达出来，使孩子们在活泼的气氛中掌握理财的原理及方法。

本章学习目标

- 理解投资理财的必要性；
- 了解投资与投机的区别；
- 通过一些成功人士投资理财的经历，使学生对投资理财有更深层次的认识；
- 掌握我国现有的投资理财品种及其特点。

1.1　为什么要提倡投资理念

1.1.1　稳健优化型投资理财的好处

1. 理性的投资者才能赚钱

　　目前，国内证券市场中的很多中小投资者都没有形成正确的投资理念，他们热衷于追涨杀跌、短线投机，热衷于炒概念、炒信息，妄想着一夜暴富。

　　与此同时，媒体与证券公司也利用众多中小投资者的这种心理，纵容投机，似乎跟着他们，短期内就能挣到大钱。许多中小投资者正是中了庄家及其枪手的这些诡计，以至于亏损累累，惨不忍睹。

　　试想一下，如果每个人短期内都能发大财，那么这些钱从何而来？实际上，庄家知道的信息比中小散户多、快、准确（这就是信息不对称），而且他们掌握着大量资金，可以很轻松地操控大盘。他们还有专业的分析团队等众多优势，这是散户投资者无法相比的，以致大多数人都是赔钱的。因此，投机是少数风险爱好者去博杀的事，大多数投资者应当树立稳健型投资理念，投资于那些最有投资价值的品种，稳稳地、轻松地使自己的资金迅速增加。

投机者虽然偶尔也能赚大钱，有时比投资者赚得还多，但他们绝大多数人都是亏损的，而且他们承受的压力太大，整天提心吊胆，不仅影响身体健康，而且最终可能导致血本无归。

相比之下，稳健型投资者基本上能够稳赚。如果你愿意承担一些风险，采取高抛低吸的策略，可以赚得更多。这里的高抛低吸是指择机进、择机出的策略，即当有投资价值时投资，至少在投资价值较大、风险较小时买入，一旦价格上涨至投资价值较小时就卖出，等待价格回调至有投资价值时，再进行投资。

投机者一旦买入证券后，就要设定止损点，价格跌到止损点时就要割肉，这是一件很痛苦的事。例如，投机者20元买进的股票，一旦跌至15元时，他会止损割肉，因为他害怕该股票会跌得更惨，如跌到10元，甚至更低。但是，他有没有考虑，10元都不值的股票为什么他会花20元买进？

理性的投资者不会这样操作。他会买入那些有投资价值的证券，如果价格下跌，反而是一个投资的机会，即在下跌的时候加码买进。因此，稳健型投资者从来不止损割肉，永远稳健地赚钱。

因此树立正确的投资理念，也就掌握了主动权，能够稳操胜券，不受庄家的摆布。

2．把鸡蛋放在同一个篮子里

有这样一句话："不要把鸡蛋放在同一个篮子里。"要把10个鸡蛋分散在10个篮子里，这样可以分散风险。但我们认为，这里存在一个较大的误区。就我国目前的金融投资环境而言，对于几千万元以下的资金，应该相对集中投资，即把自有资金全部投入证券市场，而且还应该始终把"鸡蛋放在一两个篮子里"，使投资资金发挥最大的效益。

【例1-1】 一位职业投资者、网名"老股民"的散户在自己的博客中首次公开了他14年来操作的一个实验账户：从1995年的1万元原始资金，买入四川长虹，中途换股5次，期间经历了多次牛熊，至今收盘市价总值100万元，年均实现利润38.95%。100倍的利润？"老股民"的传奇经历被众多投资网站转载。众人关心的是，这样一个实验账户，10多年间经历了怎样的波动？这位投资者在"滚雪球"的游戏中究竟有着怎样的心路历程？他的选股究竟有什么"秘诀"，还是有什么"内幕消息"？"老股民"透露，在这14年间，他的操作始终是中长期满仓的"价值投资"，持股时间最短1年，最长5年多（山东铝业，但没怎么赚钱）。其中，买进四川长虹的价格是12.50元，每股净利润是2.97元，市盈率4.21倍。买进山东铝业的价格是8元多，每股净利润0.277元，市盈率28倍。2月9日浦发银行的价格是17.79元，每股净利润2.21元，市盈率8.05倍。其中，在2005年年末收盘时的市场价是179 049元，累计利润为1 690%，时间为11年，年均利润为29.99%。在2005—2008年的三年间，实现利润322%，年均利润61.58%。2008年年末收盘价是755 350元，累计利润为7 454%。而仅仅从2009年1月1日到2月9日，收益率是32.36%。最终实现利润100倍。

1.1.2　风险与平均收益

几乎所有的相关图书都认为，"高风险伴随着高收益，低风险伴随着低收益。收益是风险的回报，风险是收益的代价"。好像高风险必然会带来高的平均收益，不冒大的风险，就不会有大的平均收益。其实，这种认识是错误的。有许多投资项目，其风险很大，但是平均收益率却很小，有的甚至是负的；而有些投资项目，其风险很小，但是其平均收益率却很大。所以，应该充分运用投资理财的观念，在风险可承受的情况下，去选择平均收益率尽可能大的投资品种，而不是盲目地追求高风险。高风险未必会带来高的收益！

在进行投资决策时，主要看平均收益率的大小。但是，平均收益率最大的决策选择未必是最佳的，因为其中还有一个风险问题。风险主要来自收益率的不确定性，即最终获得的收益率可能大于平均收益率，也可能小于平均收益率。当最终获得的收益率无法承受时，这个决策的方案就不可取。我们的决策应该在风险可承受的条件下，寻求平均收益率最大。当平均收益率最大的选择不唯一时，不一定要在平均收益率最大的当中选择风险最小的。例如，两位偏好赌博的人一起赌博，如果他们的赌博技术不分彼此，那么他们俩的平均收益率为零，但他们一般不会选择风险最小的赌法。这里有风险偏好和风险厌恶的区别。

【例 1-2】　如果我们可以选择 a、b、c、d 和 e 五种投资工具，每种投资工具中都有两种投资项目可供选择，这些项目的投资额与花费的时间都相同，但收益不同。这五种投资工具中，低收益项目的收益为 1、2、0、-1 和 -10；高收益项目的收益为 1、4、10、21 和 810，如表 1-1 所示。

表 1-1　五种投资工具的收益情况　　　　　　单位：万元

收　　益	a	b	c	d	e
低收益	1	2	0	-1	-10
高收益	1	4	10	21	810
平均收益	1	3	5	10	400

这里并不知道哪种投资工具的收益是高还是低，只能凭运气。那么，应该选择哪种投资工具呢？

如果选择 a，无论如何，都可以得到收益 1 万元。但这很显然不是一个好的选择，因为投资工具 b 的最低收益超过了 1 万元。此外，能承受的风险越大，其平均收益可能也就越大。在本例中，如果能承受收益为零的风险，则可选择 c，其平均收益可为 5 万元；如果能承受更大的风险，即有可能损失 1 万元这样的风险，则可选择 d，其平均收益可达到 10 万元；如果你是一个风险极其偏好者，能承受损失 10 万元的风险，则应该选择 e，即你的平均收益将高达 400 万元。

【例 1-3】　1998 年 4 月 18 日《经济生活报》中有一篇名为"股市神童——美籍华人司徒炎恩速写"的文章报道：

1987 年 10 月 19 日，对华尔街来说是黑色星期一，当天的道琼斯工业指数下跌了 508 点，一天时间就蒸发了 5 600 亿美元。

但这对当时一个只有 9 岁的孩子来说，却成为他的大觉醒。

他八九岁便看马克思的《资本论》，并劝妈妈买股票、投资房地产。他妈妈后来发觉如果当年听了他的话，可就赚大了！

14 岁那年，他借用父亲的名字，用祖父给的 700 美元买了一家电脑公司的股票，3 个月后，这只股票涨了 114%，赚了 800 美元。

4 年后，司徒炎恩负责管理的基金已达 20 万美元。当然这与其他基金相比简直微不足道，然而他的基金年度回报率却高达 34%，这令许多大基金都汗颜。1994 年年初，《华尔街日报》把这位才 16 岁却使许多投资人士脸上无光的少年的事迹作为头条报道。

司徒炎恩所管理的资金来源实际上都是家人的。15 岁那年，他父亲答应他成立一个共同基金，本来是期望获得 50% 的收益率，但之所以选择一条利润高但风险低的投资方式，其中一个主要原因是这些资金都是家人和亲友的钱。司徒炎恩说："我不希望家人和亲友一个个心脏病发作！"

1.1.3 投资理财在我国的前景

进入 2009 年，我国 CPI 不断攀升，于 2011 年 5 月突破了 6% 的警戒线。2011 年 7 月 CPI 同比增长 6.5%，创下了 37 个月的历史新高。为应对通货膨胀，中国人民银行从 2010 年 10 月起连续几次加息，人民币一年期存款利率从 2.25% 升至 3.5%。尽管如此，相比居高不下的 CPI，储蓄的实际利率仍旧是负利率。储蓄存款已经不再是百姓闲置资金的最优选择，大众都希望通过最优的储蓄和投资组合，使资金的利用率提高。于是，投资理财业务开始持续升温，证券市场继续被投资者热捧，保险产品逐渐得到关注，黄金走进了投资者的视野，各商业银行的理财产品开始热销。

2008 年 9 月全球金融危机暴发至今，中国经济经历了从骤然遇冷到持续复苏的过程。工业产出、消费品零售总额等各项重要经济指标在 2009 年出现逐季回升态势。对于中国百姓而言，其个人资产也随着经济经历了从萎缩到逐渐恢复的过程。但在这个过程中，他们对于理财的需求却似乎从未"缩水"。

2009 年 11 月 22 日闭幕的上海理财博览会已经是第七届。每届理财博览会都有着相似的热闹程度，即使是金融风暴最为猛烈的 2008 年。这或许从一个侧面反映了中国百姓理财需求的持续旺盛。

分析人士指出，随着中国百姓理财意识的不断提升，越来越多的人开始理性地审视自己管理财富的观念和方式，寻找更多元的理财途径，并希望借助专家的指点，纠正自己行为中的一些误区。这或许正是理财博览会长盛不衰的主要原因。

尽管需求从未"缩水"，2008 年开始的那场席卷全球的金融海啸，还是不可避免地改变着中国理财市场的格局——经过危机的"洗礼"，人们的投资心态和行为显得比以往更理性、更谨慎。

在传统的股市、债市、期市之外，包括黄金投资在内的更多投资方式开始进入中国百姓的视野。这也成为中国理财市场变局的重要特征之一。

知名咨询公司波士顿，于 2009 年 11 月在北京发布其最新报告，报告称：中国财富市场未来将成为"全球发展最快的市场"。

报告说，从 2008 年年底到 2013 年，亚太地区管理资产额将以 9.5% 的速度增长。而中国的财富市场将在未来 12 年内保持年均 17.2% 的增速，至 2013 年达到 7.6 万亿美元。

《中国银行业理财市场年度报告（2015）》总结了 2015 年中国银行业理财市场运行特点，显示截至 2015 年年底，共有 426 家银行业金融机构有存续的理财产品，理财产品数 60 879 只，理财资金账面余额 23.50 万亿元，较 2014 年年底增加 8.48 万亿元，增幅为 56.46%。同时，理财产品为客户带来丰厚回报，2015 年一年，银行业理财市场累计兑付客户收益 8 651.0 亿元，比 2014 年增长 1 529.7 亿元，增幅 21.48%，

2015 年，中国人民银行进行连续五次降息降准，人民币一年期存款利率降至 1.5%。低利率的银行储蓄已不再是人们理财的优选，即便如此，截至 2015 年 6 月末，金融机构居民人民币存款余额仍超过 136 万亿元。加上分流在房地产、股票等市场的资金，中国财富管理市场规模惊人。

从高端客户到普通百姓，对于形形色色的财富管理机构而言，中国理财市场无疑是一场永不散席的"盛宴"。

1.2　投资大师的投资理财秘诀

1.2.1　李嘉诚的理财三秘诀

李嘉诚是我国首富，他的成功也绝非偶然，这是他投资理财得当的结果。他从 16 岁开始创业，至今已经 70 多岁，白手起家 50 多年后，家产已达 100 多亿美元。

李嘉诚理财的三个秘诀是：

（1）30 岁以后重理财。30 岁以后赚钱（靠出卖自己的劳动力和智慧赚钱）已不重要，这时他主要靠钱生钱，即用自己手中已有的钱进行投资，生出钱来。

（2）要有足够的耐心。如果每年存 1.4 万元，假设每年的投资回报率为 20%，那么 10 年后只能买一辆车，20 年后也只有 261 万元，而 40 年后就有 1 亿元。倘若每年的投资回报率更高，那么达到 1 亿元的年限就会更短（见表 1-2）。

表 1-2　每年存 1.4 万元，每年的投资回报率为 20% 和 30% 时的资本增长情况　　单位：万元

年　份	1	2	3	4	5	6	7	8	9	10	11
资金（10 000 元）（20%）	1.4	3.1	5.1	7.5	10	14	17	22	27	32	40
资金（10 000 元）（30%）	1.4	3.2	5.6	8.7	12	16	21	28	38	51	68

续表

年　　份	12	13	14	15	16	17	18	19	20	21	22
资金（10 000 元）（20%）	50	61	75	91	111	134	162	196	237	286	344
资金（10 000 元）（30%）	89	117	154	201	261	341	444	577	752	979	1 273

年　　份	23	24	25	26	28	30	32	34	36	38	40
资金（10 000 元）（20%）	415	499	600	722	1 041	1 501	2 164	3 120	4 494	6 475	9 327
资金（10 000 元）（30%）	1 656	2 155	2 802	3 634	6 161	10 415					

（3）先难后易。后来赚 1 000 万元，比先前赚 100 万元要容易得多。从表 1-2 中可知，40 年的最后两年能赚 2 852 万元，而 40 年的前 15 个年头总共才赚 91 万元，这就是资本的累进效应。

1.2.2　巴菲特的投资秘诀

巴菲特被称为"股神"。1980 年，一位美国股民斯图尔特·霍热希花 94 300 美元，购买了巴菲特的伯克希尔哈撒韦公司股票，2013 年市值为 11 亿美元，涨了 11 664 倍。巴菲特创造了 50 年增值 2.18 万倍的神话。

巴菲特的成功，完全取决于他的投资理念和遵循这个理念的毫不动摇的决心。"咬定青山不放松，此山不与众山同"，只要是他认准的股票，他就会坚决地买入和持有，进行长期投资。

他的投资策略主要如下：

（1）必须投资具有投资价值的企业。企业每年为股东赚的钱应大于股东投入的钱，即应考虑那些业绩好的企业，这是投资首先须考虑的本质因素。大部分资本性投入过大的企业都很难给股东创造收益。很多我们熟知的固定资产投入过大的企业（如钢铁厂、化工厂等），可能为股东每年创造的每股红利不到 1 元，而更新设备厂房的投入却高达 10 元。真正具有股东长期投资价值的企业是那些固定资产投资规模较小，而又能为股东创造丰厚利润的企业，如媒体、金融业、旅游业、周期性的消费品等。他们不是依靠固定资产为股东创造价值，而是通过特许权或品牌等不需要折旧且可能增值的无形资产为股东创造超额利润。

（2）必须投资通过建立经营壁垒而具有垄断利润的企业。巴菲特认为企业的安全性和稳定性最基本的保证是企业的经营壁垒，即企业是否具有垄断的特点，能否通过手段把其他企业排斥在本企业经营的产品之外。经营壁垒的方式表现为两种：一种是先天壁垒，即通过技术、专利、资源和政府保护把别人排斥在经营许可之外，如石油行业就依靠资源及政府对石油经营特许权的保护而获得垄断利润；另一种是后天壁垒，由于其在行业中居于领导地位而具有排他性，他们通过寻求垄断或成为行业标准而具有利润独占性的特点。例如，可口可乐公司就是因为占有市场大量份额而具有垄断利润，而微软公司更不遗余力地成为行业标准。所以，好的投资应该把资金投入那些具有独占利润的企业，这样投资的安全性，可以得到极大的提高。

（3）必须学会定量地评估企业的投资价值和边际安全，找到那些股东收益率每年都很高的企业。

巴菲特告诉我们，只要有足够的理性和策略，就会获得超额回报。

1.3　我国投资理财高手实例

这是一个真实的案例，他叫殷保华，从一名空调电工，到超级大户的操盘手，再到财富高山上"一览众山小"的"民间股神"，他的人生经历就好比凤凰涅槃。那么他又是如何做到空手闯天下，在投资领域独树一帜的呢？

1.3.1　成就民间股神

已年过六旬的他，瘦瘦小小，其貌不扬，如果在路上碰到没人会将他同"股神"联系起来。老殷的投资之路基本上分为三个阶段。1996 年"入市"，属自学成才型。1996 年新亚股份上市，作为职工，他持有了一些员工股。"记得当时是每股 1 元买的，共买了 900 股。等到上市时变成每股 12 元，按照规定，其中 450 股可以兑现，我就挣到了 5 000 多元。"

第二阶段，他把 5 000 元从银行搬到股市，加上原来股市上的钱凑近了 2 万元。但买了之后连续三个跌停板，盲目操作导致他输个精光。

第三阶段，老殷并不服输，而是开始不分昼夜地研究，在经过多年的分析和累积之后，他的资金从 25 万元增至 2009 年的 100 万元，2012 年达到 620 万元，2014 年达到 3 700 万元，2015 年，他成功地操作了鄂尔多斯和中国远洋、冠电力等股票，资本早已超过了 1 个亿，平均每年增长 2.56 倍！

1.3.2　投资理念

老殷炒股有什么秘诀？这是很多人都关心的首要问题。老殷的投资理念总结如下：

（1）放天量过后的个股坚决不买。放天量通常是市场主力开始逃离的信号。如果投资者确实对放天量的股票感兴趣，也应该等一等，可以在放天量当天的收盘价上画一条直线，如果以后的价格碰到这条线，倒是可以考虑买进的。

（2）暴涨过的个股坚决不买。如果个股行情像一根筷子，直冲上天，那表示庄家已经换筹走人，你再进去就会被套。暴涨是靠大资金推动的，当一只股票涨到了 300%甚至更高，原来的市场主力抽身跑掉时，新的市场主力不会很快形成，通常不会有大买盘马上接手，短期内价格难以上涨。

（3）大除权个股坚决不买。除权是市场主力逃离的另一个机会，比如一只股从 3 元炒到 20 元，很少有人去接盘，但它 10 送 10 除权后只有 10 元，价格低了一半造成了价格低的错觉，人们喜欢便宜买低价，一旦散户进场接盘，市场主力却已逃得干干净净。

（4）有大问题的个股坚决不买。受管理层严肃处理的先不进去，观望一下再说，比如银广夏、科龙电器等。问题股如果出现大幅上涨，则可以肯定地认为是机构在炒作。

（5）长期盘整的个股坚决不买。这样的股票一般是庄家已经撤庄，但还没有把筹码全部拿走。看个股要看连续的走势，长期盘整上下不大的不能买入。

（6）利好公开的股票坚决不买。这是目前投资者最易走入的一个误区。业绩就算好得不能再好，全中国股都能看到并全部买进，谁能赚钱呢？何况业绩是可以人造的。市场上有这样一句名言：谁都知道的好消息，绝对不是好消息；谁都知道的利空，绝对不是利空；利空出尽就是利好，利好放出可能大跌。

（7）基金重仓的个股坚决不买。因为基金账户不能隐瞒，一季度公布一次。基金不坐庄，有盈利就跑。当然这个理论有时间性，在熊市里面最明显。牛市一般可以忽略不计，牛市个股普涨，基金不会抛售。熊市里基金溜之大吉，散户全部被套，所以熊市时基金重仓坚决不买。

1.4 我国投资者的特点与投资工具

1.4.1 我国投资者的特点

现阶段我国投资者的投资活动和态度主要受两个方面的影响：一是传统文化和社会制度的影响；二是现阶段经济转型的影响。

1. 传统文化和社会制度的影响

中华民族历史悠久，长期受儒家思想的影响，我国投资者有其独特的理财文化。这主要体现在以下几个方面：

（1）投资者往往比较节俭，有着很高的储蓄率。加之长期以来以家庭和家族为社会主要单位的社会制度，使得理财可以形成合力。

（2）受封建小农意识的影响，社会信用意识不强。我们可能都听过这样一个小故事：当两个老太太快要见上帝的时候，外国老太太说："我终于还清房子的贷款了。"中国老太太说："我终于攒够买新房子的钱了。"信用意识除了体现在消费习惯上，也体现在投资习惯上。中国人喜欢自己创业，进行实业投资，而不喜欢将钱交给别人打理。在财富形态上，人们还保留着以前的传统，认为只有拥有房地产、珠宝、金银财宝才有安全感，殊不知在现代经济中，更强调资产的流动性、财富的资本化和资本的证券化。

（3）长期以来产权得不到严格的保护，从而降低了人们通过努力创造财富的愿望。这一方面表现在投资上，喜欢投机，恨不得一夜暴富。另一方面在财富的使用上，也有挥霍的倾向。人们往往对第一桶金极为重视，甚至可以苛刻自己的正常生活，然而有时却把辛辛苦苦积累下来的财产在很短的时间内挥霍一空。当然由于对财富的持有缺乏安全感，因而对外人充满戒心，往往不愿露富，更不愿意交给专门的理财顾问进行管理。

2．现阶段经济转型的影响

现阶段我国还处于向市场经济转型的过程中，医疗、养老、失业和住房等福利制度的转型使得投资者必然增加了预防性的货币需求，从而增加对保险、储蓄和房地产等避险工具的需求。

1.4.2　我国理财产品的类别及其相应市场的特点

1．银行存款

银行存款可以分为活期存款、定期存款和储蓄存款。总体来说，银行存款的收益率很低，但是可以给存款人带来很高的流动性。

我国的股票市场和债券市场发展还不完善，银行存款又毫无风险，因此近些年由于收入水平的提高，我国居民存款呈上升趋势。据有关部门统计，截至 2015 年 6 月，居民储蓄余额已突破 131.83 万亿元人民币。

2．债券

债券投资主要具有安全性高、流动性强、收益高于银行存款等特点。我国债券市场上交易的债券有三类。一是政府债券，即政府为筹集建设资金而发行的债券，其中最主要的是国债。国家为了鼓励人们购买国债，规定国债利息收入免收个人所得税。二是金融债券，即银行和非银行金融机构发行的债券。三是企业债券，即企业为筹集资金而向投资者发行的债券。企业债券以公司经营利润作为还本付息的保证，其风险高于国债和金融债券，故企业债券的利息会较高。

目前，个人投资只能投资于国债和企业债券，不能投资于金融债券。但是受企业信用能力的限制，我国企业债券市场规模很小。

3．股票

1990 年 12 月，上海证券交易所成立。1991 年 4 月，深圳证券交易所成立。此后，我国的股票市场取得了很大的发展。发行市场除最初的 A 股外，又开始发行 B 股，1993 年后又出现了 H 股和 N 股、S 股等境外上市外资股。近年来我国股票市场发展很快，来自沪、深两家证券交易所的统计数据显示，截至 2016 年 2 月底，上海证券交易所的上市公司共有 1 084 家，总市值突破 231 943.1 亿元，成为全球第二大股市。深圳证券交易所上市公司共有 1 751 家，总股本 12 990.52 亿元，总市值 18 036.85 亿元，总流通市值 12 594.21 亿元。股票投资的收益来自上市公司分红和买卖的价差利得。但我国股票市场由于制度上存在缺陷，上市公司分红很少，带有明显的投机性，因此要求参与股票投资的机构和个人具有较强的资金实力、财务分析及信息收集能力、良好的判断力和心理承受力，其技术性要求较高。

4．投资基金

我国的基金行业从 1998 年以来开始走上正轨。1998 年，以国泰、南方两家基金管理公司为代表的第一批 5 家基金管理公司成立。1999—2001 年的股市大牛市造就了基金业的第一次辉煌，这期间一大批老基金改制规范为新基金。2001—2002 年股市大幅度调整，基金业绩剧烈下降，基金遭遇信任危机，这时首只开放式基金——华安创新开始发售。开放式基金试点正式启动，并于一年以后迅速成为行业发展的主流品种。2002 年至今，管理层大力发展投资基金的思路付诸实施，允许外资参股基金管理公司，使基金公司的股权发生了大面积调整。

截至 2015 年 9 月，我国已开业的基金管理公司为 100 家，管理资产合计 6.69 万亿份。从规模和资金量上看，基金已经成为证券市场上的重要机构投资力量。

5．认股权证

认股权证全称为优先认股权证，指认股权证持有人在规定的时间内可以按特定的价格购买一定数量的新股。用证券市场术语讲，就是允许持有人在有效期内，按某一既定比率（换股比率），以某一既定价格（换股价）换购一定数量的普通股票。因此，认股权证本身是没有价格的，它的价值来源于股票的市场价格高于股票的认购价格。

6．期货

期货是一种高风险、高收益的投资工具，赔赚较大，而且国内交易制度还不完善，投资者遭受到损失的可能性很高。目前，我国的期货市场主要有三个：大连期货交易所，主要交易品种是大豆和玉米；上海期货交易所，主要交易品种是天然橡胶、铜、铝等有色金属；郑州期货交易所，主要交易品种是小麦和棉花。

我国期货市场发展很快，1993 年的交易额为 5 522 亿元，成交量为 890.69 亿手，2003 年成交额超过 10 万亿元，成交量达到 27 986 亿手，到了 2014 年，全国期货市场累计成交额已接近 300 万亿元。中国期货市场的发展有利于中国取得全球市场上重要商品的定价仅，为中国企业提供了套期保值的场所，因此从长远来看还有很大的发展潜力。

7．其他金融衍生工具

金融衍生工具是指从传统金融工具基础上衍生出来的，通过预测股价、利率、汇率等未来走势，采用保证金或签订远期合同等形式进行交易的新兴金融投资工具，是进行金融理财时主要应用的理财工具。我们将会在第 6 章详细介绍几种主要的金融衍生工具。

8．保险

生老病死是任何人都无法逃避的，普通疾病会短暂地影响家庭的生活质量，重大疾病可能让人倾家荡产，而环境恶化、食品污染，也导致了重大疾病发病率逐年上升的情形。基于这些考虑，理财的基础不仅是要存储一定资金，更要为不确定的将来做好打算，保险也是理财的重要基础之一。

随着宏观经济的发展、个人财富的积累，保险消费在家庭生活中的重要性正日益显现。按照传统的理财观念，钱是一点一点积攒起来的，只能积少成多，慢慢地依靠储蓄获得保障，但买保险则可以做到先有保障，再去慢慢积累财富。

9. 黄金

2002 年 10 月 30 日，上海黄金交易所正式投入运营，开启了中国个人投资黄金买卖业务的大门。个人投资者可以通过交易所进行黄金交易，会员向代理客户收取保证金和不超过 1.5% 的手续费。

2010 年黄金市场报告显示，2010 年，上海黄金交易所已成为全球最大的场内实物黄金市场，各黄金品种累计成交 6 051.50 吨，同比增长 28.46%；成交金额 16 157.81 亿元，同比增长 57.04%。

2015 年，上海黄金交易所交易规模继续大幅增长，各黄金品种累计成交 3.41 万吨。随着"黄金国际板"等资本市场创新实施，我国连续 8 年蝉联全球最大黄金现货交易市场。

中国黄金饰品和投资金条都具有黄金纯度高的特点，满足保值消费需求。随着国内黄金投资渠道的进一步拓宽，黄金实物投资和消费旺盛，个人客户投资黄金的兴趣开始上升，参与黄金市场活跃，以投资为主，将黄金作为其资产保值和增值的手段。

10. 外汇

外汇作为国际间经济交往的产物，是不可缺少的计价、购买、储备、信用和支付的手段。

随着我国改革开放的不断深入，社会主义市场经济体制的确立，我国的经济发展将会越来越多地与国际经济发展结合在一起，将会有越来越多的各级各类企业冲出国门，走向世界，直接参与国际经济、贸易、金融业务活动。这就为更多的人参与外汇交易提供了良机，为外汇交易提供了广阔的市场。外汇作为一种投资工具，适合比较敏锐捕捉外界各种信息、具有相关专业知识的投资者。

对于个人投资者来说，由于所持有外汇不能购买国外股票，而只能将其存于银行或者进行期权交易，因此进行外汇投资无非是获得存款利息收入，或者通过不同货币的交易来赚取差价。

11. 房地产

房地产一般的投资价值都很高，而且生命周期长，是资金雄厚的长线投资者的较好选择。从目前来看，随着我国城乡居民收入水平的提高，对房地产投资的需求保持了旺盛的增长势头。我国主要的购房者为 25～39 岁的青年人，因为我国就业群体中，年轻人拥有较高的收入水平，这与他们接受过高等教育、人力资本含量较高有关系。从人口年龄分布情况来看，年轻人占我国总人口的比例很大，出生于 20 世纪八九十年代生育高峰期的年轻人目前正处于婚龄期，随着传统实物福利分房制度的逐渐取消，其市场购房意愿自然是相当强烈的。所以对于多数的购房者来说，其主要目的是自身居住，其次才是投资增值。

本章小结

1. 本章主要对投资理财观念的树立进行了探讨，说明树立稳健型投资理念的重要性，并通过著名的投资理财大师李嘉诚和巴菲特的投资诀窍来说明进行合理的投资理财的必要性。

2. 我国投资者的特点主要受传统文化和社会制度的影响。主要体现在：投资者比较节俭，有着很高的储蓄率；受封建小农意识的影响，社会信用意识不强和长期以来产权得不到严格的保护，从而降低了人们通过努力创造财富的愿望。

3. 我国目前主要的投资品种有银行存款、股票、债券、投资基金、权证、期货、保险、外汇、黄金、房地产及其他金融衍生工具等。

复习思考题

1. 为什么要树立稳健优化型投资理财观念？

2. "不要把鸡蛋放在同一个篮子里"这句话对于资金量很小的个人投资理财者是否适用？

3. 比较说明李嘉诚和巴菲特各自投资策略的异同。

4. 什么是平均收益？为什么我们在进行投资理财时应考虑平均收益？

5. 我国主要的投资理财品种有哪些？各自的特点是什么？

第 2 章　投资理财收益与风险

引言

20 世纪 50 年代，马科维茨发表了一篇 14 页的论文——《资产组合选择》，试图讨论如何运用金融资产的组合以分散投资风险，并实现收益最大化。至此，那句"不要把鸡蛋放在同一个篮子里"的投资俗语已深深印刻在普通投资者的心中。

分散投资是投资者对"一个篮子"没信心，希望在其中一项投资发生亏损的时候，其他的投资能有所收益从而平滑整体投资的回报。

无论是内心使然还是出于无奈，市场上到处充斥着"为了有效分散风险，我的资产组合中有 10 多只不同基金公司的股票型基金"、"投的数量多，想必风险就小"等豪言壮语，更有甚者动辄就搬出"分散投资可是世界第一基金经理彼得·林奇的核心理念"，言语间俨然已受投资大师的真传。不可否认的是，彼得·林奇是分散投资的坚定信奉者，其资产 13 年增值 28 倍、年均复合收益为 29%。这些骄人战绩的确引来无数投资者的"顶礼膜拜"，但扪心自问，有多少投资者真正理解了分散投资的本质呢？

本章将主要为大家介绍现代投资组合理论关于组合投资风险与收益的度量。

本章学习目标

- 理解投资理财的收益与风险的度量；
- 掌握投资理财收益的度量计算方法；
- 掌握投资理财风险的度量计算方法；
- 了解投资理财中风险与收益之间的关系。

2.1　投资理财收益与风险概述

现代投资理财理论认为，不同风险资产进行投资组合后，在保证投资收益的基础上可以有效地降低投资理财的风险。无论机构投资者还是个人投资者，都面临着如何提高投资收益和降低投资风险的问题。根据现代投资组合理论，投资者进行投资时，可以在两个层面上进行投资组合：第一个层面是对市场上已有的投资理财品种进行投资组合；第二个层面是对同一投资品种内部的产品进行投资组合。

投资者通过两个层面上的投资组合，可以在保证收益的基础上，大大降低投资风险。对于投资理财分析师而言，由于可以代理其他客户的资金，因此实力比较雄厚，完全能够保证在两个层面上进行广泛的投资组合，从而达到提高收益和降低风险的目标。

对个人投资理财者而言，由于资金和精力有限，在两个层面上都无法进行广泛的投资组合，只能选择较小的投资范围，通常是把资金集中投资于某一投资品种，导致投资组合过度集中，面临巨大的投资风险。所以，个人投资者需要在有限的条件下进行适当的投资组合以规避投资风险。

因此，投资理财的投资组合的规模既不能过度分散也不能过度集中。投资组合规模、风险和收益之间存在最优化配置问题，即一个合理的组合规模可以降低投资风险，保证稳定的投资收益。根据我国不同理财品种的实际情况，投资组合的规模问题一般只表现在证券投资上，而证券投资组合的规模问题又基本上可以用股票投资组合的规模问题来反映。

2.1.1 投资组合规模与风险关系研究综述

20世纪60年代中后期，出现了一批对投资组合规模与风险关系研究的经典文章，成为当时投资组合理论研究的一个热点。这些研究主要是围绕简单分散化所构造的组合，即简单随机等权组合来展开的，有其各自不同的侧重点。具体来说，这些研究主要集中在以下三个方面：一是研究一国证券投资组合规模与风险的关系；二是从数理角度来推导组合规模和风险之间的模型；三是研究跨国证券投资组合的规模与风险的关系。相对来讲，研究一国证券投资组合规模与风险的关系更具有现实意义，大多数研究也主要围绕其实际情况进行研究，从中找出投资组合规模与风险的相互关系。

1. 国外学者研究综述

（1）埃文斯和阿彻第一次从实证角度验证了组合规模和风险之间的关系。他们以1958—1967年标准普尔指数中的470种股票为样本，以半年收益率为指标，采用非回置式抽样方法，分别构建了60个"1种证券的组合"、60个"2种证券的组合"……60个"40种证券的组合"。在计算各个组合的标准差后，再分别计算不同规模组合标准差的平均值，标准差的平均值代表组合的风险。

研究发现，当组合规模超过8种证券时，为了显著（0.05水平）降低组合的平均标准差，要大规模地增加组合的规模。t检验的结果表明，对于只含2种证券的组合，为了显著降低组合的平均标准差，必须增加1种证券；对于规模为8的组合，必须增加5种证券；而规模大于19的组合，至少必须增加40种证券，才能取得显著的降低效果。组合规模与组合的分散水平存在一个相对稳定的关系，组合标准差的平均值随着组合规模的扩大而迅速下降，当组合规模达到10种证券时，组合标准差的平均值接近0.12并趋于稳定，再扩大组合规模，组合标准差的平均值几乎不再下降。

（2）费希尔和洛里（1970）对比研究了简单随机等权组合和跨行业证券组合。研究发现，当组合规模超过8种股票时，组合的收益和风险开始趋于稳定，因此增加组合中的股票数不能再有效降低非系统性风险。在同等组合规模上，跨行业证券组合的收益与风险和简单随机等权组合无显著的差别，因此，跨行业证券组合不能取得更好的分散非系统性风险的效果。市场整体的分散程度只有"1 种股票"组合的 50%～75%，即市场整体的风险只是"1 种股票"组合风险的 50%～75%；持有两种股票可降低非系统性风险的 40%；当持有的股票数分别为 8 种、16 种、32 种和 128 种时，分别可降低非系统性风险的 80%、90%、95%和 99%。

（3）在 20 世纪 50 年代到 90 年代，由于计算方法的缺乏以及计算水平的制约，通常在构建投资组合优化模型之前做了很多的假设，这样做的目的是减少问题在计算过程中的复杂的。但随着智能优化算法的研究与发展，各类实际问题广泛的采用智能优化算法来解决，也被研究者应用在投资组合问题中，Dueck 和 Winker 在研究的过程中讨论了一个基于智能优化算法的局部搜索投资组合优化问题的算法。随着遗传算法的出现，也被广大学者用来求解投资组合优化问题。后来，部分学者通过在模型中加入约束条件，研究了带约束的投资组合优化问题上。Jobst 等从算法上讨论并研究了离散资本约束条件下的投资组合优化模型。Chang 等学者运用智能优化算法讨论并研究了在基数约束条件下的投资组合模型优化问题。Schaerf 运用局部搜索讨论了带约束条件的投资组合问题。Streichert 等通过各种进化算法，Fernandez 等通过神经网络算法，Cura 通过粒子群算法研究了带约束条件的投资组合问题，从大量智能优化算法研究的结果中表明，神经网络算法所得到的有效前沿与于均值方差模型所得到的有效前沿更加接近。在后来的研究中，大量的学者通过智能优化算法以及改进后的智能优化算法对模型进行了研究，其中 Chiam 等研究了几类进化算法；Yang 用遗传算法。

2. 国内学者研究综述

国内学者对投资组合理论在我国证券市场中的应用也做了大量研究。这些研究主要集中在研究投资组合规模与组合风险关系上，通过构造简单随机等权组合来观察组合风险随机组合规模扩大而变化的情况。其中，具有代表性的观点有：施东晖（1996）以 1993 年 4 月—1996 年 5 月上海证券交易所的 50 家股票为样本，以双周收益率为指标，采用简单随机等权组合构造 50 个"n 种股票组合"（$n=1$，2，…，50）来推断股票组合分散风险的能力，得出"投资多元化只能分散掉大约 20%的风险，降低风险的效果极其有限"的结论。

（1）吴世农和韦绍永（1998）以 1996 年 5 月—1996 年 12 月上证 30 指数的股票为样本，以周收益率为指标，采用简单随机等权组合方法，构成了 30 组股票种数从 1 到 30 的组合，以此研究上海股市投资组合规模和风险的关系。结果表明，上海股市适度的组合规模为 21～30 种股票，该组合规模可以减少大约 25%的总风险。但更重要的发现是，这种组合降低风险的程度和趋势是非常不稳定的。

（2）李善民和徐沛（2000）分别以深市、沪市及深沪整体市场为目标研究市场，计算各个市场组合规模与风险的关系，得出"投资者实现投资多元化，持有的股票总数大约可以控制在 20 种以内，这一适度规模可以使总风险减少约 50%"的结论。

（3）顾岚等人（2001）以深沪 114 种股票为样本，以日收益率为指标，分别研究了不同年份、不同行业的等权组合规模的情况，得出"不同年份的组合方差相差很大，不同行业对于不同组合数目方差的降低有明显差别"的结论。此外，他们还对比了马科维茨组合和简单等权组合发现，在方差的减少效果上，马科维茨组合优于简单等权组合，并且马科维茨组合的规模小于简单等权组合。

（4）高淑东（2005）概括了证券组合中各证券预期收益之间的相关程度与风险分散化之间的关系，通过分析指出：第一，证券投资组合中各单个证券预期收益存在正相关时，如属完全正相关，则这些证券的组合不会产生任何风险分散效应，它们之间正相关的程度越小，其组合可产生的分散效应越大；第二，当证券投资组合中各单个证券预期收益存在负相关时，如属完全负相关，这些证券的组合可使其总体风险趋近于零（可使其中单个证券的风险全部分散掉），它们之间负相关的程度越小，其组合可产生的风险分散效应也越小；第三，当证券投资组合中各单个证券预期收益之间相关程度为零（处于正相关和负相关的分界点）时，这些证券组合可产生的分散效应，将比具有负相关时小，但比具有正相关时大。

（5）黄宣武（2005）利用概率统计原理，对证券的投资组合能减轻所遇的风险进行讨论，并介绍了如何选择投资组合可使所遇风险达到最小。实证表明：证券组合确实可以很好地降低证券投资风险，但必须注意，证券组合的资产数量并不是越多越好，而是要恰到好处，一般为15～25种，可以达到证券组合的效能最大化。

（6）杨继平、张力健（2005）应用上证50指数中的36只股票近三年的月收益率数据对沪市投资组合规模与风险分散的关系进行实证分析，并讨论股票投资组合适度规模的确定问题。通过实证研究得到以下结论：第一，上海股市的投资风险结构有所完善，但投资风险的绝大部分依然体现在宏观的系统性风险方面，而较少体现在反映上市公司的经营状况等因素的非系统性风险方面，从而造成投资者无法以股票表现的好坏来评价公司的经营业绩；第二，上海股市个股表现优劣相差悬殊，投资者不可只为追求组合非系统风险的分散，而盲目增加组合规模，进行理性的筛选是必要的。

（7）陈国华等人（2009）运用模糊数来度量投资组合选择问题的预期收益率，通过模糊约束来对方差约束进行简化，给出了模糊线性规划的投资组合选择模型，在模型的求解阶段，利用模糊数学知识，给出了模糊算法，对模糊线性选择问题转化而来的多目标问题进行求解，最后给出的实证研究说明了模型的有效性。余婧（2012）通过利用上下半方差的比值来近似的刻画偏度，提出了均值—方差的近似偏度模型，有效地克服了传统的偏度模型求解困难的问题。徐晓宁等人（2014）在允许卖空的市场下，讨论了基于均值方差模型的区间二次规划投资组合模型。罗洪浪（2013）、徐丽梅（2012）、郑振龙（2011）等学者对投资组合优化问题以及其分支进行了全面系统的总结与展望。

通过研究发现，投资理财者可以通过增加投资组合中的投资品种的数量来降低组合的非系统性风险，但不能降低系统性风险，组合风险在组合规模达到一定程度时将趋于稳定。

简单的投资组合并不能很好地提高组合的收益水平，投资组合规模存在一定的有效区域，当组合规模超过该区域时将导致组合的过度分散化。组合的过度分散化会产生各种交易费用及相关的管理成本，这样势必会降低整个投资组合的投资收益。

2.1.2　各个理财品种的收益与风险

（1）债券。收益高于同期同档的银行存款利息，风险小；但投资的收益率较低，长期债券的投资风险较大。

（2）存款。安全性最强；但收益率太低。

（3）股票。可能获得较高风险投资收益，套现容易；但需要面对投资风险、政策风险、信息不对称风险。

（4）投资基金。组合投资，分散风险，套现便利；但风险对冲机制尚未建立。

（5）黄金和投资金币。最值得信任并可长期保存的财富，抵御通货膨胀的最好武器之一，套现方便；但若不形成对冲，物化特征过于明显。

（6）外汇。规避单一货币的贬值和规避汇率波动的贬值风险，交易中获利；但人民币尚未实现自由兑换，普通国民还暂时无法将其作为一种风险对冲工具或风险投资工具来运用。

（7）房地产。规避通货膨胀的风险，利用房产的时间价值和使用价值获利；但也要面临投资风险。

（8）寿险保障型产品。交费少，保障大；但面临中途断保的损失风险。

（9）寿险储蓄型产品。强化避险机制，个性化强；但其预定利率始终与银行利率同沉浮。

（10）寿险投资型（分红）产品。具有储蓄的功能，有可能获得较高的投资回报；但前期获利不高，交费期内退保，将遭受经济上的损失。

（11）家庭财产保险。花较少的钱获得较大的财产保障。

（12）投资连接保险。可能获得高额的投资回报；但有较高的投资风险，前期的投资收益并不高。

（13）期权。有限风险无限获利潜能；但产品复杂，驾驭难度大，具有投资风险。

2.2　投资理财收益的度量

2.2.1　投资收益的含义

投资收益又称为投资报酬，是指投资者从投资中获取的补偿，包括期望投资收益、实际投资收益、无风险收益和必要投资收益等类型。其中，无风险收益等于资金的时间价值与通货膨胀补贴（又称为通货膨胀贴水）之和；必要投资收益等于无风险收益与风险收益之和。其计算公式如下：

必要收益率=无风险收益率+风险收益率=资金时间价值+通货膨胀补贴率+风险收益率

2.2.2　投资收益的度量

1. 持有期为 1 年的收益率度量

$$r = \frac{D_1 + (P_1 - P_0)}{P_0} \times 100\%$$

式中　D_1——持有期的股息或利息收入；

P_1——期末资产价格；

P_0——期初资产价格。

2．持有期不是 1 年的收益率度量

$$r = \frac{D_1 + (P_1 - P_0)}{P_0} \div \frac{N}{360(或365)} \times 100\%$$

式中　D_1——持有期的股息或利息收入；

　　　P_1——期末资产价格；

　　　P_0——期初资产价格；

　　　N——持有天数。

3．期望收益率

期望收益率是指知道某资产未来的各种可能收益率及其概率分布而计算出的收益率，是未来收益率的概率估计。其计算公式为：

$$E(r) = \sum_{i=1}^{n} p_i r_i$$

式中　$E(r)$　　期望收益率；

　　　p_i——获得 r_i 收益的概率；

　　　r_i——第 i 种情况下的可能收益率。

4．投资组合的期望收益率

投资者同时以两个或两个以上资产作为投资对象而发生的投资，就是投资组合。如果同时以两种或两种以上的有价证券作为投资对象，称为证券组合。

投资组合的期望收益率是组成投资组合的各种投资项目的期望收益率的加权平均数，其权数等于各种投资项目在整个投资组合总额中所占的比例。其计算公式为：

$$\bar{R}_p = \sum_{i=1}^{n} W_i R_i$$

式中　W_i——第 i 种证券在全部投资额中的比重；

　　　R_i——第 i 种证券的预期报酬率；

　　　n——组合中的证券种类总数。

投资理财是伴随着风险意识的抉择行为，证券市场的基本职能不仅在于资金分配，也在于风险分配。

2.3　投资理财风险的度量

投资理财风险是一个比较难掌握的概念，对其定义和计量有很多争议。但是，风险广泛存在于各种投资理财活动中，并且对投资者的投资收益目标有着重要影响，使得人们无法回避和忽视。

投资理财是资金的运用过程。资金的运用过程需要在特定投资环境中进行，并且涉及诸多投资环节，而投资环境和投资环节由于各种原因存在各种不确定性，这种不确定性就是投资风险。风险是投资理财过程中所有投资者必须面对且必须承担的。投资者投资理财时，必须研究风险，计量风险并设法控制风险，以求获得最大收益。

2.3.1 风险的概念与分类

1. 风险的概念

一般来说，风险（Risk）是指在一定条件下和一定时期内可能发生的各种结果的变动程度，或者指由于未来的不确定性而引起的投入本金损失和预期收益减少的可能性。如果某项投资只有一种结果，即结果是确定的，则该项投资就没有风险。例如，现在将一笔钱存入银行，可以确定一年后将得到的本利和，几乎没有风险。如果某项投资有多种可能的结果，其将来的收益是不确定的，则该项投资就存在风险。

对于投资理财风险，可以从以下四个方面去理解：

（1）风险是由事件本身的不确定性带来的，具有客观性。例如，投资者投资于国库券，其收益的不确定性较小；如果投资于股票，则收益的不确定性大得多。这种风险是"一定条件下"的风险，在何时购买股票，购买何种股票，购买多少，风险是不一样的。也就是说，特定投资的风险大小是客观的，是否去冒风险是可以选择的，是主观决定的。

（2）风险的大小随时间延续而变化，具有期限性。对一项投资的收益事先预计是不准确的，离到期日越近预计越准确。随着时间的延续，一项投资的不确定性在缩小，投资完成，其结果也就完全肯定了。因此，风险总是"一定时期内"的风险。

（3）风险存在于投资活动的各个环节，具有广泛性。由于投资理财活动过程包含诸多环节，每个环节或多或少、或大或小都存在风险，因此风险存在于投资理财的整个过程中。

（4）风险可能给投资者带来超出预期的收益，也可能带来超出预期的损失，具有双重性。一般来说，投资者对意外损失的关注程度比对意外收益的关注程度要大得多。因此，人们研究风险时侧重减少损失，主要从不利的角度来考察风险，经常把风险看成不利事件发生的可能性。这种理解具有片面性。

严格来说，风险和不确定性还是有区别的。风险是事前可以知道所有可能的结果，以及每种结果的概率。不确定性是指事前不知道所有可能结果，或者虽然知道所有可能结果但不知道它们出现的概率。但在面对问题时，两者很难区分，风险问题的概率往往不能准确知道，不确定性问题也可估计出一个概率，因此在实际应用中，对风险和不确定性不做严格区分，都视为"风险"问题对待，把风险理解为可测定概率的不确定性。

2. 风险的分类

按照风险的性质，投资理财风险可划分为系统性风险和非系统性风险。

（1）系统性风险（Systematic Risk）。系统性风险是指由于某种全局性的共同因素引起的投资收益的可能变动，这种因素以同样的方式对所有证券的收益产生影响。在现实生活中，社会因素、政治因素和经济因素等对所有企业都会有影响，市场中各单一证券无法抗拒和回避，无法通过多样化投资而分散，因此也叫市场风险（Market Risk）或不可分散风险（Non-Diversified Risk）。系统性风险主要包括政策风险、经济周期风险、利率风险和购买力风险。

1）政策风险（Policy Risk）是指政府有关证券市场的政策发生重大变化或有重要的举措、法规出台，引起证券市场的波动，从而给投资者带来的风险。例如，2001年国家出台国有股减持政策，造成我国股票市场4年的持续低迷，上证指数从最高2 244点跌到最低998点，流通市值蒸发了2万亿元，投资者损失惨重。

2）经济周期风险（Risk of Economic Periodicity）是指证券市场的波动受一国经济周期的影响而带来的风险。经济周期是指社会经济阶段性的循环和波动，是经济发展的客观规律。证券市场行情随经济周期的循环而起伏变化出现多头市场和空头市场。

3）利率风险（Risk of Interest Rate）是指利率变动引起证券收益变动的可能性。市场流量的变化会引起证券价格的变动，并进一步影响证券收益的变化。一般来说，利率提高，证券价格下降；利率下降，证券价格上升。利率主要从影响资金流向和公司赢利来影响证券价格。利率风险主要体现在对固定收益证券的影响上，如公司债券和政府债券；利率风险对长期债券的影响大于短期债券的影响；同时，利率风险也会影响股票价格。

4）购买力风险（Risk of Purchase Power）又称为通货膨胀风险，是指由于通货膨胀、货币贬值给投资者带来实际收益水平下降的风险。在通货膨胀情况下，货币贬值，物价普遍上涨，社会经济秩序混乱，企业外部条件恶化，证券市场也未能幸免。投资者的实际收益不仅没有增加，反而有所减少。

（2）非系统性风险（Non-Systematic Risk）。非系统性风险是指只对某个行业或个别公司的证券产生影响的风险，通常由某一特殊因素引起，与整个证券市场的价格不存在系统、全面的联系，而只对个别或少数证券的收益产生影响。非系统性风险只对个别或少数证券的收益产生影响，可以采用多样化的投资组合被分散掉，因此也叫作可分散风险（Diversified Risk）或非市场风险（Non-Market Risk）。非系统性风险包括信用风险、经营风险和财务风险。

1）信用风险（Credit Risk）又称为违约风险（Default Risk），是指证券发行人在证券到期后无法还本付息而使投资者遭受损失的风险。证券发行人如果不能如期支付本金或利息（或股息），投资者遭受除本金和利息损失之外，还可能遭受再投资的损失。因此，在投资证券时，要看证券信用评级。信用级别高的证券信用风险小，信用级别越低，违约的可能性越大。

2）经营风险（Operating Risk）是指公司的决策人员在经营管理过程中出现失误而导致公司赢利水平变化，从而使投资者的预期收益下降的可能性。经营风险的内部因素主要有决策失误、技术落后、市场开拓力度不够、机构运行效率低下等；经营风险的外部因素主要有产业政策、竞争对手实力提升等。经营风险主要来自内部决策失误或管理不善。

3）财务风险（Financial Risk）是指公司财务结构不合理、融资不当而导致投资者预期收益下降的风险。负债经营是现代企业应有的经营策略。通过负债经营不仅可以弥补自有资金的不足，还可以利用杠杆原理增加公司赢利。但融资产生的杠杆作用犹如一把双刃剑，当融资产生的利润大于债息率时，给股东带来的是收益增长的效应；反之，就是收益减少的财务风险。

2.3.2　风险的度量

1. 单项资产的风险度量

度量投资风险，需要使用一些数学工具，即概率和统计学原理。下面我们举一个简单的例子来说明投资风险度量与分析的基本方法和原理。

假设对于某一投资者来说，有两个投资机会：证券 A 和证券 B。未来证券市场的发展情况有三种：大涨、正常、大跌。有关的概率分布和预期收益率如表 2-1 所示。

表 2-1　概率分布和预期收益率

市场行情	发生概率	证券 A 预期收益率	证券 B 预期收益率
大涨	0.3	90%	20%
正常	0.4	15%	15%
大跌	0.3	−60%	10%
合计	1.0		

根据前面介绍的期望收益率的衡量，可得：

$$期望收益率 A=0.3×90\%+0.4×15\%+0.3×（−60\%）=15\%$$
$$期望收益率 B=0.3×20\%+0.4×15\%+0.3×10\%=15\%$$

两个证券的期望收益率相同，但其概率分布不同。A 证券收益率的分散程度大，变动范围在 −60%～90%；B 证券收益率的分散程度小，变动范围在 10%～20%。这说明两个证券的期望收益率相同，但风险不同。为了定量地衡量风险大小，就要用到统计学中衡量概率离散程度的指标——标准差。

根据概率统计原理，在已经知道每个变量出现概率的情况下，标准差可以按下列公式计算：

$$标准差（\delta）=\sqrt{\sum_{i=1}^{n}(r_i-\overline{r})^2×p_i}$$

证券 A 的标准差是 58.09%，证券 B 的标准差是 3.87%，由于 A 和 B 的期望收益率相同，所以可认为 A 的风险比 B 的风险要大。

标准差是以均值为中心计算出来的，因而有时直接比较标准差是不准确的，需要剔除均值大小的影响。为了解决这个问题，数理统计上引入了变化系数（离散系数）的概念。

$$变化系数=\frac{标准差}{均值}$$

例如，C 证券的期望收益率为 10%，标准差是 12%；D 证券的期望收益率为 18%，标准差是 20%。

$$变化系数（C）=\frac{12\%}{10\%}=1.20$$
$$变化系数（D）=\frac{20\%}{18\%}=1.11$$

直接从标准差看，D 证券的离散程度较大，但不能轻易得出 D 证券的风险更大这样的结论，因为 D 证券的期望收益率较大。

以上讨论了单项投资的风险，但实际上投资者往往并不只投资一个证券，而是构建一个投资组合。下面讨论证券组合的风险的衡量。

2. 两项资产构成的投资组合的风险的度量

假设投资者不是将所有资产投资于单个证券上，而是投资于两个风险证券，那么该证券组合的收益率和风险该如何度量呢？假设某投资者将其资金分别投资于风险证券 1 和 2，其投资比重为 W_1 和 W_2（$W_1+W_2=1$），$\bar{R}_1$ 和 $\bar{R}_2$ 为风险证券 1 和 2 的平均收益率，则两项证券资产组合的预期收益率为：

$$\bar{R}_p = W_1\bar{R}_1 + W_2\bar{R}_2$$

投资组合理论认为，由于两个证券的风险具有相互抵消的可能性，两项证券资产组合的风险不能简单地等于单个证券的风险以投资比重为权重的加权平均数。为了说明两项资产组合的投资风险度量问题，首先引入两个概念。

（1）协方差。协方差是一个用于测量投资组合中某一具体投资项目相对于另一投资项目风险的统计指标。它可以用来衡量两个证券收益之间的互动性。用符号 δ_{12} 或 $COV(R_1,R_2)$ 表示，R_{1i} 和 R_{2i} 为证券 1 和 2 第 i 期的收益率。其计算公式为：

$$\delta_{12} = \frac{1}{n}\sum_{i=1}^{n}(R_{1i} - \bar{R}_1)(R_{2i} - \bar{R}_2)$$

当协方差为正值时，表示两项资产的收益率呈同方向变动；协方差为负值时，表示两项资产的收益率呈相反方向变化。

（2）相关系数。相关系数是协方差与两个投资方案投资收益率的标准差之积的比值。证券 1 和 2 的方差用 δ_1 和 δ_2 表示，其计算公式为：

$$\rho_{12} = \frac{\delta_{12}}{\delta_1\delta_2}$$

相关系数总是在 -1～+1 的范围内变动，-1 代表完全负相关，+1 代表完全正相关，0 则表示不相关。当 $0<\rho_{12}<1$ 时，表示正相关；当 $-1<\rho_{12}<0$ 时，表示负相关。

投资组合的总风险由投资组合收益率的方差和标准差来衡量。由两项资产组合而成的投资组合收益率方差的计算公式为：

$$\delta_P^2 = W_1^2\delta_1^2 + W_2^2\delta_2^2 + 2W_1W_2\delta_{12}$$
$$= W_1^2\delta_1^2 + W_2^2\delta_2^2 + 2W_1W_2\rho_{12}\delta_1\delta_2$$

由两项资产组合而成的投资组合收益的标准差的计算公式为：

$$\delta_P = \sqrt{W_1^2\delta_1^2 + W_2^2\delta_2^2 + 2W_1W_2\delta_{12}}$$

根据上面的分析可知，不论投资组合中两项资产之间的相关系数如何，只要投资比例不变，各项资产的期望收益率不变，则该投资组合的期望收益率就不变。而投资组合的风险不仅取决于每个证券自身的风险（用方差或标准差表示），还取决于两个证券之间的互动性（用协方差或相关系数表示）。

3．多项资产构成的投资组合的风险的度量及其分散化

（1）多项资产构成的投资组合的风险。n 项证券组合的风险可用以下公式来衡量：

$$\delta_P = \sqrt{\sum_{i=1}^{n}\sum_{j=1}^{j}W_iW_j\delta_{ij}}$$

证券投资组合的方差不仅取决于单个证券的方差，还取决于各个证券间的协方差。实际上，不论证券组合中包括多少证券，只要证券组合中每对证券间的相关系数小于 1，证券组合的标准差就会小于单个证券标准差的加权平均数，这意味着只要证券的变动不完全一致，单个有高风险的证券就能组成一个只有中低风险的证券组合。

（2）投资组合与风险分散。投资组合的总风险由非系统性风险和系统性风险两部分内容构成。

1）非系统性风险（可分散风险）是指由于某一种特定原因对某一特定资产收益率造成影响的可能性。通过分散投资，非系统性风险能够被降低。如果分散充分有效的话，这种风险就能被完全消除。

2）系统性风险（不可分散风险）是指市场收益率整体变化所引起的市场上所有资产的收益率的变动性，它是由那些影响整个市场的风险因素引起的，因此又称为市场风险。系统性风险是影响所有资产的风险，因而不能被分散掉。

2.3.3　风险的防范

在进行理财时，能够获得较好的投资收益不易，但在追求理财收益时能够成功地防范理财风险更不易，尤其现在频频出现以投资理财为幌子的各种欺诈行为，因此在进行投资理财时应避免出现只追求高收益率、投资过于单一、风险意识不足等不健康理财心态。在投资理财时防范风险应做到：

（1）理财要区分理性目标与非理性目标。根据银行利率、资金通货膨胀等因素估计出可能的资金收益率，并以此为理财目标，数倍甚至数十倍的收益率显然是非理性的。

（2）区分必须实现的和希望实现的。必须实现的是基本保障，但希望实现的不能偏离投资领域的普遍收益率。

（3）将目标量化，明确最终要达到的财务目标。以一定期限的时段进行追踪考察，从而及时发现其中的理财陷阱。

（4）改善总体的财务状况，把理财收入与日常收入区分开来。不要把精力完全放在现有财产的打理上。

（5）短长兼顾，不要把鸡蛋放在同一个篮子里。目标要分层次，短、中、长期的理财产品都有才算合理。

（6）目标要逐一实现，分清主次，梯次实现。例如，个人购房购车、父母养老、孩子教育、自己养老等阶段性消费目标只能逐步实现。

（7）预留备用金，以防范自己或家人可能面临的突发事件。

（8）永远不做自己不懂的投资。不了解就意味着要面临风险，而且风险的大小与不了解的程度成正比。

（9）匹配产生效益。投入与收入相匹配，计划与家庭情况相匹配。

（10）保持灵活性。任何一项理财产品都不是一劳永逸终身获利的，个人理财需要保持灵活性，适当调整财务结构可以规避单一选择带来的风险。

案例分析

下面介绍几个片面追求高收益而忽略投资理财风险的案例。

理财产品夸大宣传

走进各商业银行的营业网点，会看到许多花花绿绿的宣传材料，其中个人理财产品占据了很大比例。随机收集20余款不同银行的各种理财项目的广告宣传单，到处可见"本基金的预期收益稳定"、"本产品的累计净值在全行业中稳居冠军"等宣传语。这些个人理财产品较储蓄高不少的预期收益，吸引着众多的个人理财投资者。然而，这些个人理财产品真如宣传的那么"稳"吗？实际上，银行对个人理财产品风险揭示的刻意回避，很容易混淆客户对预期收益和实际收益的判断。

市民李先生2013年在某银行购买了8万美元的外币理财项目，银行在广告上声称"交由银行专业人士打理，就能定期获得更高稳定收益"。但时过境迁，刘先生非但没有获得稳定收益，并且连本金都有损失的可能。几经交涉后，银行给出的解释是，由于海外市场的行情波动，刘先生的收益受到影响。当初合同上写明了"交易属于投资型的理财产品"，既然是投资，就会有风险。

目前，一些银行进行产品宣传时，往往只注重"预期收益率达到多少"，但对产品中暗藏的风险却一言带过。因此，个人理财投资者一定要在购买产品前擦亮自己的眼睛。

地下炒汇风险堪忧

一些从事网上外汇交易的境外机构声称，投资者只要和其签订委托买卖外汇的合同，并交付一定比例的交易保证金，就可以按照"1∶100"甚至"1∶200"的杠杆买卖十万美元、几十万美元甚至上百万美元的外汇。以日元为例，一天最大的波动可有1%以上，如果能准确判断外汇波动的方向，赢利部分可以达到投入交易资金的两倍。于是很多人被这些不受法律保护的境外外汇交易网所欺骗。

万小姐在网上认识了一位周姓男子，这位男子声称自己是有外资背景的某投资咨询公司的交易员，并把自己从事的网上外汇交易吹得天花乱坠。万小姐与周某见面后，到周某的公司进行了解，见到的几位"客户"都表示周某公司的外汇交易操盘让他们赚了不少钱。

万小姐被怂恿着用人民币开户后仅三天，周某就告诉她已经赚了1000美元。当时她还兴奋了好一阵子。但不久，周某声称看错走势，导致两手单子始终无法解套，平均每天亏损上百美元。账面上的余额日渐减少，等焦急的万小姐仔细查对账单时，发现每手交易不管是赢是亏，交易商都从中收取50美元的佣金。三个月中，仅佣金的支出就高达1000多美元。而且，由于存在卖空操作，每天万小姐还得支出9美元左右的利息。四个多月时间，万小姐炒汇的钱就被"炒"得一分不剩。

地下外汇保证金交易机构在从事相关操作时，常常为客户设下重重陷阱。从合同的签署，到交易员的资质，再到莫名支出的佣金、利息等，客户百密一疏就会上当。更有甚者，部分机构甚至压根就不做任何操作，而只是提供虚假的对账单，目的是将客户的钱揣进自己的腰包。如果有交易商鼓吹"人民币炒汇"，客户就更要当心，因为这极有可能违反我国的现行法律。

"地下保单"难保平安

保险理财成为眼下较热门的理财方式，然而目前我国很多城市都存在着"地下保单"理财陷阱。

一直以来，由于国内保险公司不能提供客户所需的外币给付长期性寿险产品，导致"地下保单"在内地特别是沿海地区长期存在。由于"地下保单"在国内不受法律保护，因此具有极大的风险，一旦发生纠纷，投保人要到港澳地区索赔或者起诉保险业务员，这将会十分困难。此外，还有一些"地下保单"根本就是伪造的假保单，保险业务员有可能利用境内外保单的差别，为投保人设置陷阱。

不少中了"地下保单"陷阱的市民，不仅对境外保险知识缺乏，甚至对保险本身也不甚了解。黄先生是深圳第一批"富起来"的人，地产生意让他在20世纪90年代就开上了宝马汽车。2010年，黄先生通过自己的好朋友——做建材生意的林老板认识了来自香港的保险代理人张某。在张某的游说下，黄先生决定买林老板一个人情，在深圳签署了一份香港保险公司的人寿保险，年交保费约1.4万美元，合同约定8年交清，从55周岁时开始返还。

黄先生当时甚至不知道保险是何物，以为只须交费一年即可，"权当是请林老板喝茶了"。随后他才发现，这份保单不仅要每年交费，而且给他带来不少麻烦。

"2013年，保险公司突然通知我，代理人张某'消失'了。此前几年代收的保费也没有交给公司，因此我的这份保单将失效。圈子里通过张某买了保险的不少投保人也都收到了这样的通知，被张某卷走的保费一共价值400多万元人民币。"黄先生说。经历此事后的黄先生决定退保，经多次赴港追偿后，终于拿回部分保费。

黄先生的经历是"地下保单"客户中经常遇到的典型经历，即购买之初就有一定的误导成分，还时常发生代理人卷走保费的事情。另外，由于种种原因（包括代理人欺诈等），"地下保单"的理赔往往存在不少波折。

即使是内地保险理财，也可能出现陷阱。许多保险公司为了扩大业务，在产品宣传上可以说煞费苦心，有些宣传内容明显带有误导性。保险产品的分红主要依赖保险公司经营业绩，股市、债市等投资形势不好时，保险资金的收益率就降低，最后导致保险公司能够给付的收益少之又少。这样，投资者的现金回报很可能低于银行储蓄。另外，保险公司业务员常常以"投保自愿，退保自由"来吸引投资者，但对中途退保使投资者造成的大额损失却只字不提。

委托理财空头承诺

个人对投资领域缺乏专业知识时，委托给他人理财是否更省事呢？殊不知就在亲朋好友、广告宣传、机构推荐中，委托理财也频现陷阱，尽管他们的保本承诺和赢利承诺在最初的宣传中特别让人动心。

一些"野鸡"委托理财公司的宣传途径主要是手机短信、小广告等，他们给出的承诺首先是"保本"，毕竟投资者的第一个心态是保证本金安全，然后在此基础上寻求增值。在"保本"的基础上，不法委托理财公司的赢利"能力"被吹得天花乱坠，其承诺的资金年收益率从百分之十几、几十甚至到几百，没有不敢报的数字。赢利能力的浮夸程度，可能恰恰是陷阱深浅的程度。

文小姐是市内一大公司中层管理人员，工作十几年下来积蓄颇丰，但因工作紧张，自己无暇打理资产，将大量资金放在银行里吃那点薄利又不心甘，因此便根据委托理财广告考察了几家咨询公司。最后一家咨询公司以"12%的高回报率、精英人才管理"等口号打动了她，她将自己的近百万元资金委托给该公司进行理财。双方也为此签订委托理财合同。委托理财后，文小姐一直跟踪该公司的经营情况，然而各种迹象显示，对方不但未能带来所承诺的收益，反而投资出现了不小的亏损。

根据国家有关部门的规定，在委托理财关系中，证券公司、信托公司等单方面承诺最低收益是无效的，也是不允许的。

（资料来源：上海理财网）

思考题

1. 通过上述几则案例，请大家分析如何在理财时，把握好收益与风险之间的关系。
2. 如何防范现在市场上存在的理财欺诈行为？

本章小结

1. 现代投资理财理论认为不同风险资产进行投资组合后，在保证投资收益的基础上可以有效地降低投资理财的风险。根据现代投资组合理论，投资者进行投资时，可以在两个层面上进行投资组合：第一个层面是对市场上已有的投资理财品种之间进行投资组合；第二个层面是对同一投资品种内部的产品进行投资组合。

2. 不同的投资品种的风险和收益是不同的。债券收益高于同期同档银行存款，但投资的收益率较低。存款安全性最强，但收益率太低。股票可能获得较高风险投资收益，套现容易，但需面对投资风险、政策风险、信息不对称风险。证券投资基金组合投资，分散风险，套现便利，但风险对冲机制尚未建立。黄金和投资金币最值得信任并可长期保存的财富，抵御通货膨胀的最好武器之一，套现方便。外汇规避单一货币的贬值和规避汇率波动的贬值风险，交易中获利。房地产规避通货膨胀的风险，利用房产的时间价值和使用价值获利，但变现差。金融衍生工具有有限风险无限获利潜能，但产品复杂，驾驭难度大，具投资风险。

3. 投资收益又称为投资报酬，是指投资者从投资中获取的补偿。其计算公式为：必要收益率=无风险收益率+风险收益率=资金时间价值+通货膨胀补贴率+风险收益率。其收益的度量按其持有的时间和组合程度进行相应的计算。

4. 投资理财的风险是指在一定条件下和一定时期内可能发生的各种结果的变动程度，

或者说，投资理财风险是指由于未来的不确定性而引起的投入本金损失和预期收益减少的可能性，包括系统性风险和非系统性风险两种。风险的度量用单个证券或组合证券的方差来度量。

　　5. 风险的防范应做到理财要区分理性目标与非理性目标；区分必须实现的和希望实现的投资收益率；将目标量化；改善总体的财务状况；短长兼顾；目标要逐一实现，分清主次，梯次实现；预留备用金；永远不做自己不懂的投资；匹配产生效益；保持灵活性。

复习思考题

　　1. 什么是投资组合？国外及我国投资组合主要的研究成果都有哪些？

　　2. 我国目前投资理财品种收益与风险的各自特点是什么？

　　3. 什么是收益？如何计算理财的投资收益？

　　4. 什么是风险？风险的分类有哪几种？

　　5. 两项及两项以上资产构成的投资组合的风险如何计算？

第 3 章　债券

引言

　　在生活中，借钱这样的事情几乎每个人都遇到过。无论谁向谁借，借款数目多少，借款时间长短，都有一个共同的特点，即借出者与借入者一定是两个非常熟悉的人。否则，借钱将成为一件十分困难的事。因为如果两个人互相不熟悉，借出者就会担心他借出去的钱无法收回。这其中牵涉借入者信用的问题。只有熟悉的人，才能了解彼此的信用状况。但作为公司或企业，如何向社会上陌生的群体借到钱呢？除了借入者要向社会介绍自己的信用状况外，还要向借出者出具一个证明，以便其在借款到期时凭此证明向借入者索回本息。这种证明就是债券。那么，债券包括哪些内容？它有哪些特征与类型？债券内在价值的重要意义何在？债券的价格与价值之间有何关系？债券如何获得收益？这些问题我们将在下面详细介绍。

本章学习目标

- 了解与债券投资有关的概念和基础知识；
- 掌握债券投资策划的程序；
- 熟悉债券投资分析的主要策略和技巧；
- 掌握债券的价格及其度量方法。

3.1　债券及其特征

3.1.1　债券的含义及券面内容

1. 债券的含义

　　债券（Bond）是发行者依照法定程序发行，并约定在一定期限内还本付息的有价证券，是表明投资者与筹资者之间债权债务关系的书面债务凭证。

　　通常，要使一张书面债务凭证成为债券，必须同时具备以下三个条件：

　　（1）必须可以按照同一权益和同一票面记载事项，同时向众多的投资者发行。

　　（2）必须承诺在一定期限内偿还本金并定期支付利息。

　　（3）在国家金融政策允许下，能按债券持有人的需要自由转让。

债券和股票一起构成证券市场的基本金融工具和投资对象。对于发行者来说，发行债券的目的在于筹措资金，其结果则是形成一定时间内的债务。对于投资者来说，购买债券是为了获得让渡资金使用权的报酬（债券利息），其结果是形成对债券发行者的债权。当然，投资者也可以在交易市场上买卖已发行的二手债券，以获取买卖差价利润。

债券的发行始于 12 世纪末期的威尼斯共和国。18 世纪后，欧美资本主义国家经济迅速发展，并纷纷发行债券为其政治经济活动筹集资金。到了 19 世纪末，公司制的企业大量出现，开始大量地利用债券来筹资。至今，全世界所有的国家、大部分公司及许多地方政府都发行债券，债券已经成为重要的筹资手段。

2. 债券的券面内容

债券的券面内容，是指在正常条件下所有债券都必须明确记载的事项，主要包括：

（1）发行单位的名称。债券券面应该明确记载发行单位的名称。发行单位的名称必须写全称，以便投资者了解发行单位的状况，同时，也能起到区别不同债券的作用。

（2）发行单位的地址。除众所周知的单位外，其他单位发行的债券都应明确记载发行单位的地址，以便投资者与发行者之间进行联系和核实。

（3）债券的票面金额。债券的券面金额代表投资者购买债券的本金数额，是到期偿还本金和计算利息的基本依据。因此，债券券面都必须载明券面金额，否则，债权人的权益将无法得到保障。

不同的票面金额，可以对债券的发行成本、发行数额和持有者的分布产生不同影响。如果票面金额较小，就会促进小额投资者购买，但可能增加发行费用，加大发行的工作量；如果票面金额较大，债券则会更多地被大额投资者持有，降低发行费用，减少发行工作量，但可能会缩小发行对象范围，减少债券的发行量。

（4）债券的票面利率和计息方法。不同的债券有不同的券面利率和计息方法，它直接影响投资者的利益，因此，债券应明确记载其券面利息和计息方法。

（5）利息的支付方式。利息的支付方式也直接影响投资者的利益，因此债券券面也应载明其利息的支付方式。

（6）还本付息的期限和还本方式。债券券面应明确记载其还本期限和还本方式，这将直接决定债券的名义利息额，对投资者利益有重大影响。

（7）债券的发行日期。债券的发行日期是确定其计息时间的基础，是影响投资者权益的重要因素。因此，债券券面必须载明其发行日期。

（8）发行单位的印记。发行单位的印记是证明债券发行者的重要依据，因此，任何债券必须载明发行单位的印记。

（9）债券号码。债券券面应载明其发行序号。

以上是债券的基本记载事项。除此之外，债券发行机关还应根据具体情况在券面上记载其他一些需要明确的有关事项。

3.1.2　债券的特征

债券作为一种资本证券，与股票一样，也是一种虚拟资本，是经济运行中实际运用的真的资本的证书。一般来说，债券具有以下几个特征。

1．收益性

债券的投资收益性主要表现在两个方面：一是投资者在持有期内根据规定，取得一定的利息收入，这也是债券投资收益的基本来源。二是投资者通过在市场上买卖债券获得差价收益。不过，与股票相比，债券对这一收益渠道的利用程度要低得多。

2．偿还性

债券是债权的代表，在债券的偿还期限内，债权人只是将资金借给发行单位使用，无权过问发行单位的经营状况。发行单位的财务状况也与债权无关，无论其财务状况如何，债权人都只能获得固定利息。因此，债权人和债券发行人之间只是一种借贷关系，而借贷关系是有期限的，到期必须偿还。

债券的偿还期限，是指从发行之日起到清偿本息之日止的时间。债券偿还期限的长短，主要取决于以下几个因素：

（1）债务人对资金需求的时限。足够的偿还期限除可保证债务人的资金使用需要外，还有利于债务人在规定的时间内，取得相应的资金作为偿还的来源。这既可以维护发行者的信誉，也便于发行者从容调配使用资金。

（2）未来市场利率的变化趋势。一般来说，如果市场利率趋于下降，则债务人会倾向于多发行短期债券；如果市场利率趋于上升，则债务人会倾向于多发行长期债券。这样可以减少因市场利率变化而引起的筹资成本升高的风险。

（3）证券交易市场的发达程度。如果交易市场发达，债券变现力强，购买长期债券的投资者就多，发行长期债券就会有销路；反之，如果交易市场不发达，债券不能自由变现，投资者便会倾向于短期债券，长期债券就难有销路。

（4）债券利率。债券利率是债券投资者的基本收益形式。债券利率与偿还期限通常呈同向变化关系，即利率高，则债券期限可以较长；反之，利率低，债券期限也只能较短。

3．流通性

与股票一样，作为一种特殊商品，债券也可以在市场上进行公开的流通交易，随时转让以变现。债券的流通变现性，是吸引投资者让渡资金使用权，有效实施债券发行的必要条件。

4．价格稳定性

债券作为一种可交易的特殊商品，特别是作为投资对象，其价格自然也可以变动。但与其他金融投资对象不同的是，债券的市场交易价格变动幅度通常较小。类似股票价格大起大落的现象，通常在债券交易中是很少甚至不可能出现的。这主要是由于债券一般有以法律作为保证的固定利率，利息通常是可以保证支付的，其收益可以做准确预期，从而消除了价格大幅度波动的导因。价格变动的低弹性，使得债券成为许多稳健投资者首选的金融投资对象。

5．债权人的广泛性

债券的发行形成的是一定的债务关系。从这个意义上说，它也是一种信用方式。但与银行借款等信用方式不同的是，债券持有人在数量上是很多的，即每种债券都是面向广泛的投资者发行的。对于发行者来说，债券发行可以形成大量的债权人，而其他信用方式（如企业向银行贷款），形成的债权人仅仅是个别银行。债权人的广泛性，使得筹资者可以在更大范围和空间吸收到社会闲散资金；而从宏观角度上说，债券发行作为筹资范围极广泛的方式被普遍采用，也可以起到更充分地动员社会资金的作用。

3.1.3　债券与股票的区别

1. 投资收益的稳定性与获取渠道不同

如前所述，股票收益是不稳定的，因此股票投资者通过公司赢利分配获得投资回报并不可靠，回报水准也难以准确测度。但正是由于股票收益水平不固定，只要公司经营业绩很好，赢利分配就可能达到相当高的水平，即投资者在投资股票时，有可能获得投资任何债券均无法比拟的高额利润。同时，由于股票价格受多种因素的影响，波动频繁且幅度较大，因此在市场上进行股票买卖，赚取差价利润的机会也较多。这就使得股票的投资收益更多地体现在市场上买进或卖出所获得的差价收益上。相比之下，债券收益则较有保障，收益水平稳定且可以较为准确地把握。同时，由于债券的利息收益是固定的，其价格波动幅度较小，故其收益的实现虽然也可以通过市场买卖达到，但更多地还是表现为发行者支付的利息。

2. 投资风险不同

从投资者承担的风险上看，无疑股票投资的风险要远远大于债券投资。所谓投资风险，即投资行为不能达到预期收益目的的可能性。投资风险总是与投资收益直接相关的。不能稳定地获得收益，本身就意味着投资失败的可能性更大。对于股票投资者来说，从公司获得必要的回报原本就是缺乏保障的；在市场上买卖股票也未必能保证获取差价利润。既然这两种基本的收益途径都是不可靠的，投资失败的概率当然也相当高。而债券投资虽然不可能获得暴利，却是相当可靠的。除了恶性通货膨胀、战争、自然灾害、未提供担保的债券发行企业破产等意外原因外，收益的获得一般不成问题。在市场上提前转让债券，即使可能在利息上受到一些损失，其程度也是较低的。收益特征的不同，决定了股票的投资更适合那些敢于冒险的投资者，而债券投资则更适合性格稳健的投资者。

3. 操作技术难度不同

股票投资由于风险较大，收益更多地通过在市场上的买卖操作来实现，同时这类操作涉及各种决策和诸多环节，因此其能否获得成功，很大程度上取决于投资者操作的技术水平。投资者要增加成功的把握，就必须更多地掌握股票投资及与其相关的知识与信息，具有较强的投资分析能力，进行更为审慎、严密的决策，因此技术难度较大。而债券投资风险较小，收益的实现主要靠利息收入，投资者可能完全不需要市场操作，即使进行市场操作，所需的环节和决策过程也简单得多，因此其技术难度远远小于股票投资。

4. 投机性强弱不同

由于任何股票发行公司都不能确保向投资者支付股息，因此投资者往往要在市场上买进卖出股票，以赚取差价利润作为获取收益的主要手段，这本身决定了股票的流动性较强。股票的价格变化幅度较大，且速度快，抓住时机进行操作，就可能获得十分可观的利润。因此，股票成为最重要的金融投机对象。相比之下，债券的收益较为固定，其投资者选择债券，往往是出于稳健的考虑，购买债券后大多都不再中途进入市场转让。即便转让，由于债券价格不会大起大落，投资者也不太可能获得高额的差价利润，因此其作为投机工具远不如股票理想。正因为如此，证券投机更多地体现为股票投机。

5. 投资对象的可选择范围不同

由于股票投资成功涉及的因素很多，不同的公司情况千差万别，因此每个品牌的股票，在收益回报水平和投资风险上的差别都是很大的。股票投资者能否获得成功，很大程度上取决于对股票的选择是否明智。可以说，市场上有多少种股票就可以有多少种效应完全不同的选择，即股票投资对象选择时要考虑的因素更多，选择的范围很宽。而债券虽然品种较多，但不同的债券在收益和风险的差别上远远小于股票，至少同类债券的利息水平不会有明显的差距。事实上，投资者在选择债券作为投资对象时要着重考虑的因素，无非是利率和期限等少数几个指标，其选择的范围相对狭窄。

3.2 债券的分类

债券是一种重要的筹资工具，由于它的发行不受发行单位经济性质的限制，以及适应债券投资者的需要，因此，可以从不同角度分类。

3.2.1 按发行主体分类

按发行主体，债券可分为政府债券、金融债券和公司债券三大类。

1. 政府债券

政府债券也称为公债，即由一国或一地区政府发行的债券。政府债券的发行目的，主要是满足政府履行其职能的开支需要，或者弥补财政赤字、偿还到期债务。政府债券的特征：一是信用保障程度比较高，一般可以保证按期还本付息。在国外，人们把政府债券称作"无风险债券"、"金边债券"。二是利率水平通常较其他种类债券低，这也主要是由其投资风险较低的特征决定的。

由于政府本身存在着不同的层级，因此政府债券通常可以按照发行层级再具体分为以下三类：

（1）中央政府债券。也称为国家债券（简称国债），即中央政府作为发行主体发行的债券。从新中国成立至今，我国已发行的国债种类有人民胜利折实公债、国家经济建设公债、国库券、国家重点建设债券、国家建设债券、财政债券、保值债券、基本建设债券、转换债券等。其中，国库券是发行量最大的中央政府债券。

（2）地方政府债券。即由各级地方政府作为发行主体发行的债券。它也称为市政债券，是因为在市场经济条件下，地方政府发行债券的目的主要是为地方的市政建设（如交通、通信、住宅、教育、医院和污水处理系统等）筹措资金。我国曾一度停止发行地方债券。2008年华尔街金融危机爆发，我国政府提出了 4 万亿元人民币的拯救经济计划。4 万亿元投资中，有 1 万亿元由中央直接投资，同时将带动地方、企业和金融机构贷款等多元投资。除了地方财政支出以外，财政部还制定并下发了《2009 年地方政府债券预算管理办法》，代发地方政府债券，主要用于中央投资地方配套的公益性建设项目及其他难以吸引社会投资的公益性建设项目支出，这就为地方政府筹资开辟了新的重要途径，加大了地方政府对刺激经济计划的支持力度。2015 年我国发行 5 000 亿元的地方政府一般债券和 1 000 亿元的专项债券，分别用于弥补 2015 年地方公共财政赤字和政府性基金收支差额。

（3）政府机构债券。即从国外引入的一种政府债券范畴，也称为国营特殊法人债券，是指承担公益事业的政府公司或政府金融机构发行的债券。这类债券也以政府为信用后盾，由政府为还本付息进行担保。

2．金融债券

金融债券即由金融机构发行的债券。它又可以按利息支付的不同形式，具体区分为贴息金融债券和付息金融债券两类。

（1）贴息金融债券。也称为贴水金融债券、贴现金融债券，是指以低于票面金额的价格发行，到期后按票面金额偿还的金融债券。例如，债券面额为 100 元，发行时投资者可能只需支付 75 元，三年到期后，偿还金额与票面金额相同，即 100 元。这里发行价格（购买价格）与票面金额（偿还价格）的差额 25 元，即为 3 年的利息和。一般而言，贴息金融债券的持有人在债券到期前不再另外获得利息。

（2）付息金融债券。即按票面金额发行，另由发行者按一定年利率在债券有效期内分次或到期后一次性支付给持有人利息的金融债券。这也是最常见的金融债券。付息金融债券还可以进一步按照利率是否随时间累进提高，再分为固定利率金融债券和累进利率金融债券。前者在债券有效期内各年的利率保持不变，后者则在债券有效期内逐年递增利率水平。例如，某银行于 2011 年发行 5 年期付息金融债券，若其第一年利率为 10%，第二年升至 11%，第三年升至 12%，到第五年（2016 年）升至 14%，即属利率每年递增 1%的累进付息金融债券。

3．公司债券

公司债券即各种公司制企业发行的债券。在我国现阶段，由于某些尚未实施公司制的企业经批准也可以发行债券，故也可称为企业债券。公司债券的发行主要用于满足企业的长期投资需要，因此期限大多较长。

对于一个企业来说，会由于种种原因而需要筹措资金，包括新建项目、一般业务发展、购并其他企业或弥补亏损。当企业的自有资金不能完全满足企业的资金需求时，就需要向外部筹资。企业向外部筹资主要有三个途径：发行股票、对外借款和发行债券。从企业角度看，发行股票对企业要求较高，有特定的企业组织形式限制，同时发行成本也较高，对二级市场也有一定的要求；而向金融机构借款，获得的资金期限一般较短，债务条件主要由金融机构决定，资金的使用要受到债权人的干预，有时还有一定的附加条件。采用发行债券的方式则成本较低，对市场要求也低，同时筹集的资金期限长，数量大，资金使用自由，弥补了股票和借款方式筹资的不足，因此发行债券是许多公司偏好的一种筹资方式。但对投资者来说，由于企业本身的生产经营效益受市场竞争的制约，存在着突出的不确定性，其债券的信用保障水平相对于政府债券和金融债券较低，故风险较高。也正因为如此，公司债券的利率水平较之政府债券、金融债券通常更高。

公司债券的种类较多，一般可依据持有者享有的权益差别分为所得公司债券、参加公司债券、非参加公司债券、附新股认购权公司债券、可转换公司债券和不可转换公司债券等具体种类。

（1）所得公司债券。它是一种出现时间不长的特殊公司债券。这种债券的持有人是否获得利息及利息支付数量的多少，主要随公司经营状况和赢利水平而定。在性质上，它与普通股已十分相近，所不同的是作为债券，其持有人到期时要收回本金。

（2）参加公司债券。它也是一种特殊的公司债券，指持有人除了按规定利率获得利息收入外，还可以在一定程度上参与额外的公司赢利分配的公司债券。就其收益特征看，与参加优先股相当近似，所不同的是它也有到期日，持有人届时可收回本金。这种公司债券也称为分息公司债券。

（3）非参加公司债券。即典型意义上的公司债券，是持有人只能得到事先规定的利息，而不能再参与公司其他赢利分配的公司债券。绝大多数公司债券均属此类。

（4）附新股认购权公司债券。它是指同时附加有公司新股发行时可优先以优惠条件认购权力的公司债券。这种债券近年来在美国较多见，一般是由股票市场形象较好的公司发行的。

（5）可转换公司债券。它是指持有人可按约定条件将其兑换成同一发行公司普通股的公司债券。公司在发行这种债券时便做出规定，经过规定的持有时间或在公司股票发行后，投资者可按一定比率将其兑换成该公司的普通股，事实上，这是债券与股票的一种混合体。在转换实施前，它是债券，持有人为公司债权人；当转换发生后，它便成为股票，持有人也相应地转变为公司普通股股东。无疑这种债券对投资者是很有吸引力的，因为它身兼二任，为投资者实现其收益目标提供了较大的选择余地。当投资者采取审慎的投资策略时，它作为债券可以使投资者获得较稳定的收益；当公司经营状况良好，股息分配和市场价格水平较高时，投资者又可以迅即将其转换成股票，及时获得增加的赢利分配和市场收益。转换公司债券一般只能在注册资本尚未募足时发行，发行时也不做担保。由于它很容易转换成公司普通股，其市场流通价格与公司普通股票价格在涨跌趋势上也基本一致。不过，这种公司债券的利率往往较低。

（6）不可转换公司债券。它是指始终保持债券形态，不能兑换为同一公司普通股票的公司债券。一般的公司债券均属此类。

3.2.2 按偿还期限分类

按偿还期限的长短，债券分为短期债券、中期债券、长期债券和永久国家债券。各国对短、中、长期债券的划分不完全相同。一般标准是：期限在1年或1年以下的为短期债券；期限在1年以上、10年以下（包括10年）的为中期债券；期限在10年以上的为长期债券。

永久债券也称为无期债券,它并不规定到期期限,持有人也不能要求偿还本金,但可以按期取得利息。永久债券一般仅限于政府债券,而且是在不得已的情况下采用的。

3.2.3 按利息的支付方式分类

按利息支付方式的不同,债券可分为附息债券和贴现债券两类。

1. 附息债券

附息债券是指债券券面上附有各种息票的债券。息票上标明利息额、支付利息的期限和债券号码等内容。息票一般以 6 个月为一期。债券到期时,持有人从债券上剪下息票并据此领取利息。由于息票到期时可以获得利息收入,因此附息债券也被看作一种可以流通转让的金融工具。

2. 贴现债券

贴现债券也称为贴水债券,是指发行时按规定的折扣率,以低于票面价值的价格出售,到期按票面价值偿还本金的一种债券。贴现债券的发行价格与票面价值的差价即为贴现债券的利息。

3.2.4 按债券形态分类

按债券形态的不同,可将债券分为实物债券、凭证式债券和记账式债券。

1. 实物债券

实物债券是指具有标准格式实物券面的债券。在标准格式的债券券面上,一般印有债券面额、债券利率、债券期限、债券发行人全称、还本付息方式等各种债券票面要素。有时,债券利率、债券期限等要素也可以通过公告向社会公布而不再在债券券面上注明。在我国现阶段的国债种类中,无记名国债就属于这种实物债券,它以实物券的形式记录债权,面值不等,不记名、不挂失,可上市流通。实物券是一般意义上的债券,很多国家通过法律或者法规对实物债券的格式予以明确规定。

2. 凭证式债券

凭证式债券的形式是一种债权人认购债券的收款凭证,而不是债券发行人制定的标准格式的债券。我国近年通过银行系统发行的凭证式国债,券面上不印制票面金额,而是根据认购者的认购额填写实际的交款金额,是一种储蓄债,可记名、挂失,以"凭证式国债收款凭证"记录债权,不能上市流通,从购买之日起计息。在持有期内持券人如遇特殊情况需要提出现金,可以到购买网点提前兑取。提前兑取时,除偿还本金外,利息按实际持有天数及相应的利率档次计算,经办机构按兑付本金的 0.2%收取手续费。

3. 记账式债券

记账式债券是指没有实物形态,而只是在计算机账户中加以记录的债券。随着现代科学技术的发展,计算机在债券发行和交易中逐步运用和推广。在我国,上海证券交易所和深圳证券交易所已为证券投资者建立计算机证券账户，因此，可以利用证券交易所的系统来发行债券。我国近年来通过沪深交易所的交易系统发行和交易的记账式国债就是这方面的实例。投资者进行记账式债券买卖，必须在证券交易所设立账户。由于记账式债券的发行和交易均采用无纸化方式，所以效率高，成本低，交易安全。

3.2.5　按利率是否固定分类

按利率是否固定，可将债券分为固定利率债券和浮动利率债券。

1．固定利率债券

固定利率债券是最常见的债券。顾名思义，它是指债券利率在偿还期内不发生变化的债券。由于其利率水平不能变动，在偿还期内，通货膨胀率较高时，会有市场利率上升从而债券利息收入相对下降的风险。

2．浮动利率债券

浮动利率债券是一种特殊形态的债券。它是指利率不固定或不绝对固定，在有效期内可定期或不定期地进行规范或灵活调整的债券。前面已提及的累进利息金融债券、所得公司债券，以及在通货膨胀较严重时期出于保障投资者利益的目的而发行的保值债券等，都属此类债券。采用浮动利率形式，减少了持有者的利率风险，也有利于债券发行人按照短期利率筹集中长期的资金来源。

3.2.6　按有无担保分类

按发行时是否提供担保，可将债券分为信用债券和担保债券。

1．信用债券

信用债券也称为无担保债券，是指仅凭债务人信用发行的、没有抵押品做担保的债券。政府债券和金融债券多为信用债券，少数信用良好的公司也可发行信用债券，但在发行时必须签订信托契约，对债务人的有关行为进行约束，由受托的信托公司监督执行，以保障投资者的利益。

2．担保债券

担保债券是指以抵押财产为担保而发行的债券，主要包括两种：第一种是不动产抵押债券，即以土地、房屋、机器、设备等不动产为抵押担保品而发行的债券。当债务人在债务到期后不能按期偿还本息时，债券持有者有权通过变卖抵押品来收回本息。在实践中，可以同一不动产为抵押品而多次发行债券。按发行顺序可分为第一抵押债券、第二抵押债券等。第一抵押债券对于抵押品有第一留置权；第二抵押债券对于抵押品有第二留置权。所以，第一抵押又称为优先抵押；第二抵押又称为一般抵押。第二种是信托抵押债券，即以发行主体拥有的其他有价证券，如股票和其他债券作为担保品而发行的债券。一般来说，这种债券的发行主体是一些合资附属机构，以总公司的证券作为担保。作为担保的有价证券通常委托信托人保管，当该公司不能按期清偿债务时，即由受托人处理其抵押的证券并代为偿债，以保护债权人的合法利益。

3.2.7　按偿还方式分类

按偿还方式的差异，可将债券分为一次还本债券、分次还本债券和通知还本债券。

1．一次还本债券

一次还本债券是指在债券到期后的规定时间内向投资者一次性偿还本金的债券。这种债券较为常见，短期债券基本上属此类；中长期债券也有相当部分采取一次还本方式。

2．分次还本债券

分次还本债券是指在债券有效期内，分别于不同时期向投资者分批次偿还部分或全部本金的债券。采取这种偿还方式的债券一般都是中长期债券。

3．通知还本债券

通知还本债券是在债券到期前，发行者可随时发布通知，偿还债券持有人一部分或全部本金的债券。前面已提到的可转换公司债券往往也是这种债券。

3.3　债券价格及其决定因素

证券本身没有任何使用价值，也没有真正的价值，它只是表示因资本的供求关系而产生的一种权利。该种权利可以给投资者带来收益，这种权利使得债券可以在证券市场上进行买卖并形成一定的价格，从而具有投资价值。债券的价格围绕债券的价值上下波动。

3.3.1　债券的价值

债券的价值，也就是债券的理论价格，是未来各期债券的利息收入与期满后出售（或兑付）债券所得收入的复利现值之和。

1．基本模型

债券的理论价格计算公式为：

$$P = \frac{C_1}{(1+i)^1} + \frac{C_2}{(1+i)^2} + \cdots + \frac{C_n}{(1+i)^n} + \frac{S}{(1+i)^n}$$

$$= \sum_{t=1}^{n} \frac{C_t}{(1+i)^t} + \frac{S}{(1+i)^n}$$

式中　P——债券价值；

C_t——第 t 期可以预期得到的债券利息收入（通常等于债券的票面利息）；

i——债券持有人要求得到的收益率（市场利率）；

S——债券面值或到期支付额；

n——债券的存续期或持有期。

运用上面的模型对债券进行估价是基于以下两个假设条件的：

（1）债券完全能够按期支付本金和利息；

（2）不同时期的利息收入能够找到与其收益率一样的资产进行再投资。

【例3-1】 每年付息一次的债券的估值。某票面价值为1 000元，票面利率为10%的每年付息一次、到期还本的5年期债券，复利计息。假设市场利率为12%，则该债券的理论价格为：

$$P = \frac{100}{1+12\%} + \frac{100}{(1+12\%)^2} + \frac{100}{(1+12\%)^3} + \frac{100}{(1+12\%)^4} + \frac{1\,100}{(1+12\%)^5}$$
$$= 927.90 \text{（元）}$$

2. 其他模型

（1）平息债券。平息债券是指利息在到期时间内平均支付的债券。支付的频率可能是一年一次、半年一次或每季度一次等。

平息债券价值的计算公式为：

$$P = \sum_{t=1}^{mn} \frac{C/m}{\left(1+\frac{i}{m}\right)^t} + \frac{S}{\left(1+\frac{i}{m}\right)^{mn}}$$

式中 P——债券价值；

　　　C——年付利息；

　　　i——债券持有人要求得到的收益率（市场利率）；

　　　S——债券面值或到期支付额；

　　　n——债券的存续期或持有期；

　　　m——年付利息次数。

【例3-2】 每半年付息一次的债券的估值。假设某公司于2013年1月1日发行的票面值为1 000元、票面利率为10%的每半年付息一次的5年期的债券，复利计息，付息日期为每年的7月1日和12月31日。假设投资者要求的年必要收益率（市场利率）为8%。某投资者于2016年1月1日购入该债券，那么该债券的理论价格是多少元？

$$P = \frac{50}{1+4\%} + \frac{50}{(1+4\%)^2} + \frac{50}{(1+4\%)^3} + \frac{1050}{(1+4\%)^4} = 1036.30 \text{（元）}$$

（2）贴现债券。贴现债券是指承诺在未来某一确定日期作某一单笔支付的债券。这种债券在到期日前购买人得不到任何现金支付，因此也称为"零息债券"。零息债券没有标明利息计算规则，通常采用按年计息的复利计算规则。贴现债券的价值为：

$$P = \frac{S}{(1+i)^n}$$

【例3-3】 有一贴现债券，面值1 000元，20年期。假设折现率为10%，其价值为：

$$P = \frac{1000}{(1+10\%)^{20}} = 148.6 \text{（元）}$$

（3）永久债券。永久债券是指没有到期日，永不停止支付利息的债券。永久债券的价值计算公式为：

$$P = \frac{利息}{折现率}$$

（4）流通转让债券的价值。流通债券是指已发行并在二级市场上流通转让的债券。流通债券的特点是：① 到期时间小于债券的期限；② 估价的时间点不在发行日，可以是任何时间点，会产生"非整数计息期"问题。因此，在估价时要考虑现在至下一次利息支付的时间因素。

流通债券的估价方法有两种：① 以现在为折算时间点，历年现金流量按非整数计息期折现；② 以最近一次付息时间为折算时间点，计算历次现金流量的现值，然后将其折算到现在时点。无论哪种方法，都需要计算非整数期的折现系数。

【例 3-4】　有一面值为 1 000 元的债券，票面利率为 8%，每年支付一次利息，付息时间是每年的 4 月 30 日。2013 年 5 月 1 日发行，2018 年 4 月 30 日到期。假设现在是 2016 年 4 月 1 日，折现率是 10%，则该债券的价值是多少？

第一种方法：分别计算四笔现金流入的现值（三笔利息，一笔本金），然后求和。但是注意，计息期数不是整数，而是 1/12、13/12、25/12。

$$P = \frac{80}{(1+10\%)^{\frac{1}{12}}} + \frac{80}{(1+10\%)^{\frac{13}{12}}} + \frac{80}{(1+10\%)^{\frac{25}{12}}} + \frac{1\,000}{(1+10\%)^{\frac{25}{12}}} = 1\,037 \text{（元）}$$

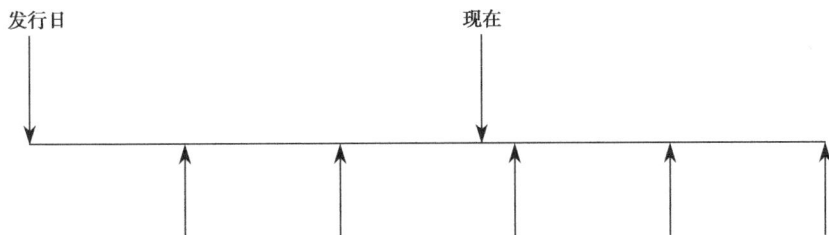

第二种方法：先计算 2016 年 4 月 30 日的价值，然后将其折算为 2016 年 4 月 1 日的价值。

$$2016 \text{ 年 } 4 \text{ 月 } 30 \text{ 日的价值} = 80 + \frac{80}{1+10\%} + \frac{80+1\,000}{(1+10\%)^2} = 1\,045.3 \text{（元）}$$

$$2016 \text{ 年 } 4 \text{ 月 } 1 \text{ 日的价值} = \frac{1\,045.3}{(1+10\%)^{\frac{1}{12}}} = 1\,037 \text{（元）}$$

3.3.2　债券的价格与价值

前面我们分析了债券的价值，也就是债券理论上的价格。但是在实际中，不论债券在一级市场上的发行，还是在二级市场上的转让，只要存在交易，都有一个实际交易的价格，这个价格主要是由供求关系决定的，同时受利率等因素的影响。债券实际交易的价格并不一定等于它的价值（理论价格），而是围绕着价值上下波动。但是仍然要注意，债券的价值评估具有非常重要的意义。企业通过发行债券形式从资本市场上筹集资金，必须知道它如何定价。

如果定价偏低，企业会因此遭受损失；如果定价过高，会导致发行失败。对于债券投资者来说，债券的估价也具有重要意义，债券的价值体现了债券投资人要求的报酬。如果债券的交易价格低于债券的价值，说明债券价值被低估了；如果债券的价格高于债券的价值，说明债券的价值被高估了。

债券发行可以分为平价发行、溢价发行和折价发行三种方式。平价发行是指以债券的面值出售；折价发行是指以低于债券面值的价格出售；溢价发行是指以高于债券面值的价格出售。

通过债券估价模型，我们可以计算出债券理论上的发行价格：

$$债券发行价格 = \frac{票面金额}{(1+市场利率)^n} + \sum_{i=1}^{n}\frac{票面金额 \times 票面利率}{(1+市场利率)^i}$$

从公式中，可以看出，债券发行价格主要受债券期限、票面利率和债券发行时市场利率的影响，然而，在实际中，债券发行价格的确定还要考虑政治经济等多种现实因素。

债券的市场价格是投资者在债券二级市场买卖债券的价格，债券的市场价格主要是由供求关系决定的，受市场利率、付息次数和到期年数等因素的影响。同样道理，根据前面的债券估值模型，同样可以计算出流通中的债券价值。

下面通过一个例子来说明债券的价值与价格之间的关系，以及对于投资者和债券发行人的重要意义。

【例3-5】 某公司发行面值为1 000元、票面利率为10%、期限为5年的债券，每年付息一次。下面计算当债券发行时，市场利率分别为8%、10%、12%时的债券价值。

（1）当资金市场上的利率为8%时，债券的价值为：

$$P = \sum_{t=1}^{5}\frac{10}{(1+8\%)^t} + \frac{1000}{(1+8\%)^5} = 1079.87（元）$$

当债券发行时的市场利率为8%时，对于债券发行人来说，应采取溢价发行，这样才能使得其实际付出的筹资成本与市场利率持平。因为若平价发行或折价发行，发行人将支付10%甚至更高的筹资成本，高于8%的市场利率，企业就会因此遭受损失。对于投资者来说，按照1 079.87元的价格购买此债券，到期时实际获得的收益率为8%而不是10%。

（2）当资金市场上的利率为10%时，债券的价值为：

$$P = \sum_{t=1}^{5}\frac{10}{(1+10\%)^t} + \frac{1000}{(1+10\%)^5} = 1000（元）$$

发行人可采取平价发行的方式，支付和市场利率相同的筹资成本。若采取溢价发行，则其支付的实际筹资成本低于10%，投资者实际获得的收益也将低于10%。若折价发行，发行人将支付高于10%的实际筹资成本，投资者将获得超过市场利率10%的收益。

（3）当资金市场的利率为12%时，债券的价值为：

$$P = \sum_{t=1}^{5}\frac{10}{(1+12\%)^t} + \frac{1000}{(1+12\%)^5} = 927.88（元）$$

发行人可采取折价发行的方式，而对于投资者来说，只有按照不高于927.88元的价格购买债券并持有至到期才可以获得不低于市场利率12%的收益。

3.3.3　影响债券价格的主要因素

债券市场价格是随着债券市场的供需状况不断变化的，因此，市场的供求关系对债券价格的变动有着直接影响。当市场上的债券供过于求时，债券价格必然下跌；反之，债券价格则上涨。影响债券供求关系，从而引起债券行市变动的因素较多，除政治、战争、自然灾害等因素外，还有以下几方面的因素。

1．利率

货币市场利率的高低与债券价格的涨跌有密切关系。当货币市场利率上升时，信贷紧缩，用于债券的投资减少，于是债券价格下跌；当货币市场利率下降时，信贷放松，可能流入债券市场的资金增多，投资需求增加，于是债券价格上涨。

2．经济发展情况

经济发展情况的好坏，对债券市场行情有较大的影响。当经济发展呈上升趋势时，生产对资金的需求量较大，于是市场利率上升，债券价格下跌；当经济发展不景气、生产过剩时，生产企业对资金的需求急剧下降，于是市场利率下降，资金纷纷转向债券投资，债券价格也随之上涨。

3．物价

物价的涨跌会引起债券价格的变动。当物价上涨的速度较快时，人们出于保值的目的，纷纷将资金投资于房地产或其他可以保值的物品，债券供过于求，从而引起债券价格的下跌。

4．中央银行的公开市场操作

中央银行具有宏观调控的重要功能，为调节货币供应量，通常在信用扩张时向市场上抛售债券，这时债券价格就会下跌；而当信用萎缩时，中央银行又从市场上买进债券，这时债券价格则会上涨。

5．新发债券的发行量

当新发债券的发行量超过一定限度时，会打破债券市场供求的平衡，使债券价格下跌。

6．投机操纵

在债券交易中进行人为的投机操纵，会造成债券行情的较大变动。特别是在初建证券市场的国家，由于市场规模较小，人们对于债券投资还缺乏正确的认识，加之法规不够健全，因此使一些非法投机者有机可乘，以哄抬或压低价格的方式造成市场供求关系的变化，影响债券价格的涨跌，从而达到自己的目的。

7．汇率

汇率的变动对债券市场行情的影响很大。当某种外汇升值时，就会吸引投资者购买以该种外汇标值的债券，使债券价格上涨；反之，当某种外汇贬值时，人们纷纷抛出以该种外汇标值的债券，债券价格就会下跌。

3.4 债券收益度量

3.4.1 债券投资收益的来源

债券的投资收益来自两个方面：一是债券的利息收益，这是债券发行时就决定的，除了保值贴补债券和浮动利率债券，债券的利息收入不会改变，投资者在购买债券前就可得知；二是资本损益。

1. 利息收益

债券的利息收益取决于债券的票面利率和付息方式。债券的票面利率是指一年的利息占票面金额的比率。票面利率的高低直接影响着债券发行人的筹资成本和投资者的投资收益，一般是债券发行人根据债券本身的性质和对市场条件的分析决定的。通常，首先，要考虑投资者的接受程度，发行人往往参照了其他详细条件债券的利率水平后，在多数投资者能够接受的限度内，以最低利率来发行债券。其次，债券的信用级别是影响债券票面利率的重要因素。再次，利息的支付和计息方式也是决定票面利率要考虑的因素。最后，要考虑证券主管部门的管理和指导。一旦债券的票面利率被确定后，在债券的有效期内，无论市场上发生什么变化，发行人都必须按确定的票面利率向债券持有人支付利息。

2. 资本损益

债券投资的资本损益是指债券买入价与卖出价或买入价与到期偿还额之间的差额。当卖出价或偿还额大于买入价时，是资本收益；当卖出价或偿还额小于买入价时，是资本损失。投资者可以在债券到期时，将持有的债券兑现或利用债券市场上价格的变动低买高卖，从中取得资本收益，当然，也有可能遭受资本损失。

3.4.2 债券收益率的确定

1. 影响债券收益率的因素

债券收益率是指一定时期内债券投资收益与投资额的比率。投资收益包括债券利息收入、债券的资本损益和债券利息再收益。投资额是指投资购买债券的金额，也就是债券的购买价格。

决定债券收益率的因素主要有五个，即债券的价格变动、债券到期时间的长短、银行利率的变动、债券的资信程度及债券的购买价格。

（1）债券的价格变动。若债券按面值折价出售，则其实际利率高于债券的名义利率，债券收益率提高；反之，溢价出售的债券，债券收益率则会降低。同样，二级市场上债券的价格变动对债券收益率的影响也是显而易见的。此外，债券的价格又受到期限长短等因素的影响，必须将价格与时限联系起来考虑。

（2）债券到期时间的长短。债券的价格变动与到期时限长短密切相关。在利率相同的情况下，短期债券的市场价格较高，而长期债券的市场价格较低。这就是说，在相同利率时，价格的高低与到期时限的长短呈反比关系。换言之，时限越长的债券，利率越高，反之则低。

（3）银行利率的变动。当银行利率提高以后，在其后发行的各种债券利率将会相应调高，债券市场投资者的单位时间收益率也趋于同步提高。而在利率调高之前发行的债券，由于一般债券的名义利率是固定不变的，因此其价格必然下跌，呈反向变动趋势。旧债券持有人若不出售债券则其收益率相对亏损；若折价售出，则出现绝对亏损；同时其实际收益因贬值而相对降低。可见，银行利率与债券利率是同方向变动的，它们的收益率也是同向变动的。

（4）债券的资信程度。债券发行者的资信程度参差不齐，导致发行的债券利率也不相同。资信好的发行者，其债券偿还能力强，违约风险小，因此利率可相对低些；信誉差的债券偿还能力差，违约风险较大，因此利率也相对较高，以此作为对风险承担的补偿。具体而论，政府债券和金融证券的信誉好，投资者通常不会遇到无力偿还的风险，因此其债券的利率可以适当定得低一些。公司债券较政府债券、金融债券资信等级低，因此公司债券的利率定得较高，部分投资者为获得较高的收益率也愿意承担更大的风险。

（5）债券的购买价格。债券的收益率应当与购买价格呈反方向变化。一般而言，债券的购买价格高，投入得多，债券收益率就相对较低；反之，收益率相对较高。

2．债券收益率的测定

债券收益率通常用年收益率表示，它能在投资时点上预先确切地计算出来，因此是确定的收益率。但由于计算的角度不同，收益率又可分为多种。

（1）定息债券收益率。定息债券是具有固定利率和期限的债券，其利息一次到期偿还或分期支付。它本身又有多种计算角度。

1）直接收益率。债券的直接收益率也称为当期收益率、即期收益，是按既定利率（票面利率）计算的年利息收入与购买价格的比率。其计算公式为：

$$直接收益率 = \frac{年利息额}{购买价格} \times 100\%$$

【例3-6】 一张面额1 000元的债券，票面年利率为8%，发行价格为950元，期限为1年，则其直接收益率为：

$$\frac{1\,000 \times 8\%}{950} \times 100\% = 8.42\%$$

一般来说，直接收益率的计算只能作为一种理论上的分析，很难反映出投资的真实收益。

2）到期收益率。债券的到期收益率，又称为最终收益率，是指债券投资者从认购日起到债券到期日止最后实际所得的年收益率。到期收益率又可分为单利和复利最终收益率。

① 单利到期收益率。适用于到期一次还本付息的债券，或者虽为分次付息，但不考虑利息再投资时运用。它是指从债券认购日起到最终偿还日所能得到的利息与偿还差损差益之和与投资资本金的比率。其计算公式为：

$$到期收益率 = \frac{年利息 + (面额 - 认购价格) \div 待偿年数}{认购价格} \times 100\%$$

式中，待偿年数的计算方法是：从购买日起至到期日用"对年对月对日"的方法确定整年或整月数，再加上零头天数，即"算头不算尾"。

【例3-7】 一张面额1 000元的某钢铁公司发行的附息票债券，票面年利率为8%，期限为3年，2017年12月20日到期。若某企业于2015年5月11日以1 100元的价格买入，试计算其单利到期收益率。

$$到期收益率 = \frac{1\,000 \times 8\% + (1\,000 - 1\,100) \div 1\frac{223}{365}}{1\,100} \times 100\% = 12.92\%$$

② 复利到期收益率。复利到期收益率适用于分次支付利息的债券。它是使未来现金流量现值等于债券购入价格的折现率。可以运用债券估价的公式，并用插值法来计算其到期收益率。

【例3-8】 某投资者于2016年2月1日以1 105元购买面额为1 000元的债券，其票面利率为8%，每年2月1日计算并支付一次利息，并于5年后的1月31日到期。该投资者持有债券至到期日，计算其到期收益率。

解方程：

$$1\,105 = 80 \times (P/A, i, 5) + 1\,000 \times (F/A, i, 5)$$

可得到期收益率i。

用插值法来估算到期收益率：

用$i = 6\%$试算：

$$80 \times (P/A, 6\%, 5) + 1\,000 \times (F/A, 6\%, 5) = 1\,083.96$$

折现结果小于1 105，说明到期收益率小于6%。

用$i = 4\%$试算：

$$80 \times (P/A, 4\%, 5) + 1\,000 \times (F/A, 4\%, 5) = 1\,178.16$$

结果高于1 105，说明到期收益率高于4%。用插值法计算近似值：

$$到期收益率 = 4\% + \frac{1178.16 - 1105}{1178.16 - 1083.96} \times (6\% - 4\%) = 5.55\%$$

3）持有期收益率。债券持有期收益率是指债券投资者在买入债券至卖出债券持有期间的收益率。一般是在出售债券时用于衡量实际收益。

在债券到期一次还本付息的情况下，债券持有期收益率的计算公式为：

$$持有期收益率 = \frac{卖出价格 - 买入价格}{买入价格 \times 持有年数} \times 100\%$$

式中，持有年数的计算方法与最终收益率中待偿年数的计算方法相同，只是把距到期时间改为实际持有时间而已。

【例3-9】 某人于2013年1月21日买入上海石油化工总厂发行的面额100元的30万吨乙烯债券，到期一次还本付息，期限为3年，票面年利率为12%。2015年9月25日因急需现金，以115元的价格卖出，试计算其债券持有期收益率。

依例题中数据，可知持有债券2年零248天，故

$$持有期收益率 = \frac{115 - 100}{100 \times 2\frac{248}{365}} \times 100\% = 5.6\%$$

对于分期支付利息的债券，其持有期收益率的计算方法与到期收益率的计算方法相似，只是债券期限按持有时间计算。

4）纳税后的定息债券收益率。如果投资者购买债券的所得利息收入要缴纳个人收入调节税，则有关的收益率计算公式必须增加纳税因素，也就是债券投资收益应该是纳税后的实际收益，计算公式为：

$$税后收益=税前收益-税前收益×税率=税前收益×（1-税率）$$

（2）贴水债券收益率。贴水债券也称为贴现债券或贴息债券，是以低于面额的价格发行，到期后以票面金额偿还的债券。其发行价格与票面价格的差额即作为债券的利息。这种债券的收益率是票面金额与认购价格之差与发行价格的比率。

1）一年内贴水债券的年收益率。偿还期限在一年内的贴水债券到期年收益率为：

$$到期收益率 = \frac{（面值-认购价格）÷\dfrac{剩余天数}{360 天（或 365 天）}}{认购价格}×100\%$$

式中，剩余天数是指从认购日到偿还日的天数。如每月按 30 天算，则除以 360 天为待偿率数（待偿率数<1）；如按实际天数算，则以 365 去除。

【例 3-10】 某企业于 2016 年 3 月 5 日以 9 440 元的价格买入一张面额为 10 000 元的企业短期融资券，期限 6 个月，试计算其到期收益率。

$$到期收益率 = \frac{（10\,000-9\,440）÷0.5}{9\,440}×100\% =11.86\%$$

2）一年以上贴水债券的年收益率。偿还期限在一年以上的贴水债券，一般按复利公式计算。

$$到期收益率 = （\sqrt[t]{\frac{面值}{认购价格}}-1）×100\%$$

式中 t——待偿年数。

【例 3-11】 某人持有某企业于 2015 年 2 月 1 日发行的面额为 100 元的贴水债券，期限为 3 年，发行价格为 76 元。若在 2015 年 6 月 25 日以 76.50 元的价格卖出，试计算其为购买二手债券的投资者提供的到期收益率。

依例题所给数据，距到期日还有 2 年零 221 天，则

$$到期收益率 = （\sqrt[2\frac{221}{365}]{\frac{100}{76.5}}-1）×100\% =10.83\%$$

3.5 债券投资的投资原则、方法和操作要点

3.5.1 投资原则

投资债券既要有所收益，又要控制风险。因此，根据债券的特点，投资债券有以下几项原则。

（1）收益性原则。不同种类的债券收益大小不同，投资者应根据自己的实际情况选择。例如，国家（包括地方政府）发行的债券，一般认为是没有风险的投资；而企业债券则存在

着能否按时偿付本息的风险，作为对这种风险的报酬，企业债券的收益性必然比政府债券要高。

（2）安全性原则。投资债券相对于其他投资工具要安全得多。但这仅仅是相对的，其安全性问题依然存在，因为经济环境有变、经营状况有变，债券发行人的资信等级也不是一成不变的。因此，投资债券还应考虑不同债券投资的安全性。例如，就政府债券和企业债券而言，企业债券的安全性不如政府债券。

（3）流动性原则。债券的流动性强意味着能够以较快的速度将债券兑换成货币，同时以货币计算的价值不受损失，反之则表明债券的流动性差。影响债券流动性的主要因素是债券的期限，期限越长，流动性越弱，期限越短，流动性越强。另外，不同类型债券的流动性也不同。例如，政府债券在发行后就可以上市转让，故流动性强；企业债券的流动性往往就有很大差别，对于那些资信卓著的大公司或规模小但经营良好的公司，它们发行的债券的流动性是很强的；反之，那些规模小、经营差的公司发行的债券，流动性要差得多。

在债券投资的具体操作中，投资者应考虑影响债券收益的各种因素，在债券种类、债券期限、债券收益率（不同券种）和投资组合方面做出适合自己的选择。

3.5.2 投资方法

根据投资目的的不同，个人投资者的债券投资方法可分为以下三种。

1. 完全消极投资（购买持有法）

完全消极投资（购买持有法），即投资者购买债券的目的是储蓄，获取较稳定的投资利息。这类投资者往往不是没有时间对债券投资进行分析和关注，就是对债券和市场基本没有认识，其投资方法就是购买一定的债券，并一直持有到期，获得定期支付的利息收入。适合这类投资者投资的债券有凭证式国债、记账式国债和资信较好的企业债。如果资金不是非常充裕，这类投资者购买的最好是容易变现的记账式国债和在交易所上市交易的企业债。这种投资方法风险较小，收益率波动性较小。

2. 完全主动投资

完全主动投资，即投资者投资债券的目的是获取市场波动所引起价格波动带来的收益。这类投资者对债券和市场有较深的认识，属于比较专业的投资者，对市场和债券走势有较强的预测能力。其投资方法是在对市场和债券做出判断和预测后，采取"低买高卖"的手法进行债券买卖。如果预计未来债券价格（净价）上涨，则买入债券等到价格上涨后卖出；如果预计未来债券价格下跌，则将手中持有的债券出售，并在价格下跌时再购入债券。这种投资方法使债券投资收益较高，但也面临较高的波动性风险。

3. 部分主动投资

部分主动投资，即投资者购买债券的目的主要是获取利息，但同时把握价格波动的机会获取收益。这类投资者对债券和市场有一定的认识，但对债券市场关注和分析的时间有限。其投资方法就是买入债券，并在债券价格上涨时将债券卖出获取差价收入；如果债券价格没有上涨，则持有到期获取利息收入。在该投资方法下，债券投资的风险和预期收益高于完全消极投资，但低于完全主动投资。

3.5.3　操作要点

1．债券种类

一般情况下，政府债券、金融债券风险较小，企业债券风险较前两者大，但收益也依次增大。

2．债券期限

一般情况下，债券期限越长、利率越高，风险越高；期限越短、利率越低，风险越小。

3．债券收益水平

由于债券发行价格不尽一致，投资者持有债券的时间及债券的期限等不一致，都会影响债券的收益水平。

4．投资结构

多种债券品种、期限长短的合理安排、科学的投资结构可以减少债券投资的风险，增加流动性，实现投资收益的最大化。

案 例 分 析

三峡总公司发行企业债券案例

中国长江三峡工程开发总公司（简称"三峡总公司"）是经国务院批准建立，计划在国家单列的自主经营、独立核算、自负盈亏的特大型国有企业，是三峡工程的项目法人，全面负责三峡工程的建设、资金的筹集以及项目建成后的经营办理。三峡总公司拥有全国特大型的水力发电厂——葛洲坝水力发电厂，今后还将按照国家的要求，从事和参与长江中上游流域水力资源的滚动开发。

发行人的财务状况如下：

（一）近三年主要财务数据及指标（单位：亿元）

项　　目	2012 年	2013 年	2014 年
EBIT（息税前利润）	221.55	257.21	367.48
资产负债率	33.99%	43.00%	42.14%

该公司财务状况较好，净利润的增长速度较快，资产负债率也较理想，最高也未跨越50%。（我国大多数企业的资产负债率为 30%~40%）

（二）案例债券的基本事项（目前最能反映发行债券的创新，很有特色）

（1）债券名称：2011 年中国长江三峡工程开发总公司企业债券。

（2）发行规模：人民币50亿元整。

（3）债券期限：按债券品种不同分为10年和15年。其中，10年期浮动利率品种20亿元，15年期固定利率品种30亿元（此项很有创意：第一，时间长15年，创造了中国企业发行债券的年限纪录；第二，一批债券有两个期限，投资者可以有一定的选择区间；第三，一批债券有两种利率制度）。

（4）发行价格：平价发行，以1000元人民币为一个认购单位。

（5）债券情势：实名制记账式企业债券，使用中央国债登记结算有限责任公司统一印制的企业债券托管凭证。

（6）债券利率：本期债券分为10年期和15年期两个品种。10年期品种采用浮动利率的定价体例。15年期品种采用固定利率体例，票面利率5.21%。

1. 债券发行规模决策

在谈债券发行规模决策问题时，还有一个前提：是否发行，只有发行才有规模。现在的公司在融资体例上比较单一，如上市公司，就倾向发行股票——增发新股、配股，不考虑其他融资体例。所以，在日前的上市公司中，资本结构是不太理性的，负债的比率太低。而国有企业非上市公司，主要依靠银行贷款，可以说是一种畸形。因此，倡导通过资本市场来直接融资，融资体例不仅有股票，还有债券。股票发行的规模至少要考虑三个方面。

（1）要以企业合理的资金占用量和投资项目的资金需要量为前提，为此应该对企业的扩大再生产进行计划，对投资项目进行可行性研究。三峡工程是目前在建的世界上最大的水电工程，具有世界先进水平。这样大的工程需要资金。三峡工程是经专家们反复论证后由全国人大批准通过，并由国家各级部门全力支持的具有巨大经济、社会、环境效益的工程。2001年三峡债的发行人——中国长江三峡工程开发总公司是三峡工程的项目法人，全面负责三峡工程的建设、资金筹集以及项目建成后的经营办理，公司拥有三峡电厂和葛洲坝电厂两座世界级的特大型水电站。根据案例资料分析三峡工程竣工后将为三峡总公司带来优秀的经济效益。

本期债券所募集的资金将所有用于2011年度三峡水利枢纽工程的建设。1992年4月3日第七届全国人大第五次会议通过了《关于兴建长江三峡工程的决议》，批准将兴建长江三峡工程列入国民经济和社会发展十年计划。三峡工程位于湖北宜昌三斗坪，由拦河大坝、左右岸发电厂、通航设施等组成，具有巨大的防洪、发电、航运等综合效益。

1）各种融资方式要配合进行（一个项目的建设，不能只靠一种融资方式，股票、债券、银行贷款要都予以考虑并协调进行，如股票多少、债券多少、银行贷款多少）。

2）充分考虑赢利能力，即要分析企业财务状况，特别是获利能力和偿债能力的大小。

三峡工程所承担的防洪等巨大的社会、经济效益使国家对三峡工程给予了高度重视，在资金筹措方面出台了三项扶持政策：第一，将中国目前最大的水电站——葛洲坝水力发电厂划归三峡总公司，规定其发电利润用于三峡工程建设。此外，还适当调整葛洲坝电厂的上网电价。第二，在全国规模内，按不同地区不同标准，通过对用户用电适当加价的方法，征收三峡工程建设基金。以上两项在三峡工程建设期内可筹集资金约1100亿元人民币，占三峡工程总投资的 50%以上。而且，这两项资金作为国家投入的资本金，意味着三峡工程一半以上的资金来源在建设期内不需要还本付息。第三，国家开发银行贷款。作为中国三大政策性银行之一，国家开发银行已承诺在 1994—2003 年每年向三峡工程提供贷款 30 亿元，共 300 亿元人民币。以上三项政策共可为工程筹集建设资金 1 400 多亿元，约占工程投资的 70%。这是三峡工程稳定可靠的资金来源，对整个工程建设起着重要的资金支撑作用。除此之外，三峡工程从 2003 年起，机组将相继投产，从而为三峡工程增加新的现金流入，这部分迅速增长的资金将满足后期投资的需要。总之，三峡总公司未来将有巨大而稳定的现金流入，本期总额为 50 亿元的债券相对而言只是个较小的数目，因此到期本息的偿付有足够的保障。

（2）从公司现有财务结构的定量比例来考虑。

目前，常用的资产负债结构指标有两种：第一种为负债比率，即负债总额与资产总额之比，它用来分析负债筹资程度和财务风险的大小，对债权人来说用来表明债权的安全可靠程度。国际上一般认为 30%左右比较合适，但在发达国家和地区通常要高一些，美国企业为 40%左右，中国台湾为 50%~60%，日本达到 70%~80%。第二种为流动比率或营运资金比率，即企业流动资产与流动债券之比。它用于分析企业短期债务到期前的变现偿还能力。一般认为，企业流动资产（包括现金、应收款项、有价证券、产成品、发出商品等）应是其流动债券的 2 倍以上，比率越高，企业的短期偿债能力一般超强。从案例资料分析三峡总公司目前资产负债率较低，且以长期负债为主，财务结构较为合理。截至 2000 年年底，公司总资产 692.74 亿元，净资产 350.39 亿元，负债 342.10 亿元，其中长期负债 327.64 亿元，占总负债的 95.8%，资产负债率为 49.38%。2000 年，实现利润总额 7.44 亿元，实现净利润 5.01 亿元。从三峡总公司的资产构成看，2000 年年末流动资产和固定资产占资产总额的比重分别为 4.7%和 95.3%，固定资产中在建工程占绝对比例，这正反映出公司目前总体处于在建期的客观情况。从公司的资本构成情况看，自有资本比率较大，自有资本充足，资本实力雄厚；债务主要由长期债务构成。因此，上述资产结构、资本结构及债务结构将不会发生根本性变化。由于三峡工程属于在建项目，所以在分析三峡总公司财务状况时，不宜只以各项财务指标为依据，特别是公司利润部分。三峡总公司目前利润主要来自葛洲坝电厂，由于其上网电价偏低，有较大的提价空间，并且目前公司正在与国家有关主管部门协商提价事宜，因此未来这部分现金流入预期会有较大幅度的进步。

（3）应比较各种筹资方式的资金成本和方便程度。

筹资方式多种多样，但每种方式都要付出一定的代价（资金成本），各种资金来源的资金成本不相同，而且取得资金的难易程度也不一样。因此，就要选择最经济、最方便的资金来源。

2．债券筹资期限的策略

决策一个恰当而有利的债券还本期限，具体规定偿还期的月度数或年度数。我国规定，一般把融资期限在一年以内的作为短期债券，而把一年以上的作为长期债券，西方国家公司还常常将一年以上债券、五年以下的看作中期债券，五年以上的看作长期债券。解决债券偿还期的确定问题时，应注意综合考虑以下各方面：

（1）投资项目的性质和建设期。不同投资项目是考虑偿债期的主要依据，一个企业为某项生产性投资建设项目筹集资金而发行债券时，期限要长一些，因为一般只有在该项目投产获利之后才有偿债能力。如果是设备更新革新筹资，则期限可相对短一些；如果是为了满足暂时流动资金的需要而发行债券，则期限可安排为几个月。总之，债券期限要与筹资用途或者投资项目的性质相适应，目的是付出最小的代价，最大限度地利用发行债券筹措到的资金。三峡总公司筹集资金是为了填补其建设后期资金缺口，该项目计划的竣工年份短于债券 10 年与 15 年的还本期。

（2）要有利于公司债务还本付息在年度间均匀分布。这是一个债务偿还的期限结构设计问题，应当使公司债务还本付息在年度间均匀分布，预防债务偿还集中年限、月份的出现，也平滑还债压力与风险。比如，公司以前的债务在本年或随后几年还本付息相对公司财务状况显得紧张，则要避免过多的新的流动负债，而应实行长期债券筹资，实现债券筹资的良性循环。这批 50 亿元债券采用 10 年浮动利率和 15 年期固定利率两个品种发行。从我国公司债券发行情况来看，这是第一次发行跨越 15 年期的超长期公司债券。

（3）债券交易的方便程度（债券市场的发达程度）。即证券市场是否完善发达。如果证券市场十分完善，债券流通十分发达，交易很方便，那么债券购买者便有勇气购买长期债券，因为必要时，他能很方便地将其所持有的债券变换成现金，反之，如果证券市场不发达，债券难以流通、转让和推销，债券发行者就只能在其他方面补偿，如缩短债券期限。作为盘子大、资信好的中央级企业债券，三峡债券的上市应该不是问题。本期三峡债券早在发行前，就获得了上海证券交易所和深圳证券交易所的上市承诺。从以往三峡债券的上市历史看，一般从发行到上市只需要 4~5 个月的时间。债券上市后，投资者既可以进行长期投资，也可以在需要套现的时候，选择较好的时机，以适当的价格卖出，并获得一定的投资收益。从本期债券的特点看，由于是按年付息品种，且在利率风险规避、满足投资者的短期投资偏好和长期投资回报要求等方面，均有相应的保障。

（4）利息的负担能力。即要有利于降低债券利息成本。在市场利率形成机制比较健全的情况下，债券利息成本与期限有关。第一，一般地说，短期举债成本要比长期举债成本低。第二，看利率的走势水平。现在利率低，将来高，发行长期债券合适；现在利率高，将来低，发行短期债券合适。所以，发行人要分析估计好以上两个方面，将利息降到最低点。

三峡债券规模较大，因此对于发行与定价方案的设计十分重要。在对市场进行认真分析的基础上，本期三峡债券设计成两个品种，即 10 年期浮动利率和 15 年期固定利率。而年期固定利率债券则是企业债券市场上的创新品种，是应当前的市场条件所进行的又一次大胆创新。

3. 债券利率水平决策

关于这个问题，是一个矛盾。即对于投资者来讲，希望利率越高越好；而对于债券的发行者（筹资方）来讲，则希望越低越好。这就要寻找一个平衡点。因此，确定债券利率应主要考虑以下因素：

（1）最高值，不能高于现行银行同期储蓄存款利率水平，否则影响整个金融市场（国家规定）。

（2）最低值，不能低于现行定期储蓄存款利率水平，这里有一个机会传播的问题。最近发行的国债利率低于现行定期储蓄存款利率水平，企业发行债券却不能这样，原因是国债有一个免税问题。

（3）其他中间因素，包括企业的信用级别和等级、企业债券发行的期限、投资的风险（偿债的能力）、债券的担保（本案例债券有担保，因此，利率就可以低一些）。

1）现行银行同期储蓄存款利率水平。

$$非国债利率=基础利率（国债利率）+利差$$

非国债利率与国债利率之间存在着一定的利差。如果 5 年期国债的利率为 4%，而同一期限的公司债券的利率为 5%，其利差为 100 个基本点（1%）。利差反映了投资者购买非国债利率而面临的额外风险。所以

$$非国债利率=基础利率（国债利率）+利差$$

本期三峡债券的浮动利率品种基本利差为在中国人民银行规定的一年期银行储蓄存款利率的基础上浮 175 个基本点，比浮动利率国债和金融债券要高出很多。例如，10 年期国债的浮动利差平均为 54.5 个基本点，10 年期政策性金融债券的浮动利差平均为 64.925 个基本点。由此可以推算，不考虑税收因素，本期债券高出同等条件国债和政策性金融债券的利差分别为 120.5 个和 110.075 个基本点。而由于本期债券采取盯住中国人民银行规定的一年期银行存款利率浮动的门径，因此无论未来十年一年期银行存款利率上调的幅度多大，本期债券的利率永远都比其高出 1.4 个百分点（考虑个人利息所得税因素）。

值得说明的是，随着债券市场的日益发展，债券利息决定方式的创新将越来越市场化。比如，我国已有采用国际上通行的"路演询价"方式，即由投资者直接向主承销商报盘，确定自己在不同利率档次的购债数额，最后主承销商根据认购的倍数和利率，确定债券利率。

2）国家关于债券筹资利率的规定。在我国，由于实行比较严格的利率管制，企业债券发行的宏观调控色彩较浓。依企业的不同隶属关系，债券利率由中国人民银行总行或省级分行以行政方式确定。例如，现行企业债券办理办法规定，企业债券的利率不得高于银行相同期限住民储蓄定期存款利率的 40%。这是企业债券利率的上限。企业债券利率既不直接反映供求关系和信用程度，也未与国债利率形成稳定的基准依据关系。而且，由于国有企业的所有制性质导致了企业信用风险差别上的模糊，政府在确定债券利率时，往往搞"一刀切"。但随着市场体制的逐步确立和企业融资重心的逐渐转移，所以说，把利率定位在"不高于40%"的最高限度，使利率不能真实反映公司债券的内含价值，使利率脱离了市场行情和发行公司的资信状况。

3）发行公司的承受能力。为了包管债务能到期还本付息和公司的筹资资信，需要测算投资项目的经济效益，量入为出。投资项目的预计投资报酬率是债券筹资利率的基本决策因素。本期债券的发行人三峡总公司的财务状况良好。截至 2000 年年底，三峡总公司的资产总额为 692.74 亿元，负债总额为 342.10 亿元（其中长期负债为 327.64 亿元），净资产为 350.39 亿元，资产负债率为 49.38%，流动比率为 2.27，速动比率为 2.25。表明公司对长短期债务都有较强的偿付能力。到目前为止，三峡工程的施工进度和质量都达到或跨越了预期

水平，而且施工成本较原先计划的为低，工程进展十分顺利。三峡总公司的资本实力雄厚、债务结构合理。本期三峡债券的本息偿付有足够的保障。

4）市场利率水平与走势。对利率的未来走势做出判断是分析债券投资价值的重要基础。利率是由市场的资金供求状况决定的。作为货币政策的重要工具之一，利率调整通常要在经济增长、物价稳定、就业和国际收支四大经济政策目的之间进行平衡，并兼顾存款人、企业、银行和财政利益。利率调整决策（或评价利率政策的效果）主要有三种方法，即财务成本法、市场判断法与计量模型分析法。目前，中国调整利率的主要依据是财务成本法。但不论采取哪种办法，都要参照经济增长、物价水平、资金供求情况、银行经营成本、平均利润率、国家经济政策、国际利率水平等主要指标。这些因素均使得我国利率上升的压力大大减轻，或者说短期内人民币利率将保持稳定；从中长期来看，人民币利率仍然存在上升预期。

5）债券筹资的其他条件。如果发行的债券附有抵押、担保等包管条款，利率可适当降低，反之，则应适当调整。三峡债券的风险很低。从信用级别看，经中诚信国际信用评级有限责任公司评定，2001年三峡债券的信用级别为AAA级，是企业债券中的"金边债券"。从担保的情况来看，经中华人民共和国财政部财办企〔2001〕881号文批准，三峡工程建设基金为本期债券提供全额、不成撤销的担保，因此具有准国债的性质，信用风险很小。可以看出，三峡工程建设基金每年都将给三峡总公司带来巨大而稳定的现金流入，而且从2003年开始，三峡电厂开始发电，随着发电量的逐年增加，每年的现金流入增长很快。因此，本期债券的偿付有很好的保障。

本章小结

1. 债券是发行者依照法定程序发行，并约定在一定期限内还本付息的有价证券，是表明投资者与筹资者之间债权债务关系的书面债务凭证，具有收益性、偿还性、流通性、价格稳定性、债权人广泛的特征。

2. 债券的分类按其发行主体，可分为政府债券、金融债券和公司债券；按期限的长短，可将债券分为短期债券、中期债券、长期债券和永久国家债券；按利息支付方式的不同，可将债券分为附息债券和贴现债券；按债券券面形态的不同，可将债券分为实物债券、凭证式债券和记账式债券；按利率是否固定，可将债券分为固定利率债券和浮动利率债券；按发行时是否提供担保，可将债券分为信用债券和担保债券；按偿还方式的差异，可将债券分为一次还本债券、分次还本债券和通知还本债券。

3. 债券发行价格主要受债券期限、票面利率和债券发行时市场收益率的影响。债券发行可以分为平价发行、溢价发行和折价发行三种方式。债券的价格主要受利率、经济发展情况、物价、央行的公开市场操作、新发债券的发行量、投机操纵和汇率的影响。

4. 债券的收益来自利息和资本损益。决定债券收益率的因素主要有五个，即债券的价格变动、债券到期时间的长短、银行利率的变动、债券的资信程度及债券的购买价格。

5. 债券收益率通常用年收益率表示，它能在投资时点上预先确切地计算出来，因此是确定的收益率。但由于计算的角度不同，收益率又可分为多种，包括定息债券收益率和贴息债券收益率两种。

6. 投资者在转让债券时，需计算债券的转让价格，在卖出时要根据既定的收益率计算出其卖出价格，在流通市场上买进债券时也要根据收益率计算买入的价格。

7. 投资债券既要有所收益，又要控制风险，因此，根据债券的特点，投资债券原则为收益性、流通性和安全性。根据投资目的的不同，个人投资者的债券投资方法可分为购买持有法、完全主动投资法和部分主动投资法。

8. 债券投资应考虑债券种类、债券期限、债券收益水平和投资结构等问题。

复习思考题

1. 何谓债券？债券票面要素有哪些？
2. 简述债券的性质与特征。
3. 债券是如何分类的？
4. 影响债券收益的因素有哪些？
5. 债券的价格是如何确定的？
6. 债券的收益是如何确定的？

第4章 股票

引言

在华尔街的"靴子"落地之前，谁都不知道金融危机将何时结束，我们该如何应对这个凛冽的"冬季"？十多年前遭遇金融风暴的香港投资者告诉我们，"牛市揽财，熊市添智"是最好的方法，"金融海啸"袭来时，不妨让钱"休息"，趁着这段空闲时间，让我们给自己进行一次金融知识的"充电"，整理总结反思自己过去的投资思路。当投资"春天"到来的时候，你可以更从容地"播种"。本章我们就将带领大家学习一些关于股票投资的基本知识和技巧，学习和积累丰富的投资知识，才能为股票市场上的"丰收"准备好肥沃的"土壤"。

本章学习目标

- 了解股票投资有关的概念和基础知识；
- 掌握进行股票投资策划的程序；
- 熟悉投资分析的主要策略和技巧；
- 掌握股票的投资价值分析方法。

4.1 股票概述

4.1.1 股票的定义

股票是指股份有限公司发行的用以证明投资者股东身份和权益，并据以获得股息和红利的一种有价证券。

股份有限公司将募集的资本划分为股份，每一股份的金额相等，份额以1股为一个单位。购买股票的投资者即成为公司的股东，股票实质上代表了股东对股份公司的所有权，股东凭借股票可以定期获得公司的股息和红利，参加股东大会行使自己的权力，同时承担相应的义务和风险。

股票具有以下几个性质：

（1）股票是有价证券。有价证券是财产价值和财产权利的统一表现形式。持有股票一方面表明具有财产价值，另一方面表明持有人可以行使股票所代表的权利。

（2）股票是一种证权证券。证权证券是指权利的一种物化的外在形式，是权利的载体，权利是已经存在的。股票只是把已存在的股东权利表现为证券的形式。

（3）股票是一种资本证券。股份公司发行股票是一种吸引认购者投资以筹措公司自有资本的手段，对于认购者来说，购买股票就是一种投资行为。股票是投入股份公司的资本份额证券化，属于资本证券。

（4）股票是一种要式证券。股票应记载一定的事项，其内容应全面真实，这些事往往通过法律形式加以规定。

（5）股票是一种综合权利证券。股东权是一种综合权利，包括出席股东大会、投票表决、分配股息和红利等权利。

4.1.2　股票的基本特征

股票作为股份公司筹集资金时发行的一种有价证券，有如下基本特征：

（1）收益性。收益性是股票最基本的特征，是指持有股票可以带来一定的收益。股票的收益一是来自股份公司的股息和红利；二是来自股票流通市场的资本利得（买卖差价收益）。

（2）永久性。永久性是指股票所载权力的有效性是始终不变的，它是一种无期限的法律凭证。这种永久性表明，它具有不对股东偿还本金，股东也无权提出退股索回股本的要求，当然股票持有者可以出售股票而转让其股东身份。

（3）流动性。股票可以在证券市场上转让、买卖，也可以继承、赠予，但不能退股。所以，股票是一种具有很强流动性的流动资产。正是由于股票具有很强的流动性，才能成为一种重要的融资工具而不断发展。同时，股票的流动性对合理配置社会资金也有很大的促进作用。

（4）风险性。风险性是指持有股票可能产生经济利益损失的特性。股票的风险性与收益性是相对称的，收益大小与风险大小成正比。

（5）非返还性。股票投资是一种没有期限的长期投资。股票一经买入，只要股票发行公司存在，任何股票持有者都不能退股，即不能向股票公司要求抽回本金。股票持有者想收回自己的投资，只有通过股票交易市场将股票转让卖出。

（6）参与性。参与性是指股票持有人有权参与公司重大决策。股票持有者作为公司的股东有权参与股东大会，通过选举公司董事会实现其参与权。当然，在公司总股本一定时，拥有股票数多的股东可以直接参与公司的经营；对于小股东来说，他们可以选择"用脚投票"。

4.1.3　股票的种类

为了满足不同的需要，在各国证券市场的实践中，产生了各种不同种类的股票，常见的有以下几种类型。

1. 普通股股票与优先股股票

按股东享有权利的不同，股票分为普通股股票与优先股股票。

（1）普通股股票。普通股股票是指代表股东享有的普通权利，不加以特别限制，并随着股份有限公司利润大小而领取相应股息或红利的股票。如果公司的经营业绩好，普通股的收益就高；反之，普通股的收益就低。在我国上交所与深交所上市的股票都是普通股股票。

普通股股票具有以下特征：

1）股票自由转让权。普通股股东可以将其持有的普通股股票自由转让。股东在购买公司的普通股股票之后，不能向股份公司要求退股，但可以在股票流通市场上转让自己的股票收回投资。股票的转让包括股票买卖、股票赠予和股票交换。股票以自由转让为原则，但为了防止股票转让可能产生的弊端，保持公司、股东和其他利害关系人的合法权益，维护交易的正常运行，法律对转让的条件和程序等做了一些相关的规定。

2）公司经营参与权。普通股股东一般都拥有发言权和表决权，即通过对公司重大问题的发言与决策来参与公司的经营管理。任何普通股股东都有资格参加公司每年一次的股东大会，如果不愿或不能参加，也可以委托代理人来行使其参与权。

3）新股优先认购权。即当公司增发新股时，现有股东有权优先购买新发行的股票，以保持对企业所有权的份额不变，从而维持其在公司中的权益。股份有限公司增发新股有两种方式：一是有偿增发，在这种情况下，股东可以股票面额或低于股票面额的价格优先认购新股；二是无偿增发，在这种情况下，股东可以优先无偿得到增发的新股。

4）破产清算的分配权。当公司因破产或结业进行清算时，普通股股东有权分得公司剩余资产，但普通股股东必须在公司的债权人、优先股股东之后才能分得财产，到时多则多分，少则少分，没有就不分。由此可见，普通股股东在公司获得超额利润时，是主要的受益者；同时当公司亏损时，他们又是主要的受损者。

（2）优先股股票。优先股股票是指优于普通股股东分取公司收益和剩余资产的股票。优先股股票一般在票面上注明"优先股"字样。多数国家的《公司法》规定，优先股股票可以在公司增发新股时发行，法律不加限制。但有些国家的《公司法》规定，优先股股票只能在特殊情况下发行，如公司增发新股或清理债务时才能发行优先股股票。

优先股股票具有以下特征：

1）股息固定，股息派发优先。该股息不受公司经营状况和赢利水平的影响，并且公司对优先股股东的付息要在普通股之前。

2）剩余资产分配优先。股份公司在解散、破产清算时，优先股具有公司剩余资产的分配优先权。只有偿付公司债权人债务之后还有剩余资产时，优先股才具有剩余资产的分配权。

3）优先股股东一般无表决权。优先股股东一般不享受公司的经营参与权，即优先股股东一般不含有表决权，优先股股东也无权过问公司的经营管理。只有在涉及优先股股票所保障的股东权益时，优先股股东才有相应的表决权。

4）优先股股票可以由公司赎回。优先股股票是既具有股票特性，又具有债券特性的股票，故大多数优先股股票都附有赎回条款。特别是在市场利率下降时，公司更是经常运用赎回手段借以减少股息的支出。

根据优先股股票所附加的条件不同，优先股股票又可细分为以下几个类别：

1）累积优先股与非累积优先股。大部分优先股股票是累积优先股，即在某时点，因公司所获得的赢利不足以分配规定的股利时，股息可以累积起来，由未来赢利时一起付清的优先股股票。非累积优先股是指任何一个年度的领取股息权决定于当年的利润是否能够分派股息，股息一经分派，即使不足也不能再从后年度的利润中补偿的优先股股票。该类股票主要适用于一些基础产业公司。

2）可收回优先股与不可收回优先股。可收回优先股是指股份有限公司可以以一定价格收回的优先股股票。大多数优先股股票都是可收回的，并且在股票上有一个条款规定了赎回该股票的价格，一般高于股票面值。收回的方式主要有三种：溢价赎回方式、基金补偿方式和转换方式。如果规定不能收回的优先股股票就是不可收回优先股股票。

3）可转换优先股与不可转换优先股。可转换优先股是指允许股东在特定的条件下，按特定的转换比率将优先股转换成普通股。这种股票的价格波动会很频繁。不可转换优先股票即不具备转换普通股股票或公司债券的优先股股票。

4）参与优先股与非参与优先股。当企业利润增大时，除享受既定比率的利息外，还可以跟普通股共同参与利润分配的优先股，称为参与优先股。除了既定股息外，不再参与利润分配的优先股，称为非参与优先股。一般来说，参与优先股较非参与优先股对投资者更有利。

5）股息可调整优先股。股息可调整优先股股票即股息率可以调整变化的优先股股票。其特点是它的股息率是不固定的，可以进行调整，但股息率的变化与股份有限公司的经营状况无关，而与其他证券的价格或存款利率的变化息息相关。

2. 记名股票与不记名股票

根据是否记载股东姓名，股票分为记名股票与不记名股票。

（1）记名股票。记名股票是指在股票的票面上记载股票持有者姓名和名称的股票，在股份有限公司的股东名册上也需要注明股票持有者的姓名或名称。此类股票所包含的股东权益归属于记名股东；认购记名股票的股款可以一次缴足，也可以分期缴纳；记名股票的转让必须依法律和公司章程所规定的程序进行，而且要符合规定的转让条件。

（2）不记名股票。不记名股票是指在股票的票面上无须记载股东的姓名或名称的股票，但一般要在股份公司的股东名册上注明股票持有者的姓名。此类股票的权利归属股票持有者；股东行使权利的方法也是以持有股票为依据，只要在行使权利之前，向公司出示即为有效；股款必须一次性缴齐；不记名股票转让更自由、方便，无须办理过户手续。

3. 面额股票与无面额股票

股票按股票票面上是否标明金额，分为面额股票与无面额股票。

（1）面额股票。面额股票是指在股票票面上标明一定金额的股票。股票的票面金额即为股票的票面价值，即面值。现在各国的股份有限公司所发行的股票仍以有面值的股票居多。我国《公司法》规定，股票发行价格可以和票面金额相等，也可以超过票面金额，但不得低于票面金额。

（2）无面额股票。无面额股票是指一种份额股，是一种在股票票面上不载明具体金额而以股票发行公司的财产价值的一定比例作为其划分标准的股票，故也称比例股票。其特点是：发行价格比较灵活，便于股份分割，具有很强的流通性。

4．国家股、法人股、个人股、外资股

（1）国家股。国家股是指有权代表国家投资的部门或机构以国有资产向公司投资形成的股份，包括公司现有国有资产折算成的股份。由于我国大部分股份制企业都是由我国的大中型企业改制而来的，因此国有股在公司股权中占有较大的比例。目前，国家股还不能在沪、深两个证券交易市场挂牌交易。国家股股权的转让形式主要是向法人投资者协议转让。

（2）法人股。法人股是指企业法人或具有法人资格的事业单位及社会团体以其依法可经营的资产向公司非上市流通股权部分投资所形成的股份。法人股是法人相互持股所形成的一种所有制关系，法人相互持股则是法人经营自身财产的一种投资方式。法人不得将其所持有股份转让给本法人单位的职工。根据法人股认购的对象，可将法人股进一步分为境内发起法人股、外资法人股和募集法人股。

（3）个人股。个人股是指我国境内个人和机构，以其合法财产向公司可上市流通股权部分投资所形成的股份。在向社会募集资金方式下，股份公司发行股票，除了由发起人认购一部分外，向公众发行的股票不得少于公司股份总量的25%；公司总股本超过人民币4亿元，向公众发行的比例必须在15%以上。

（4）外资股。外资股是指股份公司向外国和我国香港、澳门、台湾地区投资者发行的股票。它分为B股、H股、N股和S股。

1）B股是指股份有限公司向境外投资者募集并在我国境内上市的股份，也称为人民币特种股票。B股在我国上海和深圳证券交易所挂牌交易。1992年2月上海真空电子器件股份有限公司发行B股，并在上海证券交易所挂牌交易。2001年2月，国家允许我国境内投资者以外币买卖B股。

2）H股是指中国内地国有大型企业通过香港证券交易所面向国际资本市场发行的股票。股票发行后在香港交易所挂牌交易。自1993年7月，青岛啤酒成为第一家国营企业获准在香港上市至今，已经过了近20年的光景。在这20年间，陆陆续续已有超过160家国企在香港主板市场和创业板市场上市，总集资额达11.5万亿港元。

3）N股是指中国企业以存托凭证形式在国外证券市场发行的股票。存托凭证是一种以证书形式发行的可转换证券，通常代表一家非美国公司发行的股票，可以在纽约证券交易所挂牌交易。例如，1993年8月上海石化将其H股的50%转化为美国存托凭证在美国配售，筹资2.22亿美元，并在纽约证券交易所挂牌交易。巨人网络于2007年11月1日在纽约证券交易所正式挂牌交易，并成为中国首家登陆纽交所的IT公司。

4）S股是中国企业在新加坡上市的股票。

4.2 股票的投资价值分析

股票价值是指股票所代表的能够给股票持有者带来股息或资本利得等收益的价值。对股票的投资价值分析，实际上就是分析股票的内在价值。

4.2.1　股票内在价值的几种主流评估模型

股票内在价值是股票市场价格运动的核心。对于把股票作为一种重要的理财产品的投资理财师来说，对股票内在投资价值的分析意义就在于：通过计算股票的内在价值，可以从理论上判断现行的股票市场价格是否合理。按照趋势理论原理，如果某种股票的内在价值高于目前该股票的市价，则依照价值规律，该股票的市价就会趋于上升，反之，则会趋于下降，从而为我们进行股票投资理财的决策提供依据。

1. 基本模型

人们在进行股票投资价值分析时，一般都以货币的时间价值理论为基础，计算股票的内在价值。根据这一理论，在计算股票投资价值时，就是把未来的现金收入资本化，即通过对未来收入进行贴现的方法来计算股票的内在价值。股票带给投资者的未来现金收入包括两部分：股利收入和出售时的售价。股票的内在价值由一系列的股利和将来出售股票时售价的现值构成。

假设以 V 表示股票的投资价值，以 n 表示股票的持有年数，公司未来每年预付的股息分别为 $D_1, D_2, \cdots, D_n$，n 年后股票出售的价格为 S，投资者的期望收益率即折现率为 i，则股票内在价值的基本模型有

$$V = \frac{D_1}{(1+i)} + \frac{D_2}{(1+i)} + \cdots + \frac{D_n}{(1+i)^n} + \frac{S}{(1+i)^n} = \sum_{t=1}^{n} \frac{D_t}{(1+i)^t} + \frac{S}{(1+i)^t} \tag{4-1}$$

这是一个具有一般性的基本模型，以后对各种模型的分析都是在此基础上进行的。该模型在实际应用时，主要面临的问题是如何预计未来每年的股利，以及如何确定折现率。

2. 零息增长模型

零息增长模型是基于两个假设（公司每年支付的股息是固定不变的和投资者无限期持有股票）条件下来计算股票内在价值的。

在这种假设下，如果已知公司去年支付的股息为 D，那么今年以及未来所有年份将要得到的股利也都等于 D，即

$$D = D_1 = D_2 = \cdots = D_n \qquad (n \to \infty)$$

这样，可根据年金现值的计算方法将式（4-1）变为：

$$V = \sum_{t=1}^{\infty} \frac{D}{(1+i)^t} + \frac{S}{(1+t)^\infty} = \frac{D}{(1+t)} \cdot \frac{1 - \frac{1}{(1+i)^\infty}}{1 - \frac{1}{(1+i)}} + \frac{S}{(1+i)^\infty}$$

$$= \frac{D}{i}\left[1 - \frac{1}{(1+i)^\infty}\right] + \frac{S}{(1+i)^\infty} = \frac{D}{i} \tag{4-2}$$

【例4-1】　假定某公司在未来无限期内支付投资者每股股息均为 1.2 元，投资者的期望收益率即折现率为 6%，则由式（4-2）可得该公司的内在价值为 20.00 元（1.2÷0.06）。如果该公司的股票在二级市场上的交易价格为 21 元，可认为公司股票价格被高估，高估值为 1 元。

这样，如果投资者手中拥有该股票的话，应当卖出该股票；如果该公司的股票市价为 15 元，则可认为公司的股票被低估，投资者应当买入该股票。

3. 不变增长模型

这一模型假定公司股利每年按一个不变的增长比率 g 增长，于是可以计算公司在股利保持不变增长条件下的内在价值。在不变增长条件下，各期股利的一般形式为：

$$D_t = D_{t-1}(1+g) = D(1+g)^{t-1}$$

将 $D_t = D(1+g)^{t-1}$ 代入式（4-1），可得

$$V = \sum_{t=1}^{\infty} \frac{D(1+g)^{t-1}}{(1+i)^t} + \frac{S}{(1+i)^n}$$

$$= \frac{D}{(1+i)} \cdot \frac{1 + \frac{(1+g)^n}{(1+i)^n}}{1 - \frac{(1+g)}{(1+i)}} + \frac{S}{(1+i)^n}$$

$$= \frac{D}{i-g}\left[1 - \frac{(1+g)^n}{(1+i)^n}\right] + \frac{S}{(1+i)^n}$$

由于 $n \to \infty$，当 $i > g$ 时，则 $\frac{(1+g)^n}{(1+i)^n} \to 0$，同时 $\frac{S}{(1+i)^n} \to 0$，因此

$$V = \frac{D}{(i-g)} \tag{4-3}$$

【例 4-2】 假定某公司当期支付的股息为 12 元，折现率为 10%，预计该公司以后每年股息的增长率为 4%，则该公司目前股票的内在价值为：

$$V = \frac{12}{10\% - 4\%} = 200 \text{（元）}$$

注意，式（4-3）中有一个重要假设，即 $i > g$。如果 $i=g$ 或 $i>g$ 时，股票价值将出现无穷大或负值的结果，这是不符合现实的。不变增长条件下要求 $i>g$，实际上认为股利处于不变增长状态时，增长率是小于贴现率的，也就是要求在未来每个时期股利的现值是个收敛的过程。这种假设在一个相当长的时间区域内（如 10 年或 30 年中），就行业整体水平而言，是符合现实情况的。但就某个特定企业，在特定时段上并不一定严格遵守这一假设，即在短期内，g 是可以等于甚至大于 i 的。比如，国外的 IBM、微软、伯克希尔·哈撒韦等公司都在 20 年甚至更长的时期中实现了 $g>i$。在中国上市公司中，如四川长虹和深发展等在一定时期内也是 $g>i$ 的。要对此类公司进行估值必须进一步释放限制条件。

4. 多元增长模型

多元增长条件下，股利按不变比例 g 增长的假设计算。在多元增长模型中，股利在某一特定时期内（假设从现在到 T 时期内）没有特定模式可以观测，或者说其变动比率是需要逐年预测的，并不遵循严格等比关系。过了这一特定时期后，股利的变动将遵循不变增长的原

则。这样，股利现金流量就将被分为两部分。

第一部分包括直到时间 T 的所有预期股利流量现值（用 $T-$ 表示）。

$$V_{T-} = \sum_{t=1}^{T} \frac{D_t}{(1+i)^t}$$

第二部分是 T 时期以后所有股利流量的现值，因为设定这部分股利变动遵循不变增长原则，用 D_{T+1} 代替 D 代入式（4-3），得

$$V_T = \frac{D_{T+1}}{i-g}$$

应注意的是，V_T 得到的现值仅是 $t=T$ 时点上的现值，要得到 $t=0$ 时点的现值（表示为 V_{T+}），还要对 V_T 做进一步贴现。

$$V_{T+} = \frac{V_T}{(1+i)^T} = \frac{D_{T+}}{(i-g)(1+i)^T}$$

将两部分现金流量现值相加，可以获得多元增长条件下的估值公式，即

$$V = V_{T-} + V_{T+} = \sum_{t=1}^{T} \frac{D_t}{(1+i)^t} + \frac{D_{T+1}}{(i-g)(1+i)^T} \tag{4-4}$$

【例 4-3】　假定某公司上一年支付的每股股利为 0.45 元，本年预期每股支付 0.1 元股利，第 2 年支付 0.9 元，第 3 年支付 0.6 元，从第 4 年之后（为简化起见，T 只取到 3）股利每年以 8% 的速度增长，折现率为 11%，请给该公司股票估值。

该公司的每股价值 V 由 V_{T-} 和 V_{T+} 两部分组成，即

$$V_{T-} = \frac{0.1}{(1+0.11)} + \frac{0.9}{(1+0.11)^2} + \frac{0.6}{(1+0.11)^3} = 1.259（元）$$

$$V_{T+} = \frac{0.6 \times (1+0.08)}{(0.11-0.08) \times (1+0.11)^3} = 15.794（元）$$

$$V = V_{T-} + V_{T+} = 1.259 + 15.794 = 17.053（元）$$

多元增长模型相对前面几种模型更加贴近现实情况，但它的计算相对较烦琐。在实际研究过程中，可以通过使用二元或三元增长模型作为对多元增长模型的简化。

二元增长模型假定在时间 T 之前，不变增长率为 g_1，T 之后的公司股利的不变增长率为 g_2。三元增长模型假定在时间 T_1 之前，不变增长率为 g_1，T_1 到 T_2 时间的不变增长率为 g_2，T_2 之后的不变增长率为 g_3。分别计算这三部分股利的现值之和，就可得出公司股票的内在价值。增长率 g 与时间 t 的关系可用图 4-1 来反映。

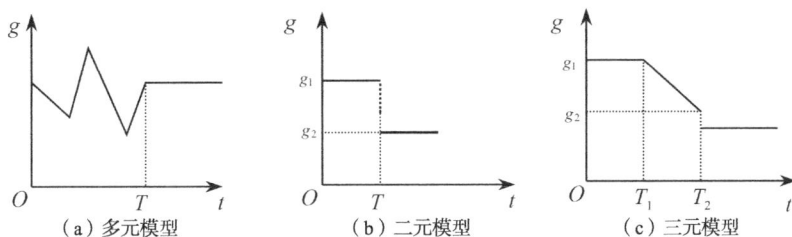

图 4-1　增长率 g 与时间 t 的关系

应当指出的是，上述各种股利贴现模型都是假定投资者无限期持有股票来进行分析的。投资者买入股票后不再卖出，这在现实中是很少有人能做到的。如果允许投资者可以在任何时点上卖出股票，那么这种情况是否会对上述模型产生影响呢？事实上，这一点在基本模型中已经得到了证明，即投资者持有股票期限的长短不影响股票的内在价值。

4.2.2　股票收益率的计算方法

衡量股票投资收益水平的主要指标有股利收益率、持有期收益率和股份变动后持有期收益率等。

1．股利收益率

股利收益率又称为获利率，是指上市公司以现金形式派发股息与股票市场价格的比例。该收益率可用于计算已得的股利收益率，也可用于预测未来可能的股利收益率。如果投资者以某一市场价格买入股票，在持有股票期间得到公司派发的现金股息，可用本期每股股息与股票买入价格计算。这种已得的股利收益率对长期持有股票的股东特别有意义。如果投资者打算投资某种股票，可用该股上期实派发的现金股息或预计本期的现金股息与当前股票市场价格计算，可得出预计的股利收益率，该指标对做出投资决策有一定的帮助。股利收益率公式为：

$$股利收益率 = \frac{D}{P_0} \times 100\%$$

式中　D——现金股息；

P_0——股票买入价格。

【例 4-4】　某投资者以每股 30 元的价格买入 X 公司股票，持有一年分得现金股息 1.80 元，则该投资者股利收益率为：

$$股利收益率 = 1.80 \div 30 \times 100\% = 6\%$$

持有期收益率是指投资者持有股票期间的股息收入与买卖价差占股票买入价格的比率。股票没有到期日，投资者持有股票的时间短则几天，长则数年。持有期收益率就是反映投资者在一定的持有期内的全部股息收入和资本利得占投资本金的比率。持有期收益率是投资者比较关心的指标，但如果要将它与债券收益率、银行利率等其他金融资产的收益率相比，则要注意时间的可比性，可将持有期收益率转化为年率。持有期收益率公式为：

$$持有期收益率 = \frac{D + (P_1 + P_0)}{P_0} \times 100\%$$

式中　D——现金股息；

P_0——股票买入价格；

P_1——股票卖出价格。

【例 4-5】　在例 4-4 中，投资者在分得现金股息两个月后，将股票以 31.20 元的价格出售，则该投资者持有期的收益率为：

$$持有期收益率 = \frac{1.8 + (31.20 - 30)}{30} \times 100\% = 10\%$$

2．股份变动后持有期收益率

投资者在买入股票后，有时会发生该股份公司进行股票分割（拆股）、送股、配股、增发等导致股份变动的情况。股份变动会影响股票的市场价格和投资者的持股数量，因此要在股份变动后做相应调整，以计算股份变动后的持有期收益率。其公式为：

$$股份变动后持有期收益率 = \frac{调整后资本利得或损失 + 调整后的现金股息}{调整后的购买价格} \times 100\%$$

【例 4-6】　在例 4-4 中，如果投资者在买入股票并分得现金红利后，X 公司以 1：2 的比例拆股。拆股决定公布后，X 公司股票市场价格涨至每股 32 元，拆股后的市价为每股 16元，若此时以市价出售，则应对持有期收益率进行调整。

$$股份变动后的持有期收益率 = \frac{(16-15) + 0.9}{10} \times 100\% = 19\%$$

4.3　股票投资的策略和技巧

4.3.1　股票投资的基本原则

股票是一种高风险、高收益的理财品种。对于投资理财人员来说，是否能获得比较理想的理财结果的关键，就在于是否能有效地把投资理念与技术分析方法及操作技巧结合起来。为了能够正确地进行股票投资，投资者应遵循如下几条原则：

（1）顺势而为原则。趋势理论认为，股票市场的趋势一旦形成，必将延续。顺势而为是股票投资操作的基本原则。把握趋势的形成和趋势的反转是股票投资的基本能力。

（2）能力充实原则。股票投资者应当不断培养自己的股票投资的能力，掌握基本分析和技术分析的方法。基本分析可以有助于股票投资者及时了解市场热点、上市公司的经营状况及国家的相关政策和法规等，使投资者能够准确选择投资于哪种行业、哪种企业。但基本分析有其缺陷，即无法准确告诉投资者进出市场的时机。而技术分析通过一套系统有效的市场分析手段，能够比较相近地发出行情走向的预警，并予以定量分析。

（3）控制风险原则。分散投资是控制风险的最好办法，它是将投资资金适时地按不同的比例投资于若干不同种类不同风险程度的股票，建立自己合理的"股票库"，以将风险控制到最低水平。坚持分散投资就是坚持：首先对多种股票进行投资。通过对不同股票的投资，规避由于不同股票的波动而产生的非系统性风险。其次在对多种股票进行投资时，应认真把握投资方向，适当地选择部分高风险、高收益的小盘股和部分风险较小但收益平稳的大盘蓝筹股。

（4）信息充分原则。在对股票进行投资时，应密切关注所买股票的上市公司的经营状况、分红政策、资金投放方向等消息。另外，国家有关经济、金融政策上的变化或举动会影响一段时间的股市走势。及时了解市场上的相关消息，并对这些消息进行分析总结，是决定股票投资成败的关键。

（5）逆向思维原则。物极必反的哲学思想可以应用到股票投资中。市场过热必然乐极生悲，而绝望之时也是股市见底之日。当大多数人认为股市将大涨多少点时，也许就是大市转折之时；相反，大家都在讨论股市将惨跌到什么点位时，也许离底部也就不远了。所以，股票投资者应有逆市场而为的思想。

（6）理智投资原则。理智投资就是建立在对股票市场的客观分析的基础上，经过认真比较而采取行动。坚持理智投资的原则，就是指投资者在进行股票投资时应冷静而慎重，并能控制自己的情绪。遇到股市大跌时，不应恐慌失望，过度悲观会影响投资者客观地分析市场走势，从而浪费购买被低估的股票的好机会。当股市疯涨时，跟风追涨杀跌，以致忽略了市场上与之同步放大的风险，不能适可而止，从而错过了较好的离市时机，造成深度套牢。因此，作为一位理智的投资者，控制自己的心态并理智投资是非常重要的。

（7）保持距离原则。投资者与市场保持一定距离可以对市场认识得更客观、更清楚，判断更准确，而不至于一叶障目。当然，任何事物都是辩证的，当指数接近于相对高位和低位时要注意观察，以便抓住机会。

（8）目标适度原则。要想在股票投资中获得成功，投资者就先确立自己的投资收益目标，始终保持良好的心态，克服自己的贪婪。如果达到了自己的预期，就要坚决采取适时行动获利了结。那些幻想以更便宜的价格买入和以更高价格卖出的人，常常踏空和被套牢。因此，怀着一颗平常心，坚持目标适度原则，是获得成功的重要条件。

（9）及时止损原则。在股票市场上，没有人是永远成功的，就连股神巴菲特也有犯错误的时候。投资者应及时调整投资策略，坚决改正错误。在进行股票买卖之前就应设立一个止损点，如果市场的走势与自己的预期相反，并且跌破了止损点，就应坚决止损，以便保存实力，争取"大赢"。

4.3.2　股票投资时机的选择

（1）掌握先机。股市中的股票，一般分为三种情况：一是有些股票不管其价位是高是低，交易量都较一般股票活跃；二是有些股票不管业绩好坏，涨跌的幅度较一般股票猛烈；三是有些股票不管大势是好是坏，股票的启动较一般股票提前。因此，在股票市场上那些交易较为活跃的热门股被一些经验丰富的投资者看作股市本身的"先行指标"。其中的道理很简单：当股市进入疲软的空头市场之初，热门的投机股即开始下跌；当股市进入坚挺的多头市场时，这些股票也领先上涨。对这些股票的仔细观察有助于投资者掌握进出的先机。

（2）做好春季行情。一年之中，春季市场的资金面较为宽裕，企业着手扩大生产或收购重组，会采取一些大的举措；而机构投资者也在寻找进场的时机，开始资金运作；社会游资纷纷寻找投资的机会。总之，每年春季市场股票进入了活跃期，股价波动很大，大部分会有一轮上涨行情。同时，从宏观面上看，许多有利于经济发展的方针、政策在春季开始实施，利好消息会大量涌现。从公司面上看，春季年报将公布，一些上市公司业绩增长或有较好的红利派发都会激励投资者入市。因此，做好春季行情，对进行股票理财者来说是最好的投资进场时机。

（3）挫落是获利的契机。股票的投资价值随着价位的挫落而显现，股票投资者可以用较低的价钱购买同样的股票，这纯粹是从投资理财的角度所做的分析。从市场技术操作观点来看，股价下跌前，高价卖出者必定获利，而这些获利者恰恰又是将来买进股票的人。另外，那些做短线投资的人也是将来推动股价上涨的重要力量。

（4）淡季是进场的最好时机。在股票市场上，成交量是衡量股市好坏的晴雨表。一般在交易比较活跃时期，多是行情看涨的阶段；而成交清淡时期，则多为股市低迷时期。在交易活跃时期进场，应以短线投资为主，进行短期操作获得短期收益。但如果在交易清淡时期，就应做好长期投资的打算，也许短期很难获得资本利得，但从长远角度来看，由于股市低迷时期的投资成本较低，与将来股市向好时所获得的股利和差价利润比较起来，相对的投资收益率会高很多。因此，淡季是长期投资者进场选股的大好时机。但并不是淡季的任何时期买进股票都是正确的，理论上淡季的末期才是最佳的买进时机，但这却是很难的，关键在于投资者的经验、素质和对股市走势的判断力。

（5）买进时机。在股票市场上，对于把握买进股票的时机是很重要的。一般来说，下面的情况可以考虑进场：股价暴跌后买进股票，无论什么股票一般都能获利；股份跌落到谷底，再也跌不下去时应该建仓；重大利多因素正在酝酿时，是买进股票的良机；行情在前进途中停顿下来进行盘点整理了很长一段时间，获利的筹码已经消化得差不多时；有确切传言造成非理性下跌时；总体经济环境因素逐渐向好时，尤其是经济复苏有望时或政府正在拟定重大的利多措施时。

（6）卖出时机。判断卖出时机是进行股票投资能否获利的关键。在下面几种情况下应果断卖出股票：股票价格走势到达高峰，再也无力冲高时；重大利空消息因素正在酝酿时，可卖出股票；从高价跌落 10% 的时候，说明股价已经逐渐由上涨步入下跌趋势了，就要毫不犹豫地卖出所持有的股票。

因此，对从事股票投资的人来说，最难掌握的便是时机，买进同样的股票，有人赚钱，有人却赔钱。亏损者的时机掌握不对；获利者选准了时机。因此，在股票市场上有这么一句名言：选股不如选时。

4.3.3 股票对象的选择

1. 选择对象应考虑的因素

选择适宜的投资对象是相当复杂的过程。股票市场上有众多股票，投资者在选择时应考虑以下因素：

（1）收益率。收益率高的股票自然能给投资者带来较高的收益，但也要承担较大的风险。投资者在追求高收益的同时，应充分考虑自己对风险的承受能力。

（2）税金。要考虑是否付税以及付税多少，尽可能节税、避税，降低投资成本。

（3）手续费。委托购买股票需支付一定的手续费，现在有些手续费是自由的，而不同的证券公司的收费标准也不全相同，因此投资者应选择对自己有利的股票。投资的金额越大，手续费的收取比率越低；而同样的投资金额一次性购买和数次购买的手续费是不同的，这就要合理安排，尽量减少购买次数以降低投资成本。

（4）投资期限。股票的投资期限是不同的，不同时期股票的收益率是不同的，投资者应在进行投资前就确立自己的投资方式，是进行短期投资还是长期投资。

（5）变现性。股票的变现能力是评价一只股票好坏的重要尺度。如果投资者可能出现在购入股票后急需用钱的情况，那么就要特别选择那些变现能力强的股票。

（6）安全性。安全性是指能否保证本金和红利或股利收入，该股票是上涨还是趋于平稳。如果不充分考虑这些因素，就可能造成投资的损失。

2. 建立自己的股票池

在实战中建议建立自己的股票池，即跟踪一批自己熟悉的股票，把它们作为投资选择对象。这些股票应具有以下特点：

（1）发行股票的股份公司基本面很好，有完善的经营结构、合理的财务结构及产品在市场上反映良好等。

（2）股票的交易活跃，股价适中。另外，股票要涉及几大重要的板块或几个重大题材。

（3）在市场低迷时，关注一些新上市的新股，前提是市场低迷、上市定位较低、业绩较好。这些股票会在反弹或反转时成为率先启动的领头羊。

3. 根据不同的投资类型选择不同的股票类型

在股票投资分析领域存在两个最主要的流派：一是价值型股票投资，投资于有明确的资产和稳定收益的股票；二是成长型股票投资，即为将来预期获得高收益而愿意付出较多的溢价。两种投资方式各有利弊，在牛市时，投资者往往将成长型股票放在首选，但在熊市来临时，价值型股票会赢得更多投资者的青睐。

（1）成长型投资。行业景气是关键，注重行业，选择个股。成长型公司是新一轮经济发展的受益者，公司财务指标均显示其具有持续增长性，市场对公司的赢利有较高的预期。这类公司一般都是小盘股或新股、次新股，具备股本扩张的可能。投资者选股时应坚持"业绩为本，成长为魂，股本扩张为题材"。

（2）价值型投资。投资者在进行价值型投资时应根据不同的价值型投资类型选择不同的投资策略。

1）价值回归型投资，即认为市场中总有一些股票是被低估的，其价值将逐步被市场挖掘，价格开始上涨到其正常价格。这些股票一般都是大盘蓝筹股等，有稳定的收益，成长性不高，市盈率低，风险低，主要以分红派息为主。投资者在进行价值回归型投资时应研究公司的基本面，寻找那些被市场所低估的股票买入，在其股份恢复到正常价格时卖出。

2）价值发现型投资，即投资于一些周期类股票。经济的周期波动会使一些不被看好的行业和公司的收益大幅提高。例如，一些钢铁类、石化类、房地产类股票，股票的收益随经济周期而涨缩。在进行价值发现型投资时，投资者应研究宏观经济导向，把握经济周期和产业周期特点而寻找个股。

3）收益型投资，一般指投资于公共事业。公共事业类股公司的股票股本较大，成长性也不高，但有实力抵抗经济衰退，它们的共同特点是低市盈率、低风险，以高分红派息为主要投资回报。所以，稳健的投资者可以逢低吸纳，长线投资。

4.3.4　股票投资的操作策略

（1）拨档子。投资者卖出自己持有的股票，等价位下降以后再补回来。拨档子主要是希望趁价位高时先行卖出，以赚取一段差价。通常运用拨档子卖出与买入之间相隔时间不会很长，这是多头降低成本、保持实力的操作方式。

（2）分批买进。当股份指数在相对低点时，买入一部分股票，当它下降或上升时再买入一批。前提是必须在大势将要上升或已经上升时操作，在刚刚开始下跌或下跌未尽时不宜分批买进。

（3）撒网买入。在短期股票投资中，许多股票价格的变化趋向不明朗，投资者难以筛选有利的投资对象。因此，最好买进各种股票，等到某种股票价格上涨到有利可图时出售该股票。如果整个股市出现牛市，投资者可以相继抛售手中的股票，以获得较高利润。即使大盘下跌，也必然会有某些强势股，这样可以减少损失。

（4）分散投资。即把资金投资于不同类型的股票以分散非系统性风险，但也不能过度分散，毕竟每个投资者手中的资金是有限的。把资金一部分投资于收益低、风险低的价值型股票上，一旦股市不景气，也可以获得比较稳定的收益。

（5）反向投资。此策略的前提是摸清大众的心理，在大众投资错误的基础上人买我卖，人卖我买；人热我冷，人冷我热。在一般情况下，股民大多跟风追涨杀跌。某种股票价格较低时，大家都买，却不知这时股价已经升高了，并接近顶峰，正中了庄家出货的陷阱，反之亦然。因此，在摸清大众跟风心理的前提下，可以进行反向操作。

（6）波段操作。在中国市场上，波段操作不失为一个较好的投资策略，即当上升波段来临时操作。每一波段的长短和深浅是不同的，每一波段的市场投资理念和热点也是不同的，投资者波段操作可根据具体情况采取相应的投资策略。

（7）及时止损，大局为重。投资者在进行投资前应建立一个止损点和一个获利了结点。当市场的价位已经达到获利点，无论市场是涨是跌都应及时抛出；同时股价跌到了止损点时，应认清大势，及时止损，以大局为重。

（8）比价买入。同板块比价是一种非常有效的选股方法。当发现同一类板块的某只股票大幅度上涨时，板块中的其他各股也将跟涨。通过基本面和技术分析找出那些有进攻力的股票买入并持有是一个较好的方法。

案例分析

十年牛股——亿安科技

新千年之初，深沪股市诞生了第一只百元牛股——亿安科技，它给市场带来的巨大影响和由此引发的争议，即使现在，仍使投资者记忆犹新。该股超常的走势令市场为之惊叹。作为第一高价股，亿安科技究竟是何背景令其如此牛气冲天、傲视群雄，成为股坛霸主呢？它对市场又产生了怎样的影响？

该股建仓于重组概念盛行的 1998 年下半年，而借助新经济网络概念深入人心时，在新千年初快速拉高，随后在下跌中逐步派发减磅。从这个意义上讲，是"资产重组+网络高科技"概念造就了亿安科技这一"百元新贵"。从 1998 年 9 月到 12 月，该股股价一直在 6～8 元震荡波动。进入 1999 年，在大盘仍萎靡不振之时，该股已开始缓慢攀升，成交量则逐渐萎缩，呈现缩量上涨的控盘走势。到 1999 年 4 月公布通过股权转让，广东亿安科技发展有限公司成为第一大股东时，股价比年初已翻了一番。到 1999 年 6 月底，股价不用放量很轻易即攀升 30 元的高位。1999 年 6 月底，大盘开始回调，该股也顺势进入整理阶段，成交量迅速萎缩。1999 年 10 月 14 日，出现了一天成交 55 手的罕见成交量纪录。2000 年伊始，该股像脱缰的野马，一气呵成地完成了其"百元新贵"的伟业：2000 年 1 月 17 日，以 63.01 元的收市价成为深沪股市第一高价股；接着在 1 月 21 日突破 80 元，刷新了中国股市最高价纪录，即格力电器在 1996 年后创下的 78 元的纪录；春节开市后的第 4 天即 2000 年 2 月 17 日亿安科技一举创下了 126.31 元的最高价。

亿安科技百元高价的产生并非一日之功，可以说是诸多内因和外因共同作用的结果。亿安科技（000008）前身为深锦兴公司，系深圳市仪器进出口公司发起组建和控股的股份有限公司，于 1992 年 5 月 27 日在深交所挂牌上市交易。该公司曾经是深圳市有名的"小三家"之一，但是上市后业绩却呈直线下滑之势。由于公司管理基础薄弱，产业和资产结构不合理，负债过重，公司经营陷入困境。因此，要使公司走出困境，非动大手术不可。由此优化资产结构，开拓新的业务领域，寻找新的利润增长点已显得十分紧迫。1997 年 4 月，第一次重组后，深圳市建筑设备材料进出口总公司为主体，辅以部分优良项目的合作经营，注入深锦兴公司。然而好景不长，经过第一次资产重组后，深锦兴公司，虽然当年实现扭亏，但是于 1998 年再度陷入困境，不但出现巨额亏损，而且公司的资产也趋于萎缩。1999 年 3 月 2 日，公司原一大股东深圳市商贸控股公司与亿安科技签署股权转让协议。此时，该股的股价为 15.30 元，而在此之前的 1998 年 8 月 31 日，该股股价为 5.50 元。不到一年的时间，涨幅已近 280%。然而谁又能预料，这只不过是刚刚开始显山露水，"见光死"的股市格言在亿安科技的身上没有灵验。该股在股权转让兑现后的 10 个月里，股价仍继续大幅上扬。经过资产重组后，亿安科技的资产及经营状况有了较大的改善，经营重点也转移到电子通信、数码科技、网络工程等高科技领域。亿安控股入驻深锦兴公司后，经过整合资产结构，为公司的未来发展带来了良好契机，并为企业超常发展增添了想象力。

另外，股价的上扬不仅需要市场基本面利好的推动，新的概念和题材的引领作用也不可或缺，国际资本市场新经济的震撼力为国内的网络高科技股也树立了榜样。进入 1999 年，以网络为代表的高科技产业股在国际资本市场受到普遍青睐，1999 年全美新上市的 309 家网络公司的股价平均上涨了 2.5 倍，其中有 15 家上涨幅度超过 10 倍。在全球经济一体化的今天，发达资本市场新的投资理念被世界资本市场广泛接受，全球最大的 ICP——美国的雅虎公司在本土疯狂后在日本挂牌又创造了奇迹，竟达到每股 1 亿日元，合每股约 600 万元人民币。

在亿安科技公司的大部分重大高科技项目尚处于未知阶段时，控盘主力有恃无恐地大幅拉高股价，这不能不说是一种对股价的操纵，是对市场"三公"原则的挑战。2001 年 9 月，亿安科技 363 名投资者向法院递交诉状，以联合操纵股价为由起诉亿安科技等，向其追索民事赔偿。与此同时，近 700 名投资人起诉银广夏和深圳中天勤会计师事务所，虚假证券信息纠纷案已被无锡市崇安区人民法院受理。自此，我国证券市场监管当局才痛下决心，顶住各方面压力，开始对市场不规范行为严厉处理，使得市场跟着"庄家"走的投资观念根本转变，特别是 2003 年爆发的行情更明确了价值分析的投资观点。

（资料来源：蒙丽珍. 证券投资分析. 大连：东北财经大学出版社，2005）

思考题

1. 证券市场应围绕着"公开、公平、公正"的原则来进行建设。请阐述目前我国的证券市场是否达到这一水平，原因是什么？

2. 我们从"亿安神话"中应吸取什么样的经验教训？

本章小结

1. 股票是股份有限公司发行的用以证明投资者股东的身份和权益，并据以获得股息和红利的一种有价证券。它具有收益性、永久性、流动性、风险性、非返还性和参与性等特点。

2. 股票分为普通股股票与优先股股票，记名股票与不记名股票，面额股票与无面额股票，国家股、法人股、个人股与外资股。

3. 股票内在价值的评估分为基本模型、零息增长模型、不变增长模型和多元增长模型。衡量股票投资收益水平的主要指标有股利收益率、持有期收益率和股份变动后持有期收益率等。

4. 在进行股票投资时应遵循顺势而为原则、能力充实原则、控制风险原则、信息充分原则、逆向思维原则、理智投资原则、保持距离原则、目标适度原则和及时止损原则。

5. 把握好股票投资的时机应掌握先机、做好春季行情、挫落是获利的契机、淡季是进场的最好时机、把握卖出和买进的时机。

6. 股票投资的操作策略主要有：拨档子，分批买进，撒网买入，分散投资，反向投资，波段操作，及时止损、大局为重和比价买入等。

复习思考题

1. 上市公司是指哪种类型的股份公司？
2. 简述股票的性质与特征。
3. 股票的类型如何划分？
4. 简述股票与债券的异同点。
5. 普通股股东享有哪些权利？
6. 简述优先股股票的基本特征。

第 5 章 投资基金

引言

　　基金在汉语中有两种截然不同的意思：一个意思的英文单词是"Foundation"，通常是指由政府和民间发起的非营利性的公益事业，如中国妇女发展基金会、宋庆龄儿童基金会等；另一个意思的英文单词是"Fund"，是指经过法定程序公开发行的受益凭证，即基金单位募集资金并由专门经营机构用于证券投资或者其他投资的一种金融工具，如银华优势企业基金、博时价值增长证券投资基金等。

本章学习目标

- 了解投资基金的有关概念和基础知识；
- 掌握开放式基金与封闭式基金的区别；
- 了解基金投资分析的主要策略和技巧；
- 把握基金的投资价值分析方法。

5.1　投资基金概述

5.1.1　投资基金的定义

　　基金（Fund）有广义和狭义之分，从广义上说，基金是指为了某种目的而设立的具有一定数量的资金。例如，投资基金、单位信托基金、公积金、保险基金、退休基金以及各种基金会的基金。我们通常所理解的基金是狭义的基金，即投资基金。

　　投资基金是一种利益共享、风险共担的集合证券投资方式，即通过发行基金单位，集中投资者的资金，由基金托管人托管，由基金管理人管理和运用资金，从事股票、债券、外汇、货币等金融工具投资，以获得投资收益和资本增值。美国称为"共同基金"，英国和中国香港地区称为"单位信托"，日本称为"证券投资信托"。

　　基金投资人是指持有基金单位或基金股份的自然人和法人，也就是基金的持有人。他们是基金的实际所有者，享有基金的收益权、知情权和表决权。基金的一切投资活动都是为了增加投资者的收益，一切风险管理都是围绕保护基金投资人的利益来考虑的。因此，基金投资人是基金一切活动的中心。

基金托管人是依据基金运行中管理与保管分开的原则，对基金管理人进行监督和保管基金资产的机构，是基金投资人权益的代表，通常由有实力的商业银行或信托投资公司担任。基金托管人与基金管理人签订托管协议，在托管协议规定的范围内履行自己的职责并收取一定的报酬。基金托管人在基金的运行中起着重要的作用。

基金管理人是负责基金发起设立与经营管理的专业性机构。在我国，基金管理人由基金管理公司担任。基金管理人作为受托人，必须履行"诚信义务"。基金管理人的目标是受益人利益最大化，不得在处理业务时，考虑自己的利益或为第三者谋利。

基金持有人、管理人、托管人之间的关系如下：

（1）持有人与管理人之间的关系。基金持有人是基金的实际所有者，而基金管理人则是凭借专门的知识与经验，对所管理的资产，根据法律、法规及基金规定，按照科学的投资组合原理进行投资，达到所管理的资产不断增值的目的，并为基金持有人获得更多收益的机构。基金持有人与基金管理人的关系实质上是所有者与经营者之间的关系。前者是基金资产的所有者，后者是基金资产的经营者。前者可以是自然人，也可以是法人或其他社会团体；后者则是由职业投资专家组成的专门经营者，是依法成立的法人。

（2）管理人与托管人之间的关系。管理人与托管人之间的关系是经营与监管的关系。基金管理人和基金托管人应当在行政、财务上相互独立，其高级管理人员不得在对方兼任任何职务。基金管理人由投资专家组成，负责基金资产的经营；托管人由主管机关认可的金融机构担任，负责基金资产的保管，依据基金管理机构的指令处置基金资产并监督管理人的投资运作是否合法。对基金管理人来说，处理有关证券、现金支付的具体事务交由基金托管人办理，自己就可以专门从事资产的运作和投资决策。基金管理人与基金托管人均对基金投资人负责。任何一方有违规之处，对方都应监督并及时制止，直至请求更换对方。这种相互制约的运行机制，是基金信托财产安全和基金运用高效的保证。但是，这种机制得以发挥的前提是基金托管人与基金管理人必须严格分开，不存在关联关系。

（3）持有人与托管人之间的关系。持有人与托管人的关系是委托与受托的关系，也就是说基金持有人把基金资产委托给基金托管人管理。对持有人而言，把基金资产委托专门的机构管理，可以保障基金资产的安全和增值。对基金托管人而言，必须对基金投资人负责，监管基金管理人的行为，使其经营行为符合法律法规的要求，以达到保证资产安全的目的。

投资基金的客体即投资对象是多种多样的，如有价证券（股票、债券、货币市场工具等）、股权（未发行股票的企业）、房地产等。但是，如果不做特别强调，投资基金一般都是指证券投资基金。

5.1.2　证券投资基金的产生和发展

投资基金源于英国。19 世纪中期，英国凭借发展工业和对外扩张积累了大量财富，经济高速发展造成了大量的剩余资本，这些资本向外寻求增值的出路。1865 年成立的英国"外国和殖民地政府信托"，是公认的第一个公众投资信托基金。该基金成立时募集 100 万英镑，其操作方式类似于现在的封闭式契约型基金。

第二次世界大战后，美国经济高速增长，带动了投资基金的发展。1970 年，美国已有投资基金 361 个，总资产近 500 亿美元，投资者达千万人。20 世纪 70 年代，美国经济出现滞胀，高失业率伴随高通货膨胀率，投资基金的发展进入一个低迷阶段。进入 80 年代后，美国国内利率逐渐降低并趋于稳定，经济的增长和股市的兴旺也使投资基金得以快速发展。尤其在 80 年代中后期，股票市场长期平均收益高于银行存款和债券利率的优势逐渐显出，投资基金的发展出现了一个很大的飞跃。进入 90 年代，世界经济一体化的迅速发展使投资全球化的概念主导了投资基金的发展。目前美国的共同基金的资产总量已高达 80 000 亿美元，大约有 4 000 万持有者，有 50%的家庭投资于基金，基金资产占所有家庭资产的 40%左右。

中国基金业起步较晚，1991 年设立的"淄博投资基金"是我国第一家规范化的封闭式基金。1997 年 11 月 14 日，国务院出台了《证券投资基金管理暂行办法》。1998 年 3 月，首批获准成立的开元、金泰证券投资基金各 20 亿元投资规模正式在沪深市场发行，基金业在我国进入迅速发展阶段。2000 年 10 月 8 日，《开放式证券投资基金试点办法》出台。2001 年 3 月，中国证监会宣布华安基金管理公司被确定为首家开放式基金试点公司，成为中国基金业发展的又一个阶段性标志。2004 年 6 月 1 日《证券投资基金法》正式颁布实施，为我国基金业的规范发展打下了坚实的基础。

截至 2015 年 3 月底，我国境内共有基金管理公司 96 家，共有 2 027 只证券投资基金，比 2010 年的 704 只增长了 187.93%，管理的公募基金资产合计 52 414.37 亿元。

5.1.3 证券投资基金的基本特征

作为一种现代化的投资工具，证券投资基金之所以能被广大投资者青睐，主要取决于以下几个特征：

（1）间接投资。投资者是通过购买基金而间接投资于证券市场的。与直接购买股票相比，投资者与上市公司没有任何直接关系，不参与公司决策和管理，只享有公司利润的分配权。投资者若购买了投资基金，则是由基金管理人来具体管理和运作基金资产，进行证券的买卖活动。因此，对投资者来说，证券投资基金是一种间接证券投资方式。

（2）专家理财。证券投资基金的投资运作是由受过专业训练、有丰富经验的专家进行的。基金管理公司掌握大量的市场信息，对国内外宏观经济、产业、行业和公司经营进行系统的调研和分析。富林明资产管理公司拥有 400 名专家跟踪经过挑选的 3 500 家公司的股票情况，每天根据综合分析结果提出资产组合及方案调整。个人投资者购买基金，就等于聘用了一批投资专家为自己做投资决策，而专家理财的回报率一般高于个人投资。

（3）投资小、费用低。在我国，每份基金单位面值为人民币 1 元。投资基金的最低投资额一般较低，投资者可以根据自己的财力购买基金。基金的费用通常较低，根据国际市场上的一般惯例，基金管理公司就提供基金管理服务而向基金投资者收取的管理费一般为基金资产净值的 1%～2.5%，低于购买股票的费用。此外，为了支持基金业的发展，很多国家和地区还对基金的税收给予优惠。

（4）组合投资。根据投资专家的经验，要在投资中做到起码的分散风险，通常要持有 10 只左右的股票，但投资者的资金毕竟有限，很难做到分散投资。而投资基金通过汇集众多中小投资者的小额资金而形成雄厚的资金实力，可以同时分散投资于各种股票，使某些股票跌价的损失可以用其他股票涨价的赢利来弥补，分散了投资风险。

（5）流动性强。基金的买卖程序非常简便，基金的购买、赎回程序方便，流动性好，变现性高。同时基金的品种繁多，投资者可根据自己的实际情况和需求选择不同类型的基金，所以选择性也较强。

5.1.4　证券投资基金的类型

1．按法律地位不同分类

按法律地位不同，基金分为契约型基金和公司型基金。

（1）契约型基金。契约型基金又称为单位信托基金，是指将投资者、管理人、托管人三者作为基金的当事人，通过签订基金契约的形式发行受益凭证而设立的一种基金。基金管理人负责基金的管理运作；基金托管人作为基金资产的名义持有人，负责基金资产的保管，对基金管理人的运作进行监督。

（2）公司型基金。公司型基金是指按照公司形式组成的，具有独立法人资格并以营利为目的的基金公司。公司型基金以发行股份的方式募集资金，投资者购买基金公司的股份后，以基金持有人的身份成为基金公司的股东，依法享有收益。它在法律上包括四个当事人：投资公司、管理公司、托管机构、承销公司。

公司型基金与契约型基金之间的区别在于：公司型基金是依据《公司法》建立的，基金本身具有法人资格；契约型基金依据基金契约组建，《信托法》是契约型基金设立的依据，契约型基金不具备法人资格。契约型基金的投资者作为基金契约的受益人，对基金的重要投资决策无权过问；公司型基金的投资者是公司的股东，有权对公司的重大决策进行审议。公司型基金类似一般的股份公司，除非依据《公司法》破产、清算，否则公司一般都是永久性的；契约型基金依据基金契约运作，契约期满后，基金运营即为终止。

2．按是否可以自由赎卖回及规模是否固定分类

按基金是否可以自由赎回和基金规模是否固定，其金分为封闭式基金和开放式基金。

（1）封闭式基金。封闭式基金指基金是资本总额及发行份数在发行之前就已确定，在发行完毕和规定的期限内，基金资本总额及发行份数是保持固定不变的，投资者只能在二级市场上进行基金的买卖。

（2）开放式基金。开放式基金是指基金发起人在设立基金时，基金单位的总数不是固定的，而是根据市场供求情况发行份额，或被投资者赎回的投资基金。由于存在赎回机制，需要满足投资者变现的需求，开放式基金一般会从所筹集资金中拨出一定比例，以现金的形式保持这部分资产。

开放式基金和封闭式基金之间的区别在于：封闭式基金有固定的封闭期，通常为 10 年或 15 年；开放式基金没有固定期限，投资者可随时向基金管理人赎回基金单位。封闭式基金发行规模固定，并在封闭期限内不能再增加发行新的基金单位；开放式基金则没有发行规模限制，投资者认购新的基金单位时，其基金规模就增加，赎回基金单位时，其基金规模就

减少；封闭式基金在封闭期内不能赎回，持有人只能在证券交易所转让给第三者，交易在投资者之间完成；开放式基金在首次发行结束后，投资者随时可以向基金管理人或中介机构提出购买或赎回申请。两者的交易价格主要决定因素不同，封闭式基金的交易价格随行就市，不完全取决于基金资产净值，受市场供求关系等因素影响较大；而开放式基金的价格则完全取决于每单位资产净值的大小。封闭式基金有固定的规模和封闭期限，可进行长期投资；开放式基金因赎回机制的存在，基金资产不能全部用于投资，必须保持基金资产的流动性，在投资组合上要保留一部分现金和流动性较好的金融产品。

3. 按投资对象不同分类

按投资对象不同，基金可分为股票基金、债券基金、货币市场基金等。

（1）股票基金。股票基金是指以股票为主要投资对象的投资基金。与投资者直接投资于股票市场相比，股票基金具有流动性强、分散风险等特点。虽然股票价格会在短时间内上下波动，但其提供的长线回报比现金存款或债券投资高。因此从长远看，股票基金收益可观，但风险也比债券基金、货币基金高。

（2）债券基金。债券基金是指将基金资产投资于债券，通过对债券进行组合投资，寻求较为稳定的收益。通常，债券基金收益会受货币市场利率的影响，当市场利率下调时，其收益会上升；当市场利率上调时，其收益会下降。另外，汇率也会影响基金的收益。

（3）货币市场基金。货币市场基金是以货币市场工具为投资对象的投资基金，通常包括短期存款、国债、票据再贴现和大额存单市场。货币市场基金的优点是安全性高、流动性强、管理费用低，是短期闲散资金理想的投资工具。

（4）对冲基金。对冲基金是一种风险低、回报稳定的基金，其操作宗旨在于利用期货、期权等金融衍生产品以及对相关联的不同股票进行买空卖空、风险对冲的操作技巧，在一定程度上规避和化解投资风险。对冲基金是以避险为特色的基金。

（5）指数基金。指数基金是指采用被动方式投资，选取某个指数作为模仿对象，按照该指数构成的标准，购买该指数包含的证券市场中全部或部分证券，目的在于获得与该指数相同的收益水平。指数基金独特的优势在于仅以市场指数为投资参照物，排除了选择个股和入市时机的管理风险，实现风险高度分散并取得稳定的投资收益，适合那些希望稳定分享证券市场成长的投资者。

（6）衍生基金。投资于金融衍生产品的投资基金即为衍生基金，包括期货基金、期权基金等。

4. 按发行方式不同分类

按发行方式不同，基金可分为公募基金、私募基金和阳光私募基金。

（1）公募基金。公募基金是指受政府部门监管的，向不特定投资者公开发行受益凭证的证券投资基金，这些基金处于法律的严格监管之下。

（2）私募基金。私募基金是一种非公开宣传的，私下向特定投资者募集资金的集合投资。私募基金又可分为私募证券投资基金、私募房地产投资基金、私募股权投资基金、私募风险投资基金等。

（3）阳光私募基金。阳光私募基金是指借助信托公司发行的，经过监管机构备案，资金实现第三方银行托管，较为规范和透明化的一种私募基金。

5.2　证券投资基金的投资价值分析与策略

投资基金作为一种重要的理财方式，近几年在我国的发展极为迅速，因此有必要对投资基金的投资价值进行分析。对投资基金的投资价值分析，实际上就是对投资基金的价值进行评估。

5.2.1　投资基金的净值决定

作为受益证券的基金与作为权益证券的股票具有不同的价格决定方式。影响基金价格最主要的因素是基金净值的高低，基金净值的变化源于基金收入与费用支出之间的配比。

1．基金的收入来源

利息收入是投资基金比较稳定的一项收入来源。庞大的资金规模和分散投资的经营策略使基金可以经常保持大量的现金储备，这些现金一般被存放于银行或其他金融机构，也可能被投资于短期国债或其他高信用级别的企业债券。存款和债券利息收入构成基金收入的第一个来源。

股息收入也是投资基金一项重要的收入来源。证券投资基金将大部分资金投向股票市场，购买上市公司股票而成为公司股东。许多上市公司在每年的上半年都要进行分红派息，以回报投资人。处于成熟阶段的上市公司每年税后利润中除保留一部分用于健全财务结构和内源融资外，其余部分按持股比例分发给股东。二级市场的买卖差价是投资基金一项不确定的收入来源。证券市场的整体走势和基金管理人的操盘水平决定了此项收入的多少。在市场行情下跌的过程中，大部分基金的该项收入为负值。

投资增值是由于基金所投资的证券价格上涨超过投资成本而形成的基金账面净值的增加。严格地说，投资增值并不能算作一种收入形式，而是为收入提供了一种潜在的支持，增值的变现要通过在二级市场卖出才能实现。投资增值与二级市场的买卖差价之间的区别在于：后者通常是一种短期行为，是从一个投资者手中买入再出售给另一个投资者；而前者一般为一次性地购买未上市的原始股或基金，对某一有发展前景的实业项目的直接投资所形成的日后增值，通常持有期限较长。

2．基金的费用支出

公众基金的日常运作通常是委托某一基金管理公司进行的，基金持有人必须为此支付一定的费用。基金管理费是支付给基金管理人的管理报酬，是基金管理公司的固定收入来源。管理费率的高低与基金的规模呈反比，规模越大，每一基金单位所支付的费用比例就越低。管理费率和基金投资对象的管理难度呈正比，难度越高，费率越高。我国目前基金管理的年费率为净值的 2.5%。基金管理费用通常按照每个估值日基金净资产的一定比例逐日计算并按期支付。当基金经营业绩出色时，管理公司可按约定提取一定比例的业绩报酬用于对主要管理明星的奖励。例如，新发行的规模为 30 亿份的新基金就将管理人报酬分为两部分：一部分是 1.5%的按净值计提的固定年费率；另一部分是业绩报酬，当基金的可分配净收益率高于同期银行一年定期储蓄存款利率 20%以上，且当年基金资产净值增长率高于同期证券市场平均收益率时，可按一定比例（净值的 5%左右）计提。

基金托管费是支付给基金资产托管人的管理费用。托管人通常是大银行。基金托管费按前一交易日的基金净值 0.25%的年费率计提。托管费与管理费一起构成了基金费用支出中的主要部分。

除上述两项费用外，基金的投资者还要负担基金上市费用、证券交易费用、基金信息披露费用、基金持有人大会费用及与基金相关的会计师和律师费用。这些费用的种类较多，但数额不大。

3．基金资产估值与收益分配

对基金资产估值的目的是客观、准确地反映基金资产是否得到了保值与增值。被估值的对象包括基金依法拥有的股票、债券、股息红利、债券利息和银行存款本息等资产。新型证券投资基金每个工作日都要对基金资产进行估值。视基金持有资产性质的不同，估值的方法也有所变化。对于已上市股票和债券的估值，以估值日证券交易所提供的市场平均价为准，未上市的股票则以成本价计算；未上市债券及银行存款以本金加计至估值日为止的应计利息额计算；派发的股息红利、债券利息，以估值日为止的实际获得额计算。基金的日常估值由管理人进行并经托管人复核。

基金净值的构成包括发行面值和基金收益两部分。发行面值资金通常是在基金解散时才返还给投资者，所以每年可供分配的仅是扣除费用后的基金净值收益。我国现行的做法是以现金方式分配基金收益，每年分配一次，分配比例不得低于基金当年可分配收益的 90%。如果基金上年度发生亏损，当年收益要先弥补亏损，当年亏损的基金不得进行收益分配。

对于主要将有价证券作为投资对象的基金而言，其单位资产净值应该能比较准确地反映基金实际价值。单位基金净值是基金经营业绩的指标，也是基金单位买卖价格的计算依据。单位基金净值的计算公式为：

$$单位基金净值=\frac{总资产-总负债}{基金总份额}$$

式中，总资产是指基金拥有的股票、债券、银行存款和其他有价证券在内的资产总值。总负债是指基金运作所形成的负债，包括应付出的各项费用。每天股市收盘后，基金公司汇集当日股票和债券收市价格和基金的申购、赎回份额，计算出单位净值，自 17：00—21：00陆续公布。

一般而言，投资基金单位的资产净值与基金单位的价格变动是一致的，基金单位的资产净值越高，则基金单位的价格越高，反之，基金单位的价格越低。这种正向关系，尤其在开放式基金中得到了较好体现。

5.2.2　封闭式基金的价格决定

目前，在沪、深两市挂牌交易的投资基金均为封闭式基金。封闭式基金最为显著的特征，就是发行后基金份额将不再发生变化,投资者如果想增加或减少持有的基金份额只能从其他持有人手中买入或卖给其他投资者。对于封闭式基金而言,在净值决定价格的基础上还有其他几个不容易忽视的影响因素。

1. 基金已实现的收益率和投资者对该基金收益率的预期

不同的基金管理公司之间存在着管理水平上的差异,这种差异集中表现在收益率的差距上。对于年收益率大大高于基金平均投资回报率的明星基金,投资者愿意支付一定比例的溢价。这种基金一般以高于净值 20%左右的价格交易,因为投资者对该基金的未来收益抱有较高期望,认为目前所付出的溢价会在不久的将来由基金的高额收益加以弥补。

2. 同期银行存款利率

作为收益证券的基金,其回报率是不稳定的,因此投资者对其收益率的期望应是在无风险利率的基础上加一定的风险溢价。在我国现行金融体制下,大银行是以国家信用为支持的。它们支付给储户的同期银行存款利率可以看作一种无风险收益率。在这种情况下,投资者自然会在基金收益率和同期银行存款利率之间做出抉择。一旦利率上升的水平达到或近似于基金收益率,资产选择的行为就会发生。理性的投资者将增加金融资产中银行存款的比例而减持基金,基金的价格就会下降。

3. 证券市场上其他金融工具的活跃程度

作为扶持中国基金发展的一项政策,目前基金交易是不缴纳印花税的。免征印花税和相对较低的交易佣金使基金的交易成本较低,所以在其他金融工具交易不活跃的情况下,基金因较低的单位价格和低交易成本往往受到投机资金的青睐,短期的集中炒作有可能使某些小盘基金的价格远远脱离其净值基础,这一点已被中国证券市场的实际运行规律所证实。

5.2.3　开放式基金的申购与赎回

开放式基金与封闭式基金的最大区别,就是基金规模是否固定以及交易价格的确定方式。

基金管理公司与基金投资人之间是基金买卖的双方,投资人增持或减持基金单位必须通过向管理公司买入或由管理公司赎回才能实现。

开放式基金采用"金额申购、份额赎回"原则,即申购以金额申报,赎回以份额申报。中国结算公司系统依据基金管理公司给定的申购费率,以申购当日的基金份额净值为基准,采用外扣法计算投资者申购所得基金份额。

1. 申购份额的确定

$$净申购金额=\frac{投资者投资额}{1+申购费率}$$

$$申购手续费=净申购金额×申购费率$$

$$申购份额=\frac{净申购金额}{申购当日基金份额净值}（不足一份基金的零头返还投资者）$$

【例 5-1】 某投资者通过场内申购开放式基金，投资额为 1.5 万元。假设申购费率为 1.2%，申购当日基金份额净值为 1.6 元，则其申购手续费、申购份额、返还资金各是多少？

$$净申购金额=15\,000÷（1+1.2\%）=14\,822.13（元）$$
$$申购手续费=14\,822.13×1.2\%=177.87（元）$$
$$申购份额=14\,822.13÷1.6=9\,263.83（份）$$
$$返还资金=0.83×1.6=1.33（元）$$
$$投资者的实际净申购额=14\,822.13-1.33=14\,820.8（元）$$

2. 赎回金额的确定

$$赎回金额=赎回基金份数×赎回当日基金单位净值×（1-赎回费率）$$

【例 5-2】 某投资者赎回上市开放式基金 2 万份，赎回费率为 1%。假设赎回当日基金单位净值为 2.1 元，求投资者可得资金额为多少？

$$净赎回金额=20\,000×2.1×（1-1\%）=41\,580（元）$$

5.2.4 证券投资基金的投资策略

1. 基金产品的选择

选择基金产品时首先必须考虑自身的具体情况，包括收入水平、资金实力、对待风险的态度、个人投资偏好，明确对收益的期望和投资理财的目的。明确这几个问题将有助于对基金产品的选择。如果投资者是一个风险规避者，目标在于资本的长期稳定增值，那么保本基金就是一个不错的选择。

当明确选择适合投资者本人的投资基金类型后，还有必要了解一下这些基金的基本情况，主要包括：

（1）基金产品的管理公司和基金经理。由于基金管理公司下面的多个基金产品往往共用一个研究队伍和管理工作队伍，通过对基金管理公司已经管理的基金的了解，可以对基金管理公司的研究能力和管理能力有个初步认识。另外，基金经理直接决定着基金的投资，了解基金经理的专业背景和从业经验是非常重要的。例如，基金经理是新人，投资者可以考察他的学习经历和从业经历。如果基金经理学习经历优秀、有较长的证券从业经验，基金经理的能力则可以有一个基本的保证。如果基金经理已从业多年，投资者应考察他在该基金的任职期间长短及业绩表现；如果他曾在其他基金公司任职，从其他基金过往的表现可了解其投资风格及业绩表现。

（2）过往业绩和风险。可以借助基金评级公司的专业评价来了解某只基金的业绩。虽然过去的业绩并不代表将来的业绩，但是以前业绩往往可以体现出基金管理研究团队的实力，可以在某种程度上作为基金业绩预测指标。需要注意的是，对基金业绩的考察必须与基金风险的考察结合起来。

（3）费用。基金的费用主要有认购费、赎回费、管理费和托管费。投资者可以通过招募说明书来比较各基金的费用水平。

2. 基金的投资策略

在选定投资的基金产品后，如何把握申购和赎回的时机及对基金进行组合投资将成为能否获得理想投资收益的关键。

（1）申购和赎回时机的选择。每位基金管理人都会对投资者说：基金投资是一种长期投资。当你精心挑选基金后，长期持有才是最好的投资策略。如果基金价格下跌，那么适当地买入同类型的基金单位，拉低基金持有成本，待基金价格上涨时就可获得利差。当然，利用市场的波动来赢利并不是件容易的事情，但这恰恰是投资者选择基金的主要原因。因此，当投资者购买一只基金后，在不出现重大利空的情况下，还是建议投资者长期持有已购买的基金。但是，利用基金的申购和赎回获利并不是不可能的。特别是在某些情况下，这种基金投资的转化是提高投资收益的有效手段，如出现了持续熊市，股票价格不断走低，应考虑赎回股票基金转入债券基金或货币市场基金。

对于新发行的基金，当投资者决定投资基金时应立即购买基金单位。申购基金面临购入价格的选择时应遵循这样的原则：购买下跌中的基金。这个原则的前提是基金净值的下跌是由于系统性风险也就是市场风险引起的，如果基金净值的下跌超过了同类基金的平均水平，则不在考虑范围之内。当市场疲软时，对于基金的长期投资者是非常有利的，因为此时基金较容易建立良好的组合投资，为市场上涨时的赢利打下坚实的基础。

当然，对于那些业绩突出的基金管理公司而言，其管理水平有过人之处，是投资者的良好选择，在排除系统性风险影响的情况下，应是投资者购买的首选。

（2）基金的组合投资。了解经济学的人都听过这样一句话："不要把鸡蛋放在同一个篮子里"，即投资者在进行投资时应分散投资。虽然基金投资本身就是一个分散风险的过程，但是由于不同基金有着不同的风险，资金充裕的投资者有必要同时选择多家基金投资，分散投资基金的非系统性风险。下面介绍基金投资组合建立的两种基本方法。

1）选择不同投资风格的基金进行组合。基金的投资风格有很多种类，在市场中不同投资风格的基金的表现可能存在很大差异，因此可以选择不同投资风格的基金进行投资组合，但不建议选择同一家基金管理公司的基金进行组合。

2）选择不同投资方向的基金进行组合。目前，市场上基金的投资只限于股票或债券，而这两种证券有着负相关性，即当股票市场利好时，往往债券市场就不太景气。所以，可以用股票型基金和债券型基金构建"基金池"。此外，有些基金在股票市场上的投资对象比较集中，如某只基金主要关注高科技类股票，那么也可以选择这些不同投资方向的基金构建基金投资组合。

案例分析

老虎基金

老虎基金在 20 世纪 90 年代大多数时间的全球宏观投资策略是：沽空日本股票市场及日元、沽空东南亚股票市场及其货币，香港是这个投资策略中的最后一环。

1. 老虎基金背景

老虎基金是最著名的宏观对冲基金之一，与索罗斯量子基金可谓并驾齐驱。老虎基金的创办人朱利安·罗伯逊是华尔街的风云人物。他出生于美国南部的一个小城镇，从北卡罗来纳大学商业院毕业后，在 Kidder Peabody 证券公司工作 20 年之久，1980 年 5 月创办老虎基金，专注于"全球性投资"。在度过 10 年的蛰伏期后，20 世纪 80 年代末 90 年代初，老虎基金开始创下惊人业绩：朱利安准确地预测到柏林墙倒塌后德国股市将进入牛市，同时沽空泡沫达到顶点的日本股市（沽空指先借入股票，然后沽售，当股价下跌到一定水平再购回，赚取其中差价）。1992 年后，他又预见到全球债券市场的灾难。随着这些预测一一实现，老虎基金管理的资产规模在 90 年代后迅速增大，从 1980 年起家时的 800 万美元，迅速发展到 1991 年的 10 亿美元、1996 年的 70 亿美元，直到 1998 年中鼎盛期的 200 亿美元。

老虎基金的"全球性投资"包括两个方面：一方面是股票投资，无论是沽空还是购入，老虎基金对于投资对象的基本要求是流动性好并能提供 40% 以上的年回报率；另一方面是对全球货币利率和汇率走势的投机，使它们在货币危机此起彼伏的整个 20 世纪 90 年代，令各国央行畏之如虎。

老虎基金之所以在 20 世纪 90 年代成绩斐然，很大程度上是因为朱利安·罗伯逊从华尔街重金招募了第一流的分析师，从而在金融市场的转折关头押对正确的方向。大多数对冲基金不会拥有很多分析员，通常借助投资银行的证券分析力量。老虎基金这样大规模的对冲基金则不同，旗下明星级分析员的报酬有时远远超过在投资银行工作的同行。

2. 日本金融危机

老虎基金从 1990 年开始沽空日本市场，直到当时，当年沽空的股票仍然持着空单。1991 年 1 月，日经指数曾冲至 39 000 点，而到 1997 年时已下跌到 16 000 点，暴跌约 60%。空单持有时间如此之长，实在是因为有超出常人的胆量、坚定和耐心。毫无疑问，这一切都是建立在高质量的宏观经济及微观企业研究之上的。

老虎基金的另一个重要投资战略部署是沽空日元。这与看淡日本经济及沽空日本股票市场相关。因日元利率接近于零利率，借贷成本极低。老虎基金向金融机构大量借贷日元，然后将日元借款兑换成美元，用美元购入美国或俄罗斯国债。当时俄罗斯国债回报率畸高，年回报率达 50%（投资风险也很大，1998 年俄罗斯国债市场崩溃之时，投资者损失惨重）。这种投资策略就是有名的"携带交易"（carry trade）。如果用美元购买的是美国国债，则如果日元兑美元继续贬值，或者美国国债利率保持高于日元借贷利率的状态，携带交易者都将获利。

3. 泰国金融危机

1997 年 5 月，国际货币投机商（主要是对冲基金及跨国银行）开始大举沽空泰铢。对冲基金沽空泰铢的远期汇率，而跨国银行则在现货市场纷纷沽售泰铢。

炒家沽空泰铢，分为三个步骤：以泰铢利率借入泰铢；在现汇市场卖出泰铢，换入美元；将换入的美元以美元利率借出。当泰铢贬值或泰铢与美元利率差扩大时，炒家将获利。一开始，泰国中央银行与新加坡中央银行联手入市，采取一系列措施，包括动用 120 亿美元吸纳铢、禁止本地银行拆借泰铢给投机商、大幅调高利率以提高炒家资金借贷成本等。但对泰铢汇率的攻击潮水般地袭来，货币投机商狂沽泰铢，泰铢兑美元的远期汇率屡创新低。

1997 年 6 月 19 日，坚决反对泰铢贬值的财政部部长俺雷·威拉旺辞职。因担忧汇率贬值，泰铢的利率急升，股市、房地产市场狂泻，整个泰国笼罩在一片恐慌中。

从纳华证券泰国总部传来的信息很不利：相当数量的银行及金融机构（信托公司、财务公司）已处于技术破产状态。纳华证券总部的高层们开始担心公司是否会重组或兼并。6 月 27 日，泰国中央银行勒令 16 家有财务问题的财务公司停业，要求它们递交重组和兼并计划。

7 月 2 日，在耗尽了 300 亿美元外汇储备之后，泰国央行宣布放弃长达 13 年之久的泰铢与美元挂钩的汇率制，实行浮动汇率制。当天，泰铢汇率重挫 20%。亚洲金融风暴由此正式开始。此时，距泰国总理差瓦立在电视上公开讲话发誓泰铢不贬值仅仅两天。

4．香港股市面临危机

1997 年 6 月，泰国处于水深火热之际，香港还处于烈火烹油的"繁荣"阶段。恒生指数达到 14 000～15 000 点，红筹国企股红得发紫。与香港市场热火朝天的炒风形成鲜明对比的是，美国基金经理们表现得相当清醒，他们纷纷减持港股尤其是红筹国企股。

当时香港股票及资产市场的泡沫，已达到最后的惊人的疯狂程度。以下是一些表征：

（1）一张新楼认购证的转手价达 250 万港元。

（2）任何一家三四线股（垃圾股）传出被红筹企业收购的消息后，股价当天就暴涨100%～200%。

（3）每天十大上升股票排行榜中，70%以上为红筹国企股。

（4）红筹国企股股价狂飙，交易量的激增使得红筹国企股的证券分析员需求大增。红筹国企股分析员的年薪在短短一年间急增三倍，至 150 万港元。

此时，泡沫破灭的危机已近在眼前。绝大多数市值较大的红筹股，如上实、光大、北控、天津发展、中远国际、中国招商的股价反映出的是今后几十年通过注资活动才可能维持的高速增长，而这样大规模的注资活动几乎是不可能的。此外，投资者对红筹股公司管理层抱有的期望过高。红筹公司多是经营多种业务的集团公司，期望红筹"大班"迅速为股东创造价值是不切实际的。这里有红筹"大班"的学习过程，也有集团内部的磨合、适应过程。在西方，投资者一般不愿买控股公司股票，控股公司股票的价格常常处于低于其净资产值的状态。

老虎基金的掌舵者朱利安·罗伯逊此时"已经注意到香港市场"了，他相信许多股票的股价远远超过其内在价值，当时的恒生指数水平为 14 000～15 000 点。"注意"这个词颇有深意。对一位管理 100 亿美元资产的宏观对冲基金掌舵人来说，朱利安·罗伯逊每年都在全球寻找获利机会。大规模的基金运作要求他们捕捉足够大的趋势，做出重大的策略性投资。一只或几只股票的投资机会往往不能提起老虎基金的兴趣。因为个别股票哪怕表现得再好，也很难根本性地改变基金的总体表现。"注意"香港市场，意味着香港可能成为老虎基金全球投资策略中的重要一环。换言之，朱利安·罗伯逊看到了香港可能存在老虎基金从中获得巨利的大趋势。

5. 1997 年香港 10 月风波

在横扫东南亚之后，金融危机开始掠过香港。随着东南亚各国货币大幅贬值，与美元挂钩的港元相对而言大幅升值。而从实证角度来看，新兴投资市场的货币贬值具有传染性，由于大多数新兴市场国家的出口货品结构雷同，所以存在竞争性货币贬值的可能。邻近国家货币大幅贬值，使得港元面临巨大的贬值压力。

1997 年 8 月 14 日、15 日两天，港元对美元的汇率不同寻常地快速下跌，港元远期汇率也相应下跌。市场上发现一些对冲基金大手沽空港币。香港金融管理局迅速反击，提高银行的贷款利息，迫使银行把多余的头寸交回来，逼迫货币投机商在极高的贷款（投机）成本下平仓。

事后看来，这是对冲基金的一次测试。尽管香港金管局看似初战告捷，但香港港元与美元挂钩的联系汇率制的弱点已经暴露：同业折息因银根抽紧而飙升。

香港的汇率制度采用联系汇率制，是"货币发行局制度"的一种形式。货币发行局制度的核心是，当一个国家或地区要发行某一数额的本土货币时，该批货币必须在有同等价值的外币十足支持的情况下才能发行。以香港为例，香港金管局规定 1 美元兑换 7.8 港元，相应地，每发行 7.8 港元，就必须有 1 美元外汇储备作为支持。

联汇制于 1983 年 10 月 17 日开始实施。香港三家发钞银行——汇丰银行、渣打银行及中国银行发行货币时，必须根据 1 美元兑换 7.8 港元的汇率，向香港金管局交付美元以换取负债证明书作为所发行货币的保证。同样，三家发钞银行可凭负债证明换回美元。金管局向银行体系保证，所有银行在金管局结算户口内的港元均可按 1 美元兑换 7.8 港元水平自由兑换。

联汇制对香港 10 余年的货币稳定居功至伟，但这一制度也存在先天缺陷。尽管香港流通的现钞有 100% 的美元外汇储备作为支持，银行存款却并非如此。金管局收到 1 美元的抵押后，才容许发钞银行发行 7.8 港元现钞。在这基础货币之上，银行可通过信贷以倍数制造存款。1997 年香港流通中的现金加各种存款总计超过 17 000 亿港元，而外汇储备量折合港元低于 7 000 亿。很显然，若港人对港元信心丧失，要求将手中港元兑换成美元，联汇制是守不住的。而且，在面临真正的危机时，因为联系汇率制所设计的机制，银行间同业拆借市场利率将飙升。货币运行局制度在危机时难以发挥自动套戤功能。尽管香港金管局规定银行能向其按照 1 美元兑换 7.8 港元的兑换率拆借港元，但这主要局限于三家发钞银行。就是发钞银行也难以频繁地大规模地通过贴现窗向金管局拆借港元，以避免被金管局罚息警告。对于其他非发钞银行来说，同业拆借市场近于瘫痪。整个金融系统将难以运转，股市也将面临大跌的风险。

1997 年 10 月下旬，市场上又见大手沽空港元期货，港元远期汇率风险溢价急升，从而推动银行间同业折息利率上升。为了重挫炒汇投机者，金管局抽紧银根，当日同业拆借利率一度曾飙升至 300%（按年率折算）。高息尽管增加了炒汇投机者的成本，但是也重创股市。市场上沽盘如潮，在 1997 年 10 月下旬，恒生指数狂泻 4 000 多点，更在 10 月 28 日创下日跌 1 400 多点、跌幅 13.7% 的纪录。

过了 10 月，对冲基金主要注意力转向拉丁美洲和韩国，香港股市出现了一段令人意外的平静期。但是联汇制的缺陷在 8 月及 10 月的两波冲击中已暴露无遗，风暴已经来临了。访港旅客量和投资者透支率是老虎基金最关注的两个指标，前者被看作香港经济的先行指标，而后者被看作股市走势的反向指标。

对于老虎基金关注的重要指标——投资者透支率（投资者透支额÷投资者投资总额），由于香港证券交易所没有这方面的正式统计数据，只能根据培基证券的数据对整个市场情况做出估算。投资者透支率可显示股票市场的亢奋程度。比如，1997 年上半年香港股市高峰期时投资者透支率很高。蓝筹股的融资比例是 70%～80%，红筹国企股甚至三四线股的比例也达到 50%～60%。

证券公司通常十分愿意为投资者提供股票融资服务，因为边际利润率十分高，对客户的借贷利率往往是最优惠利率加 3 个百分点，由于其借贷成本是同业拆放利率，利差可高达 5～8 个百分点。一般来说，当透支率达到超乎寻常的时候，股市的调整可能为时不远了。因此，透支比率是一个反向指标。从实证数据考察，美国历次股市泡沫要破灭前，投资者的透支利率都先期达到高点。

更重要的是，过高的透支率会加速股市调整。比如，当利率上升时，股价会趋跌，证券公司将要求客户追加保证金，从而迫使大量客户斩仓，加剧跌势。这对以沽空为主要手段的对冲基金十分重要，他们最喜欢速战速决。

6. 一张大单：老虎基金的对冲手法

1998 年 5 月，老虎基金交给培基证券一张大单，委托培基证券购买 1.5 亿美元香港电讯股票。一般来说，这样的大单都有一些要求，如不超过每日交易量的 15% 和价格不能高于前一日收盘价的 2% 等。机构销售部的主管 Ian Dallas 后来说，这是他见过的最大一张单，用了一个星期才执行完毕。其实，由于管理的资产规模相当大，老虎基金下单金额都相当大。通常情况下，一张买单的金额是 1 亿～1.5 亿美元，一张沽空单是 5 000 万～7 500 万美元。一般地，如果基金经理喜欢某个分析员的研究，会通过其工作的证券公司下单，这就是所谓证券公司的"佣金收入"。相应地，证券公司的研究报告一般都免费送给目标客户。在证券行业，分析员的报酬是同其研究受欢迎程度挂钩的。一个明星分析员一年的收入二三百万港元不是一件稀罕事。

值得注意的是，这是张买单而不是卖单。老虎基金在整体上十分看淡香港股市，何以斥巨资购入香港电讯股票呢？事后看来，这宗单的构思十分精巧：其一，老虎基金预期港元同业拆借利率会大幅上扬，持有大量现金的香港电讯会直接得益。而且高企的利率对银行及地产会打击很大，但对当时拥有垄断地位的香港电讯的业务影响不会很大。其二，购买具有垄断地位的公用股也是老虎基金沽空对利率及经济周期敏感的地产股、银行股的对冲。

老虎基金购入香港电讯的成本约为 13 港元。到 1998 年 8 月，许多地产、银行等蓝筹股大跌时，香港电讯股价还企稳在 15 港元水平。

（资料来源：2006 年，青岛投资网 www.qingdaostock.com）

本章小结

1. 投资基金是一种利益共享、风险共担的集合证券投资方式，即通过发行基金单位，集中投资者的资金，由基金托管人托管，由基金管理人管理和运用资金，从事股票、债券、外汇、货币等金融工具投资，以获得投资收益和资本增值。它具有间接投资、专家理财、投资小、费用低、组合投资、流动性强等特点。

2．投资基金按法律地位不同分为契约型基金和公司型基金；按基金是否可以自由赎回和基金规模是否固定分为封闭式基金和开放式基金；按投资对象不同分为股票基金、债券基金、货币市场基金等；按投资风险与收益不同分为成长型基金、收入型基金和平衡型基金；按基金投资分布区域不同分为国内基金、海外基金和混合基金。

3．封闭式基金的价格取决于基金已实现的收益率和投资者对该基金收益率的期望以及同期银行存款利率与证券市场上其他金融工具的活跃程度。而开放式基金的价格取决于其基金净值。

4．投资基金的核心是通过专业化的研究机构对投资者的资金进行操作，以实现稳定收益，主要是因为投资基金是专家理财、组合投资、选择投资和规模经济。

5．在进行基金投资时，申购和赎回时机的选择是很重要的。对于那些业绩突出的基金管理公司说明其管理水平有过人之处，是投资者的良好选择，在排除系统性风险影响的情况下，应是投资者购买的首选。同时进行组合投资，即选择不同投资风格的基金进行组合和选择不同投资方向的基金进行组合。

复习思考题

1．证券投资基金有何特征？
2．简述公司型投资基金与契约型投资基金的区别。
3．试述证券投资基金与股票、债券的区别。
4．试述开放型投资基金与封闭型投资基金的区别。

第6章　金融衍生工具

引言

> 　　震惊世界的"巴林银行倒闭事件"大家一定听说过，但巴林银行是如何倒闭的呢？一个叫尼克·李森的年轻人，因为炒作日经225股指期货合约，给巴林银行造成了8.6亿英镑的亏损，从而使得这家有着230多年历史的投资银行倒闭。那么，究竟什么是股指期货交易呢？股指期货仅是金融衍生工具的一个交易品种。金融衍生工具又称为金融衍生产品，是指建立在基础金融工具或基础金融变量上、其价格取决于后者价格变动的派生产品。金融衍生工具是20世纪七八十年代全球金融创新浪潮中的高科技产品，主要品种有远期合约、期货、期权交易及互换合约等。

本章学习目标

- 掌握金融衍生工具的种类和主要产品；
- 掌握期货合约盈亏及保证金的计算分析；
- 掌握期权合约盈亏分析及行权选择；
- 掌握权证的投资价值分析。

6.1　金融衍生工具概述

6.1.1　金融衍生工具的定义及基本特征

　　衍生金融资产也称为金融衍生工具（Financial Derivative）。金融衍生工具又可称为"金融衍生产品"，是与基础金融产品相对应的一个概念，是指建立在基础产品或基础变量之上，价格随基础金融产品的价格（或数值）变动的派生金融产品。

　　金融衍生工具具有以下几个基本特征。

　　（1）跨期性。金融衍生工具是交易双方通过对利率、汇率、股价等因素变动趋势的预测，约定在未来时间按照一定条件进行交易或选择是否交易的合约。无论是哪种金融衍生工具，都会影响交易者在未来一段时间内或未来某时点上的现金流，跨期交易的特点十分突出。这就要求交易双方对利率、汇率、股价等价格因素的未来变动趋势做出判断，而判断的准确与否直接决定了交易者的交易盈亏。

（2）杠杆性。金融衍生工具交易一般只需要支付少量保证金或权利金就可以签订远期大额合约或互换不同的金融工具。例如，若期货交易保证金为合约金额的 5%，则期货交易者可以控制 20 倍于所交易金额的合约资产，实现以小博大的效果。在收益可能成倍放大的同时，交易者所承担的风险与损失也会成倍放大，基础工具价格的轻微变动也许就会带来交易者的大盈大亏。金融衍生工具的杠杆性效应在一定程度上决定了它的高投机性和高风险性。

（3）联动性。联动性是指金融衍生工具的价值与基础产品或基础变量紧密联系、规则变动。通常，金融衍生工具与基础变量相联系的支付特征由衍生工具合约规定，其联动关系既可以是简单的线性关系，也可以表达为非线性函数或者分段函数。

（4）不确定性或高风险性。金融衍生工具的交易后果取决于交易者对基础工具（变量）未来价格（数值）的预测和判断的准确程度。基础工具价格的变幻莫测决定了金融衍生工具交易盈亏的不稳定性，这是金融衍生工具高风险性的重要诱因。基础金融工具价格不确定性仅仅是金融衍生工具风险性的一个方面，国际证监会组织在 1994 年 7 月公布的一份报告中认为金融衍生工具还伴随着以下几种风险：

1）交易中对方违约，没有履行承诺造成损失的信用风险；

2）因资产或指数价格不利变动可能带来损失的市场风险；

3）因市场缺乏交易对手而导致投资者不能平仓或变现所带来的流动性风险；

4）因交易对手无法按时付款或交割可能带来的结算风险；

5）因交易或管理人员的人为错误或系统故障、控制失灵而造成的操作风险；

6）因合约不符合所在国法律，无法履行或合约条款遗漏及模糊导致的法律风险。

（5）零和博弈。即合约交易的双方盈亏完全负相关，并且净损益为零，因此称为"零和"。

6.1.2 金融衍生工具的主要类别

国际上金融衍生产品种类繁多，活跃的金融创新活动接连不断地推出新的衍生产品。金融衍生产品主要有以下几种分类方法。

1. 按产品形态不同分类

根据产品形态不同，可以分为远期合约、期货合约、期权交易和互换合约。

远期合约和期货合约都是交易双方约定在未来某一特定时间，以某一特定价格买卖某一特定数量和质量资产的交易形式。期货合约是期货交易所制定的标准化合约，对合约到期日及其买卖资产的种类、数量、质量做出了统一规定。远期合约是根据买卖双方的特殊需求由买卖双方自行签订的合约。因此，期货交易流动性较高，远期交易流动性较低。

互换合约是一种为交易双方签订的在未来某一时期相互交换某种资产的合约。更为准确地说，互换合约是当事人之间签订的在未来某一期间内相互交换他们认为具有相等经济价值的现金流的合约。较为常见的是利率互换合约和货币互换合约。互换合约中规定的交换货币是同种货币，则为利率互换；是异种货币，则为货币互换。

期权交易是买卖权利的交易。期权合约规定了在某一特定时间、以某一特定价格买卖某一特定种类、数量、质量原生资产的权利。期权合同有在交易所上市的标准化合同，也有在柜台交易的非标准化合同。

2. 按标的资产不同分类

根据标的资产不同，可以分为股票类衍生工具、利率类衍生工具、汇率类衍生工具和商品类衍生工具。

如果再加以细分，股票类衍生工具又包括具体的股票和由股票组合形成的股票指数为原生工具的衍生工具；利率类衍生工具又可分为以短期利率和长期利率为原生工具的衍生工具；汇率类衍生工具是指以各种不同币种之间的比值为标的的衍生工具；商品类衍生工具是指以各类大宗实物商品为标的资产的衍生工具。

3. 按交易方法不同分类

根据交易方法不同，可分为场内交易和场外交易。

场内交易又称为交易所交易，是指所有的供求方集中在交易所进行竞价交易的交易方式。这种交易方式具有交易所向交易参与者收取保证金、同时负责进行清算和承担履约担保责任的特点。此外，由于每个投资者都有不同的需求，交易所事先设计出标准化的金融合同，由投资者选择与自身需求最接近的合同和数量进行交易。所有的交易者集中在一个场所进行交易，这就增加了交易的密度，一般可以形成流动性较高的市场。期货交易和部分标准化期权合同交易都属于这种交易方式。

场外交易又称为柜台交易，是指交易双方直接成为交易对手的交易方式。这种交易方式有许多形态，可以根据每个使用者的不同需求设计出不同内容的产品。同时，为了满足客户的具体要求，出售衍生产品的金融机构要有高超的金融技术和风险管理能力。场外交易不断产生金融创新，但是，由于每个交易的清算是由交易双方相互负责进行的，交易参与者仅限于信用程度高的客户。互换交易和远期交易是具有代表性的柜台交易的衍生产品。

衍生金融产品分类如表 6-1 所示。

表 6-1　衍生金融产品分类

对　象	原生资产	金融衍生产品
利率	短期存款利率	利率期货、利率远期、利率期权、利率互换合约等
	长期债券利率	债券期货、债券期权合约等
股票	股票	股票期货、股票期权合约等
	股票指数	股票指数期货、股票指数期权合约等
外汇	各类现汇	外汇远期、外汇期货、外汇期权、货币互换合约等
商品	各类实物商品	商品远期、商品期货，商品期权等

6.1.3　金融衍生产品的作用

金融衍生产品主要可分为利率产品、外汇产品和股指期货产品。从这三类产品的产生背景和发展历程看，其产生和壮大的根本原因在于能满足企业规避风险的需求。经过几十余年的发展，金融衍生产品对经济和金融的促进作用，更主要地表现为风险管理。

1．规避和管理系统性金融风险

据统计，发达国家金融市场投资风险中，系统性风险占50%左右，防范系统性风险成为金融机构风险管理的重中之重。传统风险管理工具如保险、资产负债管理和证券投资组合等均无法防范系统性风险，金融衍生产品却能以其特有的对冲和套期保值功能，有效规避利率、汇率或股市等基础产品市场价格发生不利变动所带来的系统性风险。因此，自1993年以来，资产规模在50亿美元以上的大银行和大型金融机构几乎全部使用衍生工具防范利率等系统性风险。

2．增强金融体系整体抗风险能力

金融衍生产品具有规避和转移风险功能，可将风险由承受能力较弱的个体转移至承受能力较强的个体，将金融风险对承受力较弱企业的强大冲击，转化为对承受力较强的企业或投机者的较小或适当冲击，有的甚至转化为投机者的赢利机会，强化了金融体系的整体抗风险能力，增加了金融体系的稳健性。

3．提高经济效率

这主要是指提高企业经营效率和金融市场效率。前者体现为给企业提供了更好的规避金融风险的工具，降低了筹资成本，提高了经济效益；后者体现为，达2万余种的金融衍生产品极大地丰富和完善了金融市场体系，减少了信息不对称，实现了风险的合理分配，提高了定价效率。

4．拓展金融机构服务范围，创造新的利润增长点

在过去几十年中，国际活跃的金融机构大幅度提高了衍生工具利润在其利润总额中的比重，目前全球每天的交易总额近3万亿美元，西方发达国家商业银行表外业务收入已占总收入的40%~60%。

6.2 期货类金融衍生工具

6.2.1 期货类金融衍生工具概述

1．定义及特点

期货合约是指期货交易所为期货交易而制定发行的一种交易双方在将来约定时间、地点按当前确定的价格买卖一定数量的某种商品或指标的标准化合同，是期货交易的买卖对象或标的物。

期货交易合约是指在特定的交易所买卖未来某一特定时期交收特定规格等级现货商品（包括金融商品）的标准化合约。相对于现货交易及其他交易方式，期货交易具有以下特点：

（1）合约是标准化的。

（2）场所是固定的。

（3）逐日进行统一的结算。

（4）交割定点化。

（5）交易经纪化。

（6）采用保证金制度。

（7）商品特殊化。

2．期货合约的基本要素

一份期货合约主要包含以下要素：

（1）交易品种。

（2）交易数量和单位，即期货合约单位。

（3）最小变动价位，报价须是最小变动价位的整倍数。

（4）每日价格最大波动限制，即涨跌停板。

（5）合约月份。

（6）交易时间。

（7）最后交易日。

（8）交割时间和交收地点的标准化，包括交割月份及第一个通知日（交割月份的第一个交易日）。

（9）交割标准和等级。等级标准的制定，交割检查部；其他等级的交易，等级差价的规定和调整。

（10）保证金。

（11）交易手续费等。

3．客户参与期货交易的程序

（1）期货交易者在经纪公司办开户手续，包括签署一份授权经纪公司代为买卖合同及交付手续费的授权书，经纪公司获此授权后，就可根据该合同的条款，按照客户的指标办理期货的买卖。

（2）经纪人接到客户的订单后，立即用电话、传真或其他方法迅速通知经纪公司驻交易所的代表。

（3）经纪公司交易代表将收到的订单打上时间图章，即送至交易大厅内的出市代表。

（4）场内出市代表将客户的指令输入计算机进行交易。

（5）每笔交易完成后，场内出市代表须将交易记录通知场外经纪人，并通知客户。

（6）当客户要求将期货合约平仓时，要立即通知经纪人，由经纪人用电话通知驻交易所的交易代表，通过场内出市代表将该笔期货合约进行对冲，同时通过交易计算机进行清算，并由经纪人将对冲后的纯利或亏损报表寄给客户。

（7）如客户在短期内不平仓，一般在每天或每周按当天交易所结算价格结算一次。如账面出现亏损，客户要暂时补交亏损差额；如有账面盈余，即由经纪公司补交赢利差额给客户。直到客户平仓时，再结算实际盈亏额。

4．期货合约的经济功能

（1）利用期货合约进行套期保值，规避系统性风险。套期保值，也称为对冲，是指为配合现货市场上的交易，在期货市场上做与现货市场相同或相近商品但方向相反的买卖行为，以便将现货市场的价格波动风险在期货市场上转移给第三者。其基本原理为：某一特定商品的期货价格和现货价格受相同经济因素影响和制约，且市场趋势存在趋同性。但要注意的是，套期保值并不能规避所有风险。

套期保值的做法有两种：买入套期保值、卖出套期保值。买入套期保值又称为多头套期保值，是在期货市场购入期货，用期货市场多头保证现货市场的空头，以规避价格上涨的风险。

【例6-1】　某小麦加工厂于3月计划两个月后购进100吨小麦，当时的现货价格为1 530元/吨，5月期货价为1 600元/吨。该厂担心价格上涨，于是买入100吨小麦期货。到了5月，现货价格升至1 560元/吨，而期货价格为1 630元/吨。该厂于是买入现货，每吨亏损30元；同时卖出期货，每吨赢利30元。两个市场的盈亏相抵，有效地锁定了成本。

【例6-2】　某白糖生产厂与饮料厂于5月签订8月的销售合同，合同内容为100吨白糖的买卖，价格按市价计算，8月白糖的期货价格为4 820元/吨。糖厂担心价格下跌，于是卖出100吨4 600元/吨的白糖期货。8月，现货价格跌至4 000元/吨。于是，该公司卖出现货，每吨亏损820元；又按3 780元/吨的价格买进100吨期货，每吨赢利820元。两个市场的盈亏相抵，从而有效地防止了白糖价格下跌的风险。

（2）利用期货合约进行投机。期货投机是指在期货市场上纯粹以牟取利润为目的而买卖期货合约，以获取差价收益的行为。

良性、合乎市场规则的投机对市场是有积极作用的。期货投机者承担了套期保值者力图回避和转移的风险，使套期保值成为可能；投机者频繁开仓、平仓，增加交易量，既使套期保值交易容易成交，又能减少价格波动；各期货市场间价格和不同种商品间价格具有高度相关性，投机者参与可以促进价格调整。

（3）期货合约的价格发现功能。从期货价格与现货价格的关系来说，期货价格在一定程度上反映着人们对合约到期时现货价格的预期。事实上，在一定的严格假设条件下，期货价格就是未来现货价格的无偏估计值。因此，观察期货价格的变化可以预测未来现货价格的水平，即期货合约可用来进行价格发现。

6.2.2　股票指数期货

1. 股票指数期货的定义

股票指数期货简称"股指期货"，是以股价指数为标的的期货，是买卖双方根据事先的约定，同意在未来某一个特定的时间按照双方事先约定的股价进行股票指数交易的一种标准化协议。

1977年世界股市极度动荡，凭借各种股票价格变动进行套期保值极为麻烦，于是产生了对股指期货的需求。股指期货的雏形是1982年2月美国KANSAS农产品交易所推出"价值线综合平均指数期货"。1982年4月，CBOT推出标准普尔500指数的期货合约。之后，其他国家纷纷推出自己当地的股指期货。股指期货已成为西方金融市场最热闹的交易，被称为"股票交易中的一场革命"。

2．股票指数期货合约的特点

与其他期货合约相比，股票指数期货合约是有以下特点：

（1）股票指数期货合约是以股票指数为基础的金融期货。

（2）股票指数期货合约所代表的指数必须是具有代表性的权威性指数。保证期货市场具有较强的流动性和广泛的参与性。

（3）投票指数期货合约的价格是以股票指数的"点"来表示的。

（4）股票指数期货合约是现金交割的期货合约。

（5）可以在不花费交易成本和不增加市场压力的情况下，在空头市场上保障资产投资组合。

3．股票指数期货几种参数的计算方法

（1）当日盈亏的计算：

$$当日盈亏=平仓盈亏+持仓盈亏$$

（2）平仓盈余的计算：

$$平仓盈亏=平历史仓盈亏+平当日仓盈亏$$

① 平历史仓盈亏计算：

$$平历史仓盈亏=\sum[（卖出平仓价-上一交易日结算价）\times卖出平仓量]+$$
$$\sum[（上一交易日结算价-买入平仓价）\times买入平仓量]$$

② 平当日仓盈亏计算：

$$平当日仓盈亏=\sum[（当日卖出平仓价-当日买入开仓价）\times卖出平仓量]+$$
$$\sum[（当日卖出开仓价-当日买入平仓价）\times买入平仓量]$$

（3）持仓盈余的计算：

$$持仓盈亏=历史持仓盈亏+当日开仓持仓盈亏$$

式中，

$$历史持仓盈亏=（当日结算价-上一日结算价）\times持仓量$$

$$当日开仓持仓盈亏=\sum[（卖出开仓价-当日结算价）\times卖出开仓量]+$$
$$\sum[（当日结算价-买入开仓价）\times买入开仓量]$$

（4）客户权益的计算：

$$客户权益=期初资金+入金-出金-手续费+平仓盈亏+浮动盈亏等$$

（5）持仓保证金的计算：

$$持仓保证金=今日结算价\times持仓手数\times交易单位\times保证金比率$$

（6）可用资金的计算：

$$可用资金=客户权益-持仓保证金$$

【例6-3】　某客户在某期货经纪公司开户后存入保证金50万元，在8月1日开仓时买进9月沪深300指数期货合约40手，成交价为1 200点（假设每点100元）。同一天，该客户卖出平仓20手沪深300指数期货合约，成交价为1 215点，当日结算价为1 210点。假设交易保证金比例为8%，手续费为每手10元（开仓、平仓都收）。

试求：（1）当日平仓盈亏；

（2）当日开仓持仓盈亏；

（3）当日盈亏；

（4）手续费；

（5）当日客户权益；

（6）持仓保证金占用额；

（7）资金余额（可用资金）。

解：

存入保证金	500 000
（+）平仓盈亏	30 000
（+）持仓盈亏	20 000
（−）手续费	600
当日权益	549 400
（−）持仓占用保证金	193 600
资金余额	355 800

（1）当日平仓盈余＝平当日仓盈亏

$$= \sum [(当日卖出平仓价－当日买入开仓价)×卖出平仓量] +$$
$$\sum [(当日卖出开仓价－当日买入平仓价)×买入平仓量]$$
$$= (1\ 215×100－1\ 200×100)×20=30\ 000（元）$$

（2）当日开仓持仓盈余$= \sum [(当日结算价－买入开仓价)×买入开仓量]$
$$= (1\ 210×100－1\ 200×100)×(40－20)$$
$$=20\ 000（元）$$

（3）当日盈亏＝平仓盈亏+持仓盈亏＝30 000+20 000＝50 000（元）

（4）手续费＝（40+20）×10＝600（元）

（5）当日客户权益＝期初资金+入金－出金－手续费+平仓盈亏+浮动盈亏
$$=500\ 000+50\ 000－600=549\ 400（元）$$

（6）持仓保证金占用额＝今日结算价×持仓手数×交易单位×保证金比率
$$=1\ 210×20×100×8\%=193\ 600（元）$$

（7）可用资金＝客户权益－持仓保证金
$$=549\ 400－193\ 600=355\ 800（元）$$

当日权益减去持仓保证金就是资金余额。如果当日权益小于持仓保证金，则意味着资金余额是负数，同时意味着保证金不足了。按照规定，期货经纪公司会通知账户所有人在下一交易日开市之前将保证金补足，此举即称为追加保证金。如果账户所有人在下一交易日开市之前没有将保证金补足，按照规定，期货经纪公司可以对该账户所有人的持仓实施部分或全部的强制平仓，直至留存的保证金符合规定的要求。

【例 6-4】　某客户账户原有保证金 20 万元，8 月 9 日，该客户开仓买进 9 月沪深 300 指数期货合约 15 手，均价 1 200 点（每点 100 元），手续费为单边每手 10 元，当日结算价为 1 195 点，保证金比例为 8%。则

$$当日开仓持仓盈亏=（1\ 195–1\ 200）\times15\times100=–7\ 500（元）$$

$$手续费=10\times15=150（元）$$

$$当日权益=200\ 000–7\ 500–150=192\ 350（元）$$

$$保证金占用额=1\ 195\times15\times100\times8\%=143\ 400（元）$$

$$资金余额（可交易资金）=192\ 350–143\ 400=48\ 950（元）$$

8 月 10 日，该客户没有交易，但 9 月沪深 300 指数期货合约的当日结算价降至 1 150 点，则当日账户情况为：

$$历史持仓盈亏=（1\ 150–1\ 195）\times15\times100=–67\ 500（元）$$

$$当日权益=192\ 350–67\ 500=124\ 850（元）$$

$$保证金占用额=1\ 150\times15\times100\times8\%=138\ 000（元）$$

$$资金余额（可开仓交易资金）=124\ 850–138\ 000=–13\ 150（元）$$

显然，要维持 15 手的多头持仓，保证金尚缺 13 150 元，这意味着下一交易日开市之前必须追加保证金 13 150 元。如果该客户在下一交易日开市之前没有将保证金补足，那么期货经纪公司可以对其持仓实施部分强制平仓。经过计算，124 850 元的权益可以保留的持仓至多为 13.57 手[124 850÷（1 150×100×8%）]。这样，经纪公司至少可以将其持仓强平 2 手。

6.2.3　其他类型的金融期货

1. 商品期货

商品期货是指标的为实物资产的期货合约。按照标的资产不同可以分为以下几类。

（1）农产品期货。

① 谷物产品期货，如玉米、大豆、豆粉、豆油、小麦。

② 畜产品期货，如猪、猪肚、猪腩、活牛。

③ 林产品期货，如木材、橡胶。

（2）金属期货。

① 黄金期货，以国际硬通货黄金作为合约标的的一种期货。

② 铜、铝、铅、锌、镍、锡、铂与钯期货等。

（3）能源期货，创立于 1978 年，1981 年出现汽油期货，1983 年出现石油期货，目前能源期货主要包括原油、取暖油、燃料油、汽油期货等。

2. 外汇期货

外汇期货是指以特定的外币为合约标的的一种金融期货，由合约双方约定在未来某一时间，依据现在约定的比例以一种货币交换另一种货币。

外汇期货是金融期货中最早出现的品种。自 1972 年 5 月芝加哥商品交易所的国际货币市场分部推出第一张外汇期货合约以来，随着国际贸易的发展和世界经济一体化进程的加

快，外汇期货交易一直保持着旺盛的发展势头。它不仅为广大投资者和金融机构等经济主体提供了有效的套期保值工具，而且为套利者和投机者提供了新的获利手段。

6.3 期权类衍生金融工具

6.3.1 期权类衍生金融工具概述

1．期权的含义

期权是一种选择权，期权的买方（多头）向卖方（空头）支付一定数额的期权费后，就获得了这种权利，即拥有在一定时间内以一定的价格（执行价格）出售或购买一定数量的标的物（实物商品、证券或期货合约）的权利。

2．期权合约的基本要素

（1）期权费。期权买卖双方购买或出售期权的价格。权利金（或期权价格）是期权合约中唯一的变量，是由买卖双方在公开竞价时形成的。

（2）执行价格（施权价）。期权合同中规定的购入或售出某种资产的价格，称为期权的施权价，也称为协议价格。

（3）履约保证金。期权卖方必须存入交易所用于履约的财力担保。

（4）履行和指派。履行是指期权买方执行其按预定价格买进或卖出标的物的权利。指派是指期权卖方被要求完成按预定价格买进或卖出标的物的义务，一般发生在期权溢价时。

（5）未平仓权益。交易所市场上未平仓的期权合约的数量，也指某一种类或系列中未平仓的期权合约的数量。

（6）期权的合约尺寸。该合约所包括的标的物的数额。

（7）合约到期日（施权日）。期权合同规定的期权的最后有效日期，即合约必须履行的最后日期。

欧式期权规定，只有在合约到期日方可执行期权。美式期权规定，在合约到期日之前的任何一个交易日（含合约到期日）都可执行期权。

3．期权的类型

（1）按期权的权利不同，期权可划分为以下三种：

1）看涨期权，也称为购买选择权或买进选择权，其拥有者可在合同规定的有效期限内按事先约定的价格和数量行使买入某种股票的权利。

2）看跌期权，又称为卖出选择权，是指期权购买者在规定的有效期限内，拥有以协定价格和数量出售某种股票的权利。投资者购买这种期权，主要是对后市看空，购买这种期权就相当于买入了一个卖空的权利。

3）看涨看跌双向期权，也称为多空套做，购买者同时买入某种股票的看涨权和看跌权。其目的是在股市的盘整期间，投资者对后市无法做出正确推断的情况下，在减少套牢和踏空风险的同时而获得利润。机会最多，但其支付的费用也最大。

【例 6-5】　某投资者想购买 A 公司的股票，其市价为每股 100 元。该投资者看好该公司的发展前景，预料其股票价格会升至 115 元以上，于是就以每股 10 元的价格购买了 200 股期限 3 个月、协议价格为每股 105 元的看涨期权。当购买期权后，在限定的 3 个月期限内可能出现的结果如下：

①　股票的价格=115 元，期权的价格=10 元/股；

②　股票的价格=120 元，期权的价格=12 元/股；

③　股票的价格=100 元，期权的价格=4 元/股。

请问，这三种情况下，该投资者可选的策略各是什么？相应的盈亏是多少？

解：

①　投资者的盈亏=（115-105-10）×200=0，投资者应该行权，因为，如果不行权，投资者损失 2 000 元。

②　投资者的盈亏=（120-105-12）×200=600（元），投资者应该行权。

③　投资者的盈亏=（100-105-4）×200=-1 800（元），投资者不应该行权，因为，如果不行权，投资者损失 800 元期权费。

【例 6-6】　某公司股票市价现为每股 100 元，投资者预料股票会下跌，于是购入 200 股期限为 3 个月、协议价格为每股 95 元的看跌期权。当投资者购入看跌期权后，在限定的 3 个月期限内可能出现的结果如下：

①　股票的价格=85 元，期权的价格=10 元/股；

②　股票的价格=80 元，期权的价格=12 元/股；

③　股票的价格=100 元，期权的价格=4 元/股。

请问，这三种情况下，该投资者可选的策略各是什么？相应的盈亏是多少？

解：

①　投资者的盈亏=（95-85-10）×200=0，投资者应该行权，因为，如果不行权，投资者损失 2 000 元期权费。

②　投资者的盈亏=（95-80-12）×200=600（元），投资者应该行权。

③　投资者的盈亏=（95-100-4）×200=-1 800（元），投资者不应该行权，因为，如果不行权，投资者损失 800 元期权费。

（2）按期权的执行时间不同，期权可划分为以下两种：

1）欧式期权，只能在期权的到期日行使权利，和欧洲没有任何关系。

2）美式期权，在到期日以及到期日之前的任何时候都可以行使权利。因为美式期权比欧式期权要有利得多，所以在其他条件相同时美式期权的权利金一般要比欧式的高。

（3）按标的物的不同，期权可划分为以下两种：

1）商品期权。

2）金融期权。金融期权再按标的物不同又可分为股票期权、股指期权、利率期权、外汇期权等。

（4）按有无内涵价值（内涵价值指立即履行合约时可获取的总利润），期权可划分为以下三种：

1）实值期权，当看涨期权的执行价格低于当时的实际价格时，或者当看跌期权的执行价格高于当时的实际价格时，该期权为实值期权。

2）虚值期权，当看涨期权的执行价格高于当时的实际价格时，或者当看跌期权的执行价格低于当时的实际价格时，该期权为虚值期权。当期权为虚值期权时，内涵价值为零。

3）两平期权，当看涨期权的执行价格等于当时的实际价格时，或者当看跌期权的执行价格等于当时的实际价格时，该期权为两平期权。当期权为两平期权时，内涵价值为零。

6.3.2 认股权证

1. 权证的定义

权证（Share Warrant），是指基础证券发行人或其以外的第三人发行的，约定持有人在规定期间内或特定到期日，有权按约定价格向发行人购买或出售标的证券，或以现金结算方式收取结算差价的有价证券。

权证实质反映的是发行人与持有人之间的一种契约关系，持有人向权证发行人支付一定数量的金钱后，就从发行人那里获取了一种权利。这种权利使得持有人可以在未来某一特定日期或特定期间内，以约定的价格向权证发行人购买、出售一定数量的资产。所以，权证的本质就是股票期权。

2. 权证的分类

（1）按买卖方向，分为认购权证和认沽权证。认购权证持有人有权按约定价格在特定期限内或到期日向发行人买入标的证券，认沽权证持有人则有权卖出标的证券。

（2）按权利行使期限，分为欧式权证和美式权证。美式权证的持有人在权证到期日前的任何交易时间均可行使其权利，欧式权证持有人只可以在权证到期日当日行使其权利。

（3）按发行人不同，分为股本权证和备兑权证。股本权证一般是由上市公司发行的，备兑权证一般是由证券公司等金融机构发行的。

（4）按权证行使价格是否高于标的证券价格，分为价内权证、价平权证和价外权证。

（5）按结算方式，分为证券给付结算型权证和现金结算型权证。权证如果采用证券给付方式进行结算，其标的证券的所有权发生转移；如采用现金结算方式，则仅按照结算差价进行现金兑付，标的证券所有权不发生转移。

3. 权证交易价格涨跌幅的确定

权证交易实行价格涨跌幅限制，涨跌幅按下列公式计算：

权证涨幅=（标的证券当日涨幅价格−标的证券前一日收盘价）×125%×行权比例

权证跌幅=（标的证券前一日收盘价−标的证券当日跌幅价格）×125%×行权比例

权证的涨跌百分比=权证涨幅或跌幅÷权证收盘价

当计算的跌幅超过权证的收盘价时，权证的价格以零为限。

【例6-7】 A公司某日的权证收盘价是2元，当日股票收盘价是15元，行权比例为1。次日，A公司股票最多可以上涨或下跌10%，即1.5元，那么，权证的涨跌幅是多少？涨跌幅度为多少？

解： 权证次日可以上涨或下跌的幅度=1.5×125%=1.875（元）

权证的最大涨跌幅比例=1.875÷2×100%=93.75%

4．权证的投资价值分析

内在价值是标的股票的价格与行权价之间的差额，即立刻行使权利的价值。

认购权证的内在价值=max［标的股价−行权价，0］

认沽权证的内在价值=max［行权价−标的股价，0］

价内权证具有一定的内在价值，而价外权证的内在价值为零。一般而言，价内权证到期具有行权价值的可能性较大，而价外权证到期可能归零。尤其是对于一些深度价外的权证，到期归零的可能性很大因而风险极大。而处于深度价内的认购证风险则要小得多。

投资者在进行权证投资时，判断权证是否具有投资价值，只需用权证的内在价值与权证本身的价格进行比较，即只有当其内在价值高于价格时权证才具有投资价值。具有投资价值的权证一定要行权，因为它可以带来正的收益；投资价值为负的权证是否行权要进行分析，行权与不行权哪个损失更小就选择哪种方式。关于权证投资的盈亏计算，可以参照前面期权的计算方法。

6.3.3 可转换证券

1．可转换证券的定义

可转换证券又称为"转股证券"、"可兑换证券"、"可更换证券"等，是指发行人依法定程序发行，持有人在一定时间内依据约定的条件可以转换成一定数量的另一类证券（通常转换成普通股票）的证券。因此，可转换证券实际上是一种长期的普通股票的看涨期权。

2．可转换证券的分类

可转换证券主要分为两类：一类是可转换公司债券，即将公司债券转换成本公司的普通股；另一类是可转换优先股票，即将优先股转换成本公司的普通股。由于两者在性质、原理、原则上基本相同，所以在下面的讲解中，仅以可转换公司债券为例。

3．可转换证券的基本组成要素

为了使可转换证券既能吸引投资人购买以顺利发行，又尽可能地降低公司的发债成本（如以很低的利率），且又希望投资人尽可能多地转股以减轻本息兑付压力，同时又尽可能拟订高的转股价以减轻股权稀释的压力，转债发行人就通过运用可转换公司债券的以下基本要素来达到其既定的目的。

（1）基准股票。基准股票又称为正股，是指可转换公司债券持有人可将所持有的可转换债券转换成发行公司普通股的股票。

（2）票面利率。票面利率主要是由当前市场利率水平、公司债券资信等级、可转换公司债券的要素组合决定的。

市场利率水平高，可转换公司债券票面利率就高。国际市场上，通常设计的可转换公司债券票面利率为同等风险情况下的市场利率的 2/3 左右。例如，某公司的公司债券三年期利率为 10%，那么该公司的可转换公司债券的票面利率在 6%左右。有的可转换公司债券（如零息债券）没有票面利率。可转换公司债券利率一般每年支付一次，日本和欧美国家经常半年支付一次。零息可转换公司债券在到期时不必支付利息，而在发行时已经有发行的折扣补偿了。企业信用评级高，可转换公司债券票面利率则相对较低；同等条件下，设有回售条款的可转换公司债券利率较之未设此条款的可转换公司债券的利率低。

（3）期限（又叫存续期）。可转换公司债券与一般债券的期限内涵相同。所不同的是，可转换公司债券的期限与投资价值呈正相关关系，期限越长，股票变动和升值的可能性越大，可转换公司债券的投资价值就越大。

（4）请求转换的期限。请求转换的期限是指可转换公司债券可以转换为股票的起始日至结束日的期限。在整个转换期内，投资者可视股价的变动情况逢高价时转换，也可以选择将债券转让出售。

不限制转换具体期限的可转债，其转换期为可转债上市日至到期停止交易日。如果是未上市公司发行的可转债，则为未上市公司股票上市日至可转债到期停止交易日。

（5）转换价格。转换价格是指可转换公司债券转换为公司每股股份所支付的价格。转换价格的确定，反映了公司现有股东和债权人双方利益预期的某种均衡。制定转换价格要和债券期限、票面利率相互配合起来。

（6）转换权的保护。当公司在发行可转换公司债券后，由于公司的送股、配股、增发股票、分立、合并、拆细及其他原因导致发行人股份发生变动，股本扩大引起公司股票名义价格下降时，转换价格应做出相应的调整。转换价格调整条件是可转换公司债券设计中至关重要的保护可转换公司债券投资者利益的条款。

（7）可转换公司债券的附加条款。

1）赎回条款。赎回是指发行者在可转换公司债券发行一段时期后，可以按照赎回条款生效的条件提前购回其未到期的发行在外的可转换公司债券。

2）回售条款。回售一般是指当公司正股市价在一段时间内连续低于转股价格达到某一幅度时，可转换公司债券持有人按事先约定的价格将所持可转换公司债券卖回发行人的行为。

3）强制性转股条款。强制性转股条款是指发行人约定在一定条件下，要求投资人务必将持有的可转换公司债券转换为公司股份的条款。国际上，发行强制性可转换公司债券的公司总是与非上市公司相联系的。大多数非上市公司在发行可转换公司债券时，就已经考虑了本次发行是公司的资本扩张。发行人为减轻公司的还本压力，则使用强制性转股条款以利于公司稳定经营和控制财务风险。

案例分析

一、案例背景

中信泰富（HK，00267）在澳大利亚有 SINO-IRON 铁矿投资项目，亦是西澳最大的磁铁矿项目。整个投资项目的资本开支，除目前的 16 亿澳元之外，在项目进行的 25 年期内，还将至少每年投入 10 亿澳元，很多设备和投入都必须以澳元来支付。为降低澳元升值的风险，公司于 2008 年 7 月与 13 家银行共签订了 24 款外汇累计期权合约，对冲澳元、欧元及人民币升值影响，其中澳元合约占绝大部分。由于合约只考虑对冲相关外币升值影响，没有考虑相关外币的贬值可能，在 2008 年全球金融危机迫使澳大利亚减息并引发澳元下跌的情况下。2008 年 10 月 20 日中信泰富公告因澳元贬值跌破锁定汇价，澳元累计认购期权合约公允价值损失约 147 亿港元；11 月 14 日中信泰富发布公告，称中信集团将提供总额为 15 亿美元（约 116 亿港元）的备用信贷，用于重组外钉：衍生品合同的部分债务义务，中信泰富将发行等值的可转换债券。用于替换上述备用信贷。据香港《文汇报》报道，随着澳元持续贬值。中信泰富累计期权已亏损 186 亿港元。

二、击倒中信泰富的原因

（1）外部原因：澳元汇率波动。杠杆交易的直接原因是澳元的走高。由于未来有兑换澳元的需要，为规避汇价继续上升的风险，中信泰富签订了澳元累计目标可赎回远期合约，以及每日累计澳元远期合约。根据合约，中信泰富每月需要购入一批澳元，但从 7 月下旬开始，国际货币市场出现异动，澳元兑美元掉头下跌。此前市场普遍认为澳元会升值，用远期合约锁定收益是合理的，因为这样做比市场现价低，而且留有超过 10%的空间。但金融危机使美元升值，在长达 3 个多月的跌势中，中信泰富却没有做对冲并及时停止交易，导致巨额受损，这说明在做远期合约时对合约的时间、汇率的走势判断上应给自己留有余地，签订单一方向性的合约不可取，应增强风险防范意识。

（2）直接原因：外汇衍生品投机行为。中信泰富采用金融工具对冲外汇及利率风险本无特别之处，倘若在进行对冲前已有投资预算的详细规划并判断在风险承受范围内。旁人也无可指责。但据报道，中信泰富在 2008 年 7 月的前 1 周内，签订 10 多份合约。当澳元兑美元的价格走势对其有利时，最多需买 36 亿澳元，而当价格大幅下跌时，则需要购入最多 90 亿澳元。而中信泰富的真实澳元需求只有 30 个亿。金融市场，特别是汇率市场的走势，是大国间各种政治、经济、金融力量激烈博弈的中心战场。在参与方难以掌握交易所规则，难以确保获知他人第一信息权及本方信息保密权的情况下，贸然涉足不熟悉的领域，难免成为市场投机力量的猎物。

（3）间接原因：合约陷阱。中信泰富没有识别出合约隐含的三大陷阱才最终酿成今日苦酒。一是目标错位。作为未来外汇需求的套保，其目标是锁定购买澳元的成本，但其签订的 Accumulator 合约，对风险没有任何约束。二是错选工具。Accumulator 不是用来套期保值的，而是一个投机产品。三是对手欺诈。花旗银行香港分行、渣打银行、汇丰银行、德意志银行等利用他们的定价优势恶意欺诈，在合同签订之时，中信泰富就已经完全输了。

三、中信泰富事件的启示

（1）强化内部监督机制。真正落实公司治理制度。中信泰富事件反映出其内部的风险监管和治理机制存在问题，一是董事会对重大决策缺乏责任和监管；二是公司信息披露的严重违规，中信泰富在 2008 年 9 月 7 日发现有关合约问题，但直到 10 月 20 日才正式公布。

（2）正确认识套期保值，锁定企业财富。套期保值是指把期货市场当作转移价格风险的场所，利用期货合约作为将来在现货市场上买卖商品的临时替代物，对其现在买进准备以后售出商品或对将来需要买进商品的价格进行保险的交易活动。我国金融市场开放得比较晚，因此很多企业往往有这方面的需求却苦于缺乏套期保值的经验。对于这些企业来说，在执行套期保值的过程中一定要注意两点：首先是要明确套期保值的目的；其次便是有必要聘请一些专业的人士来成立专门的套期保值部门，多分析研究。

（3）避免场外交易，慎选套期保值衍生品。中信泰富外汇交易巨亏，事实上，这些折戟沉沙的企业做的都不是套期保值，而是被人"兜售"了一大堆场外交易产品。场内市场与场外市场最大的区别在于，场内市场是有标准的合约并被监管，而场外交易往往只是交易双方私下的协定，产品都由投行兜售。众所周知，套期保值本为规避价格不确定性风险而设计的金融创新产品，但它具有的杠杆性、价格波动性等特点，决定了其可能产生相当大的风险。如果使用不当或过度投机，则很有可能给交易者带来巨大损失。特别是当金融衍生产品的各种风险交叉反应、相互作用、互相影响时，会加倍放大风险。因此，要有效地控制企业从事衍生产品的交易风险，必须建立和完善风险控制机制。管理者应当提高风险管理和内部控制意识，克服盲目及过度的投机心理，设立独立的风险管理部门，加强对衍生工具业务的监督，确定企业的目标和风险偏好等，避免重蹈中信泰富的覆辙。

思考题

1. 通过对上述案例的分析，你认为金融衍生工具存在哪些风险？这些风险是如何失控，进而导致严重后果的？
2. 请思考应该如何应对衍生金融工具的风险。

本章小结

本章介绍了现有主要的金融衍生工具，着重介绍了两种金融衍生工具：期货类金融衍生工具和期权类金融衍生工具。在期货类金融衍生工具中，主要介绍了股指期货，使读者能够了解从事期货投资的过程及盈亏分析。在期权类中介绍了看涨和看跌期货盈亏分析、权证和可转换证券。

复习思考题

1. 什么是认股权证？它与股票的优先认股权有哪些区别和联系？
2. 简述可转换证券的定义。其转换条件是什么？
3. 期货的种类主要有哪些？期货的特征是什么？
4. 股票期权与期货交易的区别有哪些？
5. 股指期货的收益应如何计算？

第7章 保险

引言

　　24 岁的肖楠是一位北京姑娘，家里的独生女。这样的介绍一定会让人觉得她八成是个衣来伸手、饭来张口、生活无忧的人。但事实恰恰相反，肖楠的父母很早就下岗了，母亲身体又不好，多年来靠父亲四处打点零工维持着艰难的生活。四年的大学生活，肖楠一直坚持勤工俭学，直到毕业，靠优异的成绩过五关、斩六将进入一家跨国企业工作，拿着优厚的薪水，一家人才终于松口气。父母终于可以不必再那么辛苦，准备安享晚年了。工作后不久，肖楠认识了一名寿险规划师。在寿险规划师的建议下，她购买了 30 万元的该公司的终身寿险。

　　正当肖楠的父母为有这样一个好女儿而欣慰的时候，不幸的事情发生了。肖楠在参加一个聚会之后，在回家的路上发生了车祸。肖楠和她的朋友都不幸遇难了！

　　这对于肖楠的父母简直就是一个晴天霹雳！

　　痛失爱女的同时，父母今后的生活也完全失去了依靠。

　　处理完后事，肖楠的父亲把悲痛收在心底开始考虑今后的生计问题。想到已经这把年纪又没什么特长，再找工作太困难了，于是想在夜市上摆个摊位卖些日用品。就在这个时候，寿险规划师将肖楠购买的保险赔偿金送到了肖楠的家。

　　拿着这张 30 万元的支票，肖楠的父母再次老泪纵横，泣不成声。寿险规划师走出很远，回头看去，两位老人依然站在胡同口……

　　从上述例子中可以看出，保险不但具有保障功能，同时在理财规划中也占有重要地位。首先，生活中的风险就像空气般充斥在人们的周围，天空、街道、家里、办公场所，时时刻刻隐藏着许多人无法预知的风险。所谓风险，是指引致损失的事件发生的可能性，而保险正是个人转移、转嫁风险的最有效手段，因此人们必须在自己的理财规划中对保险给予足够的重视。其次，随着保险业的发展与创新，有些保险产品除了具有保障功能之外，还具有很高的投资价值，具备使资金保值增值的能力，因此保险理财在个人理财中所占的地位越来越重要。

本章学习目标

- 了解保险的概念、作用及保险产品的种类和特点；
- 掌握人身保险产品的种类和特点、保险计划的制订和保险规划的风险；
- 熟悉不同情况下购买保险产品的策略；
- 掌握保险合同的主体及客体。

7.1 保险与保险合同

7.1.1 保险的概念

保险可以从不同的角度进行定义。从经济的角度看，保险是分摊意外事故损失的一种财务安排。通过保险，少数不幸的被保险人的损失由包括受损者在内的所有被保险人分摊，是一种非常有效的财务安排。从法律的角度看，保险是一种合同行为，是一方同意补偿另一方损失的一种合同安排，提供损失赔偿的人是保险人，接受损失赔偿的另一方是被保险人。投资人通过履行交付保险费的义务，换取保险人为其提供经济保障的权利，体现民事法律关系主体之间的权利和义务关系。从社会的角度看，保险是社会经济保障制度的重要组成部分，是社会生产和社会生活"精巧的稳定器"。从风险管理的角度看，保险是风险管理的一种方法，通过保险，可以起到分散风险、消化损失的作用。

《中华人民共和国保险法》（以下简称《保险法》）将保险定义为："是指投保人根据合同约定，向保险人支付保险费，保险人对于合同约定的可能发生的事故因其发生所造成的财产损失承担赔偿保险金责任，或者当被保险人死亡、伤残、疾病或者达到合同约定的年龄、期限时承担给付保险金责任的商业保险行为。"

7.1.2 保险的作用

1．转移风险

买保险就是要把自己的风险转移出去，而接受风险的机构就是保险公司。保险公司接受风险转移是因为可保风险是有规律可循的。通过研究风险的偶然性寻找其必然性，掌握风险发生、发展的规律，为众多有危险顾虑的人提供保障。

2．均摊损失

转移风险并非灾难事故真正地离开了投保人，而是保险人借助众人的财力，给遭灾受损的投保人补偿经济损失。自然灾害、意外事故造成的经济损失一般都是巨大的，是受灾个人难以应付和承担的。保险人以收取保险费和支付赔款的形式，将少数人的巨额损失分散给众多的被保险人，从而使个人难以承受的损失变成多数人可以承受的损失，这实际上是把损失均摊给有相同风险的人。

3．实施补偿

实施补偿要以双方当事人签订的合同为依据，其补偿的范围主要有以下几个方面：
（1）投保人因灾害事故所遭受的财产损失。
（2）投保人因灾害事故使自己的身体遭受的伤亡或保险期满应结付的保险金。
（3）投保人因灾害事故依法对他人应付的经济赔偿。
（4）投保人因为另一方当事人不履行合同所蒙受的损失。
（5）灾害事故发生后，投保人因为施救保险标的所发生的一切费用。

4．抵押贷款和投资收益

《保险法》明确规定"现金价值不丧失条款"，即客户虽然与保险公司签订合同，但客户有权终止这个合同，并得到退保金额。保险合同也规定客户在资金紧缺时可申请退保金的70%～80%作为贷款。如果投保人急需资金，又一时筹措不到，便可以将保险单抵押在保险公司，从保险公司取得相应数额的贷款。

同时，一些人寿保险产品不仅具有保障功能，而且具有一定的投资价值。或者说，如果投保人在保险合同期间出现了保险事故，保险公司会按照约定给付保险金；如果在保险期间内没有发生保险事故，那么在到达给付期时，投保人所得到的保险金不仅会超过投保人过去所交的保险费，而且还有本金以外的其他收益。由此可以看出，保险既可以提供保障，又具有投资收益。

7.1.3　保险合同

1．保险合同及其特征

《保险法》第十条规定："保险合同是投保人与保险人约定保险权利义务关系的协议。"保险合同的当事人是投保人和保险人；保险合同的内容是关于保险的权利义务关系。保险合同的含义是投保人向保险人交付约定金额的保险费，当合同中约定的保险事故发生并造成保险标的的损失时，保险人向被保险人支付赔偿金额，或者当被保险人死亡、伤残、疾病、生存到约定年龄、合同期限届满时，保险人向被保险人给付合同中约定的保险金。保险合同属于民商合同中的一种，其设立、变更、终止的权利义务关系是具有保险内容的民事法律关系。因此，保险合同不仅适用保险法，也适用合同法和民法通则。

保险合同作为一种特殊的民商合同，除具有一般合同的法律特征外，还具有下列一些独有的法律特征：保险合同是双务合同，是指合同双方的当事人相互享有权利、承担义务的合同，一方的权利即为另一方的义务的合同；保险合同是射幸合同，是指合同当事人中至少有一方并不必然履行金钱给付义务，只有当合同中约定的条件具备或合同约定的事件发生时才履行；保险合同是一种补偿性合同，是指保险人对投保人所承担的义务仅限于损失部分的补偿，补偿不能高于损失的数额；保险合同是一种个人性合同，其所保障的是遭受损失的被保险人本人，而不是遭受损失的财产。

2．保险合同的主体

保险合同的主体为保险合同的当事人和关系人，保险合同的当事人是投保人和保险人，保险合同的关系人是被保险人和受益人。

（1）保险人。保险人是向投保人收取保险费，在保险事故发生时，对被保险人承担赔偿损失或给付责任的法人。

（2）投保人。投保人又称为要保人，是对保险标的具有可保利益，向保险人申请订立保险合同，并负有交付保险费义务的具有完全行为能力的人。

（3）被保险人。被保险人是指其财产、利益或生命身体和健康等受保险合同保障的人。

（4）受益人。受益人也称为保障金受领人，是指在保险事故发生后直接向保险人行使赔偿请求权的人。

3. 保险合同的客体

保险合同的客体是可保利益。可保利益是指投保人或被保险人对保险标的所具有的法律上承认的利益。保险标的则是保险合同中所载明的投保对象，是事故发生所在的本体，即作为保险对象的财产及其有关利益或者人的生命、身体和健康。

7.2 保险产品简介

从整体上看，保险的标的无非是两种：一是经济生活的主体，即人身；二是经济生活的客体，即财产。所以，不论理论上还是实践中，保险业务通常被区分为财产保险和人身保险。随着社会关系的不断变化和保险经营技术的不断进步，责任保险与再保险日益受到重视，并逐渐从传统保险业务中分离出来，成为独立的保险业务种类。于是，现代保险业务的框架便由财产保险、人身保险、责任保险等几大部分构成，在我国除人身保险之外的保险业务均可列入财产保险的范围。

7.2.1 人身保险

人身保险是指以人的生命或身体为保险标的的，当被保险人在保险期限内发生死亡、伤残、疾病、年老等事故或生存至保险期满时给付保险金的保险业务。人身保险大体上可以分为人寿保险、健康保险和意外伤害保险。

1. 人寿保险

人寿保险以人的生命为保险标的，以人的生死为保险事件，当发生保险事件时，保险人履行给付保险金责任的一种保险。具体地说，保险人通过订立合同，在向投保人收取一定保费以后，若被保险人在保险期间内发生保险合同规定范围内的保险事故，即死亡或者保险期满仍然生存时，保险人有义务给付保险金。人寿保险又可以具体分为传统人寿保险、年金保险和现代保险。

（1）传统人寿保险。传统人寿保险分为死亡保险、生存保险和两全保险。

1）死亡保险。死亡保险是指以人的死亡作为保险事故，在事故发生时，由保险人给付一定金额的保险。死亡保险又可分为定期死亡保险和终身死亡保险。

① 定期死亡保险。习惯上称为定期寿险，它是一种以被保险人在规定期限内发生死亡事故而由保险人负责给付保险金的保险。具体来讲，定期寿险在合同中规定一定时期为保险有效期，若被保险人在规定期限内死亡，保险人即给付受益人定额的保险金；如果被保险人在保险期限届满时仍然生存，契约即行终止，保险人无给付义务，亦不退还已收的保险费。对于被保险人而言，定期寿险最大的优点是可以用极为低廉的保险费获得一定期限内较大的保险保障。其不足之处在于，若被保险人在保险期限届满仍然生存，则不能得到保险金的给付，而且已缴纳的保险费不再退还。另外，在定期寿险中投保人产生逆选择的可能性较高。

②　终身死亡保险。也叫终身寿险，是一种不定期的死亡保险，即在保险合同中并不规定期限，自合同生效之日起，至被保险人死亡为止。也就是说，保险人对被保险人要终身负责，无论被保险人何时死亡，保险人都有给付保险金义务。终身寿险最大的优点是可以得到永久性保障，而且有退费的权利，若投保人中途退保，可以得到一定数额的返还。终身寿险按照缴费方式可分为：普通终身寿险，也称为纯粹终身寿险，即保险费终身分期交付；限期缴费终身寿险，其保险费在规定期限内分期缴付，期满后不再缴付保险费，但仍享有保险保障，缴费期限可以是年缴，也可以规定缴费到某一特定年龄；趸缴终身保险，在投保时一次全部缴清保险费，也可以认为是限期缴费保险的一种特殊形态。

2）生存保险。生存保险是指以被保险人生存满一定时期为条件，由保险人给付保险金的责任。也就是说，只有当被保险人一直生存到保险期限届满时，才给付保险金，若在保险期间内死亡，则不给付保险金，所缴付的保险金也不再退还。生存保险可以使被保险人到了一定时期后领取一定数额的保险金，用来预防日后生活的困难，使年老者可以凭此种保险的保险金满足其生活上的需要。

3）两全保险。亦称生死合险，它是指将定期死亡保险和生存保险结合起来的保险形式。两全保险是指被保险人在保险合同规定的期限内死亡，或者合同规定的期限届满时仍生存，保险人按照合同均给付保险金责任的生存与死亡混合组成的保险。两全保险是储蓄性极强的一种保险，两全保险的纯保费由危险保险费和储蓄保险费组成。危险保险费用于当年死亡给付，储蓄保险费则逐年积累形成责任准备金，既可用于中途退保时支付退保金，也可用于期满生存时的生存给付。由于两全保险既保障期内死亡又保障到期生存，因此，两全保险不仅使受益人得到保障，同时也使被保险人本身享受其利益。

【案例 7-1】　2012 年 8 月，王某为丈夫投保了 5 万元人寿保险，受益人是王某的儿子。2014 年 3 月，王某与丈夫因感情破裂离婚，经法院判决，儿子由王某抚养。离婚后不久，王某与前夫各自都组建了新的家庭。2015 年 12 月，王某的前夫因意外事故去世，王某得知后向保险公司提出了给付保险金的申请。保险公司认为王某离婚后对前夫已不再具有保险利益，保险合同失效，因此拒赔。

请问：

①　保险公司拒赔的理由是否成立？为什么？

②　本案应如何处理？为什么？

案例分析：

①　拒赔理由不成立。人身保险与财产保险对保险利益存在的时间要求是不同的。在人身保险中，投保人在订立保险合同时必须具有保险利益，至于保险事故发生时投保人是否仍具有保险利益则无关紧要。

②　本案中保险公司应当承担赔付责任。王某投保时是具有保险利益的，虽然王某与丈夫离婚后不再对前夫具有保险利益，但这并不影响保险合同的效力，保险公司应当向受益人——王某的儿子支付保险金，而王某作为监护人可代领这笔保险金。

【案例 7-2】　甲有两子，长子乙，次子丙，丙有残疾，无自理生活能力。2005 年乙为甲投保了人寿保险，期限 10 年，受益人为丙。后甲因病住院，在甲住院时，乙未经甲同意，将保险单交给邻居丁作为质押，借款1万元。后甲因病医治无效，于四个月后去世。丁催乙还款，乙不还。保险公司通知丙领取保险金。丙找丁要保险单，丁以保险单已作质押为由，拒绝交出。同时，乙也以自己为继承人为由，要求领取保险金。丙无奈，遂向人民法院提起诉讼。

请问：

① 本案中，保险单质押行为是否有效？为什么？

② 本案中，乙之理由是否成立？为什么？

③ 法院应如何处理本案？

案例分析：

① 保险单是一种有价证券，可以作为权利质押的客体。但是，根据《保险法》第三十四条的规定，"依照以死亡为给付保险金条件的合同所签发的保险单，未经被保险人书面同意，不得转让和质押"。所以，乙没有经过甲的同意，将保险单质押，其行为无效。

② 乙的请求理由不成立。在保险合同没有指定受益人或指定受益人先于被保险人死亡时，保险金才可以成为遗产分配给法定继承人。本案指定受益人为丙且仍生存。故在甲去世后，保险金不是要分配的遗产，只能以保险金的形式支付给受益人。

③ 法院应判决由丁将保险单还给丙，丙凭保险单到保险公司领取保险金。至于丁与乙的借贷关系，依法按借贷合同之规定，由乙向丁偿还。

（2）年金保险。年金保险是生存保险的特殊形态，是指一种承诺在一定时期按期给付一定款项的保险。它属于生存保险，只是在保险金的给付上有自己的特点。年金保险的主要形式有：

1）退休年金。它属于延期终身年金，一般分若干期缴费，年金受领人达到退休年龄时开始领取年金。在开始领取年金之前，年金受领人可以申请退保，领取退保金；如果被保险人在此期间内死亡，其受益人可以领取保单的现金价值。到年金开始给付时，年金受领人有权选择领取年金的方式。退休年金一般规定有10年的保证期。

2）联合生存者年金。它是指两个或两个以上的人联合投保的年金保险。联合生存者年金的被保险人全部活着时，年金全数给付。如果一个被保险人死亡，就终止年金给付。这种年金价格较低，但市场需求很有限。

3）最后生存者年金。它是指两个或两个以上的人联合投保，只要还有一个人活着，保险人就全数给付保险金，直到被保险人全部死亡，保险金的给付才终止。与联合生存者年金相比，最后生存者年金的优势是明显的，不过它的费率相对较高。此险种适合夫妻二人联合投保。

4）变额年金保险。它是指年金的给付金额随投资收益而变动。这是专门为克服通货膨胀而设计的。保险人将本保险的资产另立专门账户，单独进行股票或债券投资，本保险的保单持有人共享投资成果。保险人这样做所依据的事实是：生活费用的变化与普通股票价格的变动趋势相一致。变额年金不但经营技术要求很高，而且还要求有健全、成熟的股票市场。

（3）现代寿险。前面介绍了人寿保险最基本的险种，随着寿险业竞争的日趋激烈及市场风险的加大，出现了一些新的能适应市场需求及规避风险的险种，其中主要有变额寿险、万能寿险及变额万能寿险。

1）变额寿险。变额寿险于 20 世纪 70 年代初出现在欧洲和加拿大。1976 年美国人寿保险公司也开始销售这个险种。变额寿险是通货膨胀的产物。70 年代初，整个西方资本主义国家发生了严重的通货膨胀，使得传统的固定保险费、固定保险金额的险种受到极大的挑战，以至于使整个保险业都受到了威胁。在这种情况下，一种固定保险费但死亡给付金额不固定的新险种就产生了，这就是变额寿险。经营变额寿险的保险人将本保险的资产设立单独账户，单独进行投资，死亡给付金额将随着投资结果进行调整。

变额寿险的理论依据与变额年金保险相同，即生活费用的变化与普通股票的价格波动趋势相一致。但这种规律性在短时间内未必成立，有时，甚至表现出相反的趋势。因此，保险人为了更加稳妥，大多采用投资组合方法。保险人提供的投资账户有股票基金、债券基金和货币市场基金等。保单持有人有投资选择权，可以决定净保费投入各种基金的比例或投入每种基金的限额。保险人每年还要向保单持有人寄发报告，以说明他们所持有保单的现金价值、死亡保障金额和各项费用。

变额寿险大多是终身寿险。投保的根本目的是希望受益人得到较大的死亡保险金数额，但最终结果则完全取决于投资业绩。如果投资收益率低，就只能保证最低现金价值和最低死亡给付金额。可见，保单持有人承担了几乎全部的投资风险，死亡率和费用率的变动风险仍由保险人承担。

变额寿险还提供许多传统的保单选择权，如家庭定期保障、意外死亡保障、保费豁免保障和保证可保。变额寿险的保单抵押贷款一般以现金价值的 75% 为限，这是因为变额寿险的现金价值数额波动性比较大。保单持有人要求退保时，退保金额根据当时的保单现金价值计算。

变额寿险在西方国家得到了较好的开展，在克服通货膨胀和增强公司竞争力等方面发挥了重要作用。后来，人寿保险公司又推出了灵活保费的变额寿险，这种保险除具有变额寿险的特点外，保单持有人还可以自由选择交费时间和每次交费的数额。

2）万能寿险。万能寿险也称为综合人寿保险，1979 年出现于美国，曾受到美国消费者的广泛欢迎，在 20 世纪 80 年代初迅速成为美国人寿保险市场的主要产品之一。万能寿险具有投资性和灵活性特点。投资性是指具有可以与其他投资手段相抗衡的功能，灵活性是指保险金额的增减、保险费的交付周期可以由保单持有人自由决定。

在万能寿险经营中，保险人给每个保单持有人单独设立账户，该账户的收入项目有新缴保险费、保证利息和超额利息；支出项目有定期寿险费用和管理费用。收入项目与支出项目的余额用来增加保险单的现金价值量。保险人每年向保单持有人寄送报告，说明各账户的具体收支情况。万能寿险与传统人寿保险相比有许多自己的特点。

① 现金价值。万能寿险与传统人寿保险的最大区别在于保单现金价值的确定。传统人寿保险的现金价值在投保时就已经精确计算，而万能寿险的现金价值不仅取决于所交的保费金额，还取决于未来的投资收益。具体地讲，由四个因素决定：新缴保费、管理费用、定期寿险费用和投资收益。

期末现金价值=期初现金价值+新缴保费–管理费用–定期寿险费用+投资收益

② 保险费缴付。万能寿险对投保人第一年的缴费金额有最低限制，以后各年的保险费则由保单持有人自己决定，但未来各年的保费必须足够支付定期寿险的费用。如果保单的现金价值量低于定期寿险的费用，保单持有人必须在 60 天的宽限期内缴足必要的保险费，否则保单效力中止。万能寿险通常也规定最高限制金额，保单持有人可以在最低与最高金额之间决定自己的缴费金额。如果是减少保险金额，不需要提供可保证明，但减少后的保险金额不能低于最低保险金额；如果是增加保险金额，则需要提供可保证明。总的来讲，万能寿险要比传统人寿保险方便得多。

③ 定期寿险保障。万能寿险提供的定期寿险保障的费用按月从现金价值中扣除，其费用金额是根据定期寿险保额、被保险人性别、年龄及其他重要承保因素计算的。保单中通常规定对定期寿险的最大限制保费，实际收取的保费必须小于这个最大金额。

关于死亡保险金给付有两种选择方式。

方式一：递增式给付。预先确定最小保障金额，当被保险人死亡时，保险人给受益人的保险金为最小死亡保障金额加当时保单现金价值，如图 7-1 所示。

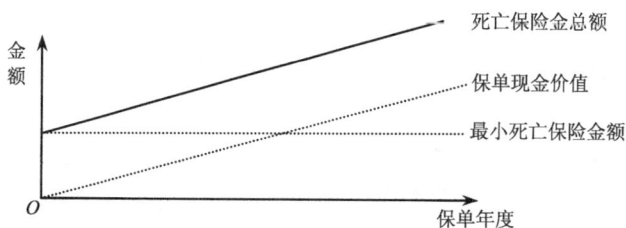

图 7-1   递增式给付方式

方式二：均衡式给付。即死亡保险金在若干年内保持不变，当保单现金价值超过预定现金价值时，死亡保险金才开始增加。如果现金价值达不到预定现金价值，则死亡保险金保持不变，如图 7-2 所示。

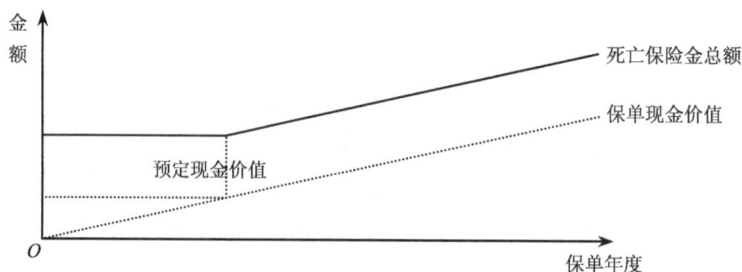

图 7-2   均衡式给付方式

④ 管理费用。万能寿险除在签单时收取初始费用外，以后还按照每期保费的 5%～10% 收取管理费用。收费的金额或比例在保单上或每年的报告上都会清楚列示。

⑤ 保证利息和超额利息。万能寿险的保险人预先同保单持有人约定保证给付的最低利息，称为保证利息。它与传统的人寿保险单的现金价值相似。除此之外，保单持有人还享受超额利息。超额利息取决于保险人投资的结果。在正常情况下，超额利息是反映保险人经营

好坏的标准。

⑥ 保单抵押贷款。万能寿险的保单持有人可以以现金价值作为保证申请抵押贷款，贷款金额可以是期初现金价值加保证利息的一个比例，贷款利息一般按市场贷款利率计算。

⑦ 选择权。万能寿险还有下列传统人寿保险的选择权：意外死亡保险、保证可保条款、保费豁免条款等。

3）变额万能寿险。变额万能寿险是融合了保费缴纳灵活的万能寿险与投资灵活的变额寿险后形成的新的险种，在我国的保险界也将其称为投资连接险。变额万能寿险遵循万能寿险的保费缴纳方式，而且保单持有人可以根据自己的意愿将保额降至保单规定的最低水平，也可以在具备可保性时，将保额提高。与万能寿险不同，变额万能寿险的资产保存在一个或几个分离账户中，这一特点与变额寿险相同。其现金价值的变化也与变额寿险现金价值的变化相同，变额万能寿险也没有现金价值的最低承诺，即保单现金价值可能降至零。

变额万能寿险的投资通常是多种投资基金的组合。保单持有人可以在一定时期将其现金价值从一个账户转至另一个账户，而不用缴纳手续费。变额万能寿险的死亡给付不同于变额寿险，而与万能寿险的相同。变额万能寿险的死亡给付只存在于递增式给付方式之下，随资产价值的改变而变化。

变额万能寿险保单适合那些将寿险保单现金价值视为投资而非储蓄的人，保单持有人承担了投资风险。其可能的不利结果是，如果分离账户的投资结果不理想，保单的现金价值可能减至零，这时如果没有另外的保费注入，保单就会失效。这一风险应该受到重视，从历史上看，寿险业的优势之一是对投资收益的承诺，不管保单持有人是否愿意放弃这一权利，这种投资收益承诺仍存在于许多险种之中。另外，这种保单的分离账户与保险公司的一般账户的资产是分开的，当保险公司其他业务面临财务困难时，分离账户的变额万能寿险可以增加保单持有人的安全性。

2. 健康保险

健康保险是指以人的身体为对象，保证被保险人在保险期限内因疾病或意外事故所致伤害时的费用或损失获得补偿的一种保险。并不是每种健康保险保单的承保内容都包含所有费用和损失，否则其成本相当大。一般来说，健康保险承保的主要内容有两大类：一类是，由于疾病或意外事故所致的医疗费用，习惯上将承保医疗费用的健康保险统称为医疗保险或医疗费用保险。另一类是，由于疾病或意外伤害事故所致的收入损失。如果被保险人不能参加任何工作，则其收入损失是全额的；如果只能从事比原工作收入低的工作，那么收入损失是部分的，其损失数额即为原收入与新收入之差，这种健康保险的保单被称为残疾收入补偿保险。

健康保险主要有医疗保险、残疾收入补偿保险、重大疾病保险和住院护理保险。

（1）医疗保险。医疗保险是指提供医疗费用保障的保险，是健康保险的主要内容之一。医疗费用是病人为了治病而发生的各种费用，医疗费用不仅包括医疗费用和手术费用，还包括住院、护理、医院设备等费用。医疗保险就是医疗费用保险的简称。

医疗保险的范围很广，医疗费用则一般依照其医疗服务的特性来区分，主要包含医生的门诊费用、药费、住院费用、护理费用、医院杂费、手术费用、各种检查费用等。下面介绍几种常见的医疗保险，即普通医疗保险、住院保险、手术保险、综合医疗保险和特种疾病保险。

1）普通医疗保险。普通医疗保险给被保险人提供治疗疾病时所相关的一般性医疗费用，主要包括门诊费用、医药费用、检查费用等。这种保险比较适用于一般社会公众，因为到医院看病是每个人经常发生的事，这种保险的保费成本是较低的。由于医药费用和检查费用的支出控制有一定的难度，所以这种保单一般也具有免赔额和比例给付规定，保险人支付免赔额以上部分的一定百分比，保险费用则每年规定一次。每次疾病所发生的费用累计超过保险金额时，保险人不再负担保险责任。

2）住院保险。由于住院所发生的费用是相当可观的，故将住院的费用作为一项单独保险。住院保险的费用项目主要是每天住院房间的费用、住院期间的医生费用、利用医院设备的费用、手术费用、医药费等。住院时间长短将直接影响费用的高低，而且住院费用比较高，因此，这种保险的保险金额应根据病人的住院费用情况而定。为了控制不必要的长时间住院，这种保单一般规定保险人只负责所有费用的一定百分比。

3）手术保险。这种保险提供因病人需做必要的手术而发生的费用。这种保单一般是负担所有手术费用。

4）综合医疗保险。综合医疗保险是保险人为被保险人提供的一种全面的医疗费用保险，其费用范围则包括医疗和住院、手术等的一切费用。这种保单的保险费较高。一般确定一个较低的免赔额连同适当的分担比例。

5）特种疾病保险。某些特殊的疾病往往给病人带来的是灾难性的费用支付，如癌症、心脏病等。这些疾病一经确诊，必然会产生大范围的医疗费用支出。因此，通常要求这种保单的保险金额比较大，以足够支付其产生的各种费用。特种疾病保险的给付方式一般是在确诊为特种疾病后，立即一次性支付保险金额。

（2）残疾收入补偿保险。

1）残疾收入补偿保险的意义。残疾收入补偿保险也称为丧失劳动能力收入补偿保险。如果一个人因疾病或意外伤害事故所致而不能参加工作，那么就会失去原来的工资收入。这种收入的损失数额可能是全部的，也可能是部分的，其时间可能较长，也可能较短。提供被保险人在残废、疾病或意外受伤后不能继续工作时所发生的收入损失补偿的保险称为残疾收入补偿保险。

残疾收入补偿一般分为两种：一种是补偿因伤害而致残疾的收入损失；另一种是补偿因疾病造成的残疾而致的收入损失。在实践中，因疾病而致的残疾比因伤害所致的更为多见。收入补偿保险的给付一般规定为以下三种方式：

① 按月或按周进行补偿。这是根据被保险人的选择而定的，每月或每周可提供金额相一致的收入补偿。

② 给付期限。给付期限可以是短期的或长期的。短期补偿是为了补偿在身体恢复前不能工作的收入损失，短期给付期限一般为 1～2 年。长期补偿则规定较长的给付期限，一般是补偿全部残疾而不能恢复工作的被保险人的收入，通常规定给付到 60 周岁或退休年龄，

如被保险人死亡则停止给付。

③ 推迟期。在残疾后的前一段时间称为推迟期，在这期间不给付任何补偿，推迟期一般为 3 个月或 6 个月，这是由于在短时间内被保险人还可以维持一定的生活，同时，它通过取消对短期残疾的给付而减少保险成本。

2）残疾的定义。在残疾收入补偿保险保单中，关于残疾的定义有很多方式，这里讨论完全残疾和部分残疾的定义。

① 完全残疾。完全残疾一般指永久丧失全部劳动能力，不能参加工作以获得工资收入。关于永久丧失劳动能力的定义有许多种，通常可采用的标准有：不能从事任何职业；不能从事与其正规教育培训、经验相关的职业；不能从事个人喜欢的职业等。保险公司一般采用较为严格的定义：对于双眼、双手或双脚等完全失去正常功能的情况，一般被认为完全残疾。完全残疾给付金额一般比残疾前的收入少一些，经常是原收入的 75%～80%。

② 部分残疾。部分残疾是与完全残疾的定义相对而言的，是指部分丧失劳动能力。如果把完全残疾认为全部的收入损失，部分残疾则意味着被保险人还能进行一些有收入的其他职业。在这种情况下，保险人给付的将是全部残疾给付金额的一部分。

部分残疾给付＝全部残疾给付×（残疾前的收入−残疾后的收入）÷残疾前的收入

这种给付也称为"比例给付"。例如，某公司的职员，残疾前的正常收入为每月 1 000 元，由于他所受的伤害恢复后已不能继续从事原来的工作，只能从事轻微劳动，每月收入 400 元。如果他完全残疾后的给付金额为每月 800 元，那么他的收入损失为 60%，其最后的收入补偿额为 480 元。

③ 其他给付类型。收入补偿保险是对被保险人的收入损失进行有效的补偿，通常因条件的不同而具有不同类型。例如，收入补偿额可以随物价指数的变化而进行调整，或者在住院期间，由于医疗费用较高，则可以支付一笔较大数额的补偿。如果被保险人通过其他渠道得到一定的收入补偿，则收入补偿保险扣除已获得的部分，只负责支付其余额部分，因此收入补偿保险是一种损失补偿保险。

（3）重大疾病保险。一般情况下，疾病保险具有以下几个基本特点：

1）个人可以任意选择投保疾病保险，作为一个独立的险种，它不必附加于其他某个险种之上。

2）疾病保险条款一般都规定了一个等待期或观察期。等待期或观察期一般为 180 天，被保险人在等待期或观察期内因疾病而支出的医疗费用及收入损失，保险人概不负责，观察期结束后保险单才正式生效。

3）疾病保险为被保险人提供切实的疾病保障，且程度较高。疾病保险保障的重大疾病，均是可能给被保险人的生命或生活带来重大影响的疾病项目，如急性心肌梗死、恶性肿瘤等。

4）保险期限较长。疾病保险一般都能使被保险人"一次投保，终身受益"。保费交付方式灵活多样，且通常设有宽限期条款。

5）疾病保险的保险费可以按年、半年、季、月份期交付，也可以一次交清。

（4）住院护理保险。此保险是提供被保险人额外住院津贴，目的是补偿被保险人住院时所支出的不能由住院医疗保险或其他疾病保险补偿的额外费用。

此保险的保险责任包括疾病住院或意外伤害住院。住院超过 24 小时后，保险人开始按保险单规定给付保险金。例如，在治疗期间，保险人将按双倍给付。每次住院保险人给付保险金的最长期限为 2 年。

保险金额通常规定每天的给付金额。保险期限最长可保到 65 岁。保险费率一般每 5 年调整一次。对初次投保的被保险人有 30 天的观察期，但意外伤害责任除外。

3. 意外伤害保险

意外伤害保险是指被保险人因意外伤害事故造成死亡或残疾时，保险人依照合同约定给付保险金的保险。意外伤害保险的标的是人的身体，与寿险有着密切的联系，因此，不少国家都规定由寿险公司经营。但意外伤害保险的性质与非寿险有许多相似之处，又使得不少国家将其归为非寿险公司经营。现在，许多国家倾向于寿险公司和非寿险公司都可以经营意外伤害保险。意外伤害包括意外和伤害两个方面的含义。意外是指侵害行为是本人不能预见的，或者违背本人主观意愿的；伤害是指身体受到侵害的事实。具体来讲，应满足下列三个条件：

（1）非预见性。即伤害的发生不是本人意愿的结果，是未预料到的。从这个意义上讲，意外伤害存在两种情况，即非预见的和可以预见的。例如，某人正常行走在路上，被楼上掉下来的花盆砸伤；某人在操作机器时不慎被扎伤；某人走路时意外滑倒而摔伤等都是非预见的。但有些意外伤害是可以预见的，如某人和火车抢道被撞伤，某人服用过量的安眠药而致残等。

（2）外来原因引起的。即伤害是被保险人自身以外的原因造成的，如车祸致伤、烫伤、被意外砸伤等。一般来讲，意外伤害大多是由外来原因引起的，但疾病所引起的伤害不属于外来原因，如某人脑中风摔倒致伤。

（3）突然性。即意外伤害的直接原因是突然出现的，来不及预防，如跌伤、烫伤等。而饮酒过量酒精中毒、特殊职业中的汞中毒、矽肺等，虽是外来原因引起的，但都不是突然发生的。

意外伤害的三个条件必须同时具备，缺任何一个都不构成意外伤害。然而，上述三个条件只是对意外伤害做了质的规定，在实际业务中运用时常常会产生很多异议。因此，绝大多数意外伤害保险单中都采用列举的方式将除外责任列在保单上，这样就大大方便了意外伤害责任的判定。并非一切意外伤害都是可保的，这是因为还必须考虑是否违反法律或损害公众利益等其他条件。例如，被保险人从事犯罪活动所致的伤害，被保险人打架斗殴所受的伤害，被保险人蓄意自残等都是从事违法活动的结果，保险人是不予承保的。此外，像战争、内乱、革命、暴乱、核辐射等巨灾风险造成的人身伤害，保险人也不予承保。被保险人从事拳击、赛车、摔跤、足球赛、爬山、滑雪、潜水等体育运动或风险较大的娱乐运动受到的意外伤害，保险人也不予负责。但由于这些风险只是发生的可能性较大，并非绝对禁止承保的风险，所以如被保险人提出书面申请，经保险人书面同意并缴纳相应的额外保费以后也可承保。意外伤害保险的给付包括死亡保险金、残废保险金、医疗费用和停工收入四项给付。

意外伤害的主要保险产品有：

（1）普通意外伤害保险。普通意外伤害保险又称为一般意外伤害保险或个人意外伤害保险，即指被保险人在保险有效期内，因遭受意外伤害而致死、残废或暂时失去工作能力时，由保险人给付保险金的保险。这是意外伤害保险的主要险种之一。它可以独立投保，也可以作为人身保险的附加险投保。

这个险种的保障通常有三个方面： 意外死亡保障，给付保险金额全部；残疾保障，按永久伤残程度确定给付保险金的比例，最高为保险金额的 100%；暂时失去工作能力保障，是被保险人暂时性伤残，不能从事原来的工作时，保险人按周给付保险金，且一年内最多连续给付 104 周。保险期限最长到被保险人 65 岁为止。至于医疗保险金的给付，经投保人申请，保险人同意后，可以以特约条款方式附加于保险单上。

（2）意外死亡及伤残保险。这个险种一般作为人身保险的附加险投保。与普通意外伤害保险相比，它保障的项目只有意外死亡保障和残疾保障，且给付比例相同。此险种的最高保障年龄为 65 岁。此保险可以满足被保险人在投保人身保险时对意外保障的要求。

（3）附加意外死亡保险。此险种是人身保险的附加险。当被保险人在保险期间因意外伤害死亡时，保险人给付死亡保险金。此险种的最高保障年龄为 70 岁。与前面两个险种相比，此险种保障项目最少，保险费率也最低。投保时有最高保额限制，如以主险保额的三倍为限。

（4）旅行意外伤害保险。此险种是承担被保险人在旅行过程中发生的意外伤害事故。旅行意外伤害保险有国内旅行意外伤害保险和国外旅行意外伤害保险两种。保障项目通常为死亡保障和伤残保障两项，现在也经常将医疗费用保险以特约条款的方式附加投保。如果保险期限与旅行行程不相等，则保险责任按时间短者计算。一般情况下，被保险人不得改变保单上载明的旅程或旅行区域。保险费率与被保险人的职业性质无关。

（5）特种意外伤害保险。此险种是指承保被保险人因特别原因造成的意外伤害或特定地点遭受的意外伤害。此险种一般保险期限很短，如游泳者意外伤害保险、索道游客意外伤害保险、登山意外伤害保险、电梯乘客意外伤害保险等。

7.2.2 财产保险

财产保险是人类同自然灾害和意外事故长期斗争中产生并发展起来的，它以各种财产物质和有关利益为保险对象，补偿投保人或被保险人的经济损失，是一种经济补偿制度。财产保险中所指的财产除了包括有形财产、不动产、固定的或流动的财产，以及在制的或制成的有形财产外，还包括运费、预期利润、信用及责任等无形财产。因此，财产保险的范围很广泛，《保险法》第九十五条第二目规定："财产保险业务，包括财产损失保险、责任保险、信用保险、保证保险等保险业务。"

财产保险的分类标准及各险种名称都有一个演变的过程，如海上保险是按风险发生的区域来命名的；火灾保险是按风险事故来命名的；汽车保险则是按保险标的来命名的。目前，国际上一些国家将财产保险称为非寿险，与寿险加以区别，其范围更加广泛。我国习惯上将保险标的分为有形财产、相关经济利益和损害赔偿责任三大类，因此财产保险通常也划分为财产损失保险，责任保险和信用、保证保险。

1. 财产损失保险

（1）企业财产保险。企业财产保险有许多种类，其中企业基本险和综合险两个险种最为普遍。企业财产保险适用于各种企业、社团、机关和事业单位，主要承保财产因火灾或其他自然灾害和意外事故造成的损失。

【案例 7-3】 某企业投保企业财产保险综合险，保险金额为 80 万元，保险有效期间为某年 1 月 1 日至 12 月 31 日。

① 该企业于 2 月 12 日发生火灾，损失金额为 40 万元，保险事故发生时的实际价值为 100 万元，则保险公司应赔偿多少？为什么？

② 该企于于 5 月 18 日因发生地震而造成财产损失 60 万元，保险事故发生时的实际价值为 100 万元，则保险公司应赔偿多少？为什么？

③ 该企业于 12 月 18 日因下暴雨，导致仓库进水而造成存货损失 70 万元，保险事故发生时的企业财产实际价值为 70 万元，则保险公司应赔偿多少？为什么？

案例分析：

① 保险公司赔偿金额＝损失金额×保险保障程度＝40×80÷100＝32（万元）。因为该保险为不足额保险，所以采用比例赔偿方式。

② 由于地震属于企业财产保险综合险的责任免除条款，所以保险公司可以拒绝赔付。

③ 保险公司赔偿金额＝保险价值＝损失金额＝70 万元。因为该保险为超额保险，保险金额超过保险价值的部分无效，所以按保险价值赔偿。

（2）家庭财产保险。该险种是适用于我国城乡居民家庭的一种财产保险，它的承保责任范围与企业财产综合险基本相同。常用险种有普通家庭财产保险、家庭财产两全保险及各种附加险。

【案例 7-4】 一承租人向房东租借一房屋，租期 10 个月。租房合同中写明：承租人在租借期内应对房屋损坏负责，承租人为此而以所租借房屋投保火灾保险 1 年。租期满后，租户按时退房。退房后半个月，房屋毁于火灾。于是承租人以被保险人身份向保险公司索赔。保险人是否要承担赔偿责任？为什么？如果承租人在退房时，将保单转让给房东，房东是否能以被保险人身份向保险公司索赔？为什么？

案例分析：保险人不承担赔偿责任。因为承租人对该房屋已经没有保险利益。房东不能以被保险人的身份索赔。因为保单转让没有经过保险人办理批单手续，房东与保险人没有保险关系。

（3）运输工具险。该险种承保因遭受自然灾害和意外事故造成的运输工具的损失及第三者损害赔偿责任。常用险种有机动车辆保险、船舶保险、飞机保险等。

【案例 7-5】 某车主甲将其所有的车辆向 A 保险公司投保了保险金额为 40 万元的车辆损失险，同时向 B 保险公司投保了赔偿限额为 100 万元的第三者责任险；车主乙没有为自己的车辆投保。后甲、乙两车发生交通事故，导致乙车辆财产损失 32 万元和人身伤害 8 万元，甲车辆损失 28 元和人身伤害 2 万元。经交通管理部门裁定，甲车主负主要责任，为 80%；乙车主负次要责任，为 20%。按照保险公司免赔规定（负主要责任免赔 15%，负次要责任免赔 5%），则：

① A 保险公司应赔偿多少？

② B 保险公司应赔偿多少？

案例分析:

① A 保险公司应赔偿金额=甲车车辆损失×甲车的责任比例×（1-免赔率）=28×80%×（1-15%）=19.04（万元）

② B 保险公司应赔偿金额=乙车车辆损失和人身伤害×甲车的责任比例×（1-免赔率）=（32+8）×80%×（1-15%）=27.2（万元）

（4）货物运输保险。该险种承担货物在运输中因遭受自然灾害和意外事故所造成的损失。常用险种有国内水路陆路货物运输保险、国内航空货物运输保险、海洋运输货物保险及各种附加险和特约保险。

（5）工程保险。该险种主要承保各项工程由于不可预料的事故造成的损失、费用和职责。常用险种有建筑工程保险、安装工程保险、机器损坏保险等。

（6）特殊风险保险。该险种是为特殊行业设计的各种保险，承保对象具有较强的专业性。常用险种有海洋石油开发保险、航天保险和核电站保险等。

（7）农业保险。该险种承保种植业、养殖业、饲养业、捕捞业在生产过程中因自然灾害和意外事故所造成的损失。常见险种有种植业保险和养殖业保险。

2．责任保险

责任保险是指以被保险人的民事损害赔偿责任为保险标的的保险。责任保险除可以附加在各种财产保险上承保之外，还可以单独承保，如公众责任保险、产品责任保险、雇主责任保险和职业责任保险。

3．信用、保证保险

（1）信用保险。该险种所承保的是一种信用风险。凡权利人要求担保对方信用的保险属于信用保险，如出口信用保险主要承保出口商因买方不履行贸易合同的义务而遭受的经济损失。

（2）保证保险。该保险承保的也是信用风险。凡被保证人根据权利人的要求投保自己信用的保险属于保证保险。常用险种有合同保证保险、产品保证保险、忠诚保证保险等。

7.3　保险产品的理财功能

7.3.1　购买保险的原则

个人参加保险的目的就是个人和家庭生活的安全、稳定。从这个目的出发，在投保时主要应掌握以下总体原则和具体的注意事项。

1．转移风险原则

投保是为了转移风险，在发生保险事故时可以获得经济补偿。从这个原则出发，必须分析家庭的主要风险是什么，怎样合理地把这些风险转嫁给保险公司。选择保险的顺序首先应该考虑风险的危害程度，其次才是风险发生的概率。因此，购买保险的顺序一般应该是：寿险、意外伤害保险、健康保险。

很多人只关注保险的投资功能，而忽略了保险最原始的保障功能。其实，保险理财的第一步是做好风险的转移，即保险保障。做好了保险保障之后再去做其他的投资安排。没有保障的投资是经不起风吹雨打的，所以在险种的选择上，先选择寿险、意外伤害保险、健康险，再选择投资连接险、分红险、教育险等，这才是科学的理财方式。

2. 量力而行原则

保险是一种契约行为，属于经济活动范畴，投保人必须支付一定的费用，即以保险费来获得保险保障。投保的险种越多，保障范围越大，但保险金额越高。保险期限越长，需支付的保险费也越多。因此，投保时要根据自己的经济实力量力而行。

保险属于安全层面的需要，购买保险一方面要为生活提供将来的保证，因此不能太少，因为过低的保费支出意味着不能带来足够的安全保障，但是也不能过高，因为保费越高意味着现在要面临很大的支出，会带来较大的生活压力。因此，保费支出应该与自己的实际收入相联系，一般来说，大约相当于年收入的 15%最为适宜，也可以根据自己的实际情况稍加调整。保费支出不要低于 5%，也不要高于 20%。

支出同样的保费，为不同的家庭成员投保，会有不同的保险利益。首先，应该为家庭的经济支柱投保。我们经常遇到这样的情况，父母为子女教育金保险一掷千金，但是为自己投保却斤斤计较。理性地思考一下，真正为孩子提供保障的不是保险公司，而是父母的收入。如果家庭经济支柱发生了意外，收入中断，那么谁来为孩子的成长支付教育金？谁来为家庭的日常活动费用提供开支？合理的做法是大人在自己保障充分的基础上，再为小孩投保教育金保险。

3. 选择专业和敬业的代理人

在购买人身保险时，首先要挑选一个优秀的保险代理人作为自己的咨询顾问。现在的保险产品具有极大的多样化特点，个人面对纷繁复杂的产品和条款时很难做出正确的选择。只有选择一个专业并且敬业的代理人才能引导我们购买适合自己的产品。

保险业是一个人员流动性极强的行业，保险代理人频繁更换，代理人离职后所形成的"孤儿保单"的客户往往难以得到一如既往的服务。因此，代理人能否坚持长期服务成为确定保险代理人的首要因素。应该关注保险代理人的专业知识，这是代理人的基本功。合格的保险代理人应该深入理解保险法规和保险条款，帮助客户正确理解条款和自身的权益，为客户提供专业意见，帮助客户制定保险方案。代理人的职业道德素质也是投保人考虑的一个重要方面，代理人应该为客户提供细致、全面、持续和精确的服务。

4. 研究保险条款，不可盲从

保险不是无所不保，保险合同中都规定了保险责任和免除责任，以明确保险人可以提供什么样的保障，投保人要将这些保障和自己的需求进行比较，选择适合自己的保险产品。保险是一种特殊的商品，不同于其他商品之处在于购买了保险就不能转售和赠送。有些人买保险只是出于人情，根本不清楚保险条款，结果只能蒙受经济损失。

　　购买保险也应像其他商品一样货比三家。尽管各家保险公司的条款和费率都是经过保险监管部门批准的，但各家保险公司的保险产品还是有所不同的。例如，领取生存养老金，有的保险公司的条款是月月领取，有的则是定额领取；同样是重大疾病保险，有的包括十种大病，有的只保七种。对于这些细节，投保人一定要看清楚。

7.3.2　制定保险理财计划的步骤

1. 确定保险标的

　　制定保险计划的首要任务，就是确定保险标的。前面说过，保险标的是作为保险对象的财产及其有关利益，或者人的寿命和身体。投保人可以以其本人、与本人有密切关系的人、他们所拥有的财产以及他们可能依法承担的民事责任作为保险标的。一般来说，各国保险法律都规定，只有对保险标的有可保利益才能为其投保，否则这种投保行为是无效的。所谓可保利益，是指投保人对保险标的具有的法律上承认的利益。可保利益应该符合三个要求：

　　（1）必须是法律认可的利益。如果投保人投保的利益的取得或者保留不合法甚至违法，那么这种利益不能成为可保利益。

　　（2）必须是客观存在的利益。如果投保人投保的利益不确定，或者仅仅只是一种预期，就不能成为一种可保利益。

　　（3）必须是可以衡量的利益。这样才能确定保险标的的大小，并以此来确定保险金额。

　　对于财产保险，可保利益是比较容易确定的。财产所有人、经营管理人、抵押权人、承担经济责任的保管人都具有可保利益。

　　人寿保险可保利益的确定就要复杂一些，因为人的生命和健康的价值是很难用经济手段加以衡量的。所以，衡量投保人对被保险人是否具有可保利益，就要看投保人与被保险人之间是否存在合法的经济利益关系，如投保人是否会因为被保险人的人身风险发生而遭受损失。通常情况下，投保人对自己及与自己具有血缘关系的家人或者亲人，或者具有其他密切关系的人都具有可保利益。

　　购买适合自己或家人的人身保险，投保人有三个因素要考虑：① 适应性。自己或家人买人身险要根据需要保障的范围来考虑。② 经济支付能力。买寿险是一种长期性的投资，每年需要缴存一定的保费，每年的保费开支必须取决于自己的收入水平。③ 选择性。个人或家人都不可能投保保险公司开办的所有险种，只能根据家庭的经济能力和适应性选择一些险种。在有限的经济能力下，为成人投保比为儿女投保更实际，特别是家庭的经济支柱，其生活的风险比小孩要高一些。

2. 选定保险产品

　　前已述及，人们在生活中面临的风险主要可以归纳为人身风险、财产风险和责任风险。而同一个保险标的，会面临多种风险。所以，在确定保险需求和保险标的之后，就应该选择准备投保的具体险种。例如，对人身保险的被保险人而言，他既面临意外伤害风险，又面临疾病风险，还有死亡风险等。所以，投保人可以相应地选择意外伤害保险、健康保险或人寿保险等。而对于财产保险而言，同一项家庭财产也会面临着不同方面的风险。比如汽车，面临着意外损毁或者失窃的风险，这时投保人可以相应地选择车辆损失保险、全车盗抢保险，或者二者的组合。

投保客户只有在专业人员的帮助下，准确判断自己准备投保的保险标的的具体情况（如保险标的所面临的风险的种类，各类风险发生的概率，风险发生后可能造成损失的大小，以及自身的经济承受能力），进行综合的判断与分析，才能选择对自己合适的保险产品，较好地回避各种风险。

在确定购买保险产品时，还应该注意合理搭配险种。投保人身保险可以在保险项目上进行组合，如购买一个至两个主险附加意外伤害、重大疾病保险，使人得到全面保障。但是在全面考虑所有需要投保的项目时，还要进行综合安排，应避免重复投保，使用于投保的资金得到最有效的运用。这就是说，如果投保人准备购买多项保险，那么就应当尽量以综合的方式投保，因为这样可以避免各个单独保单之间出现的重复，从而节省保险费，得到较大的费率优惠。

3. 确定保险金额

在确定保险产品的种类之后，就要确定保险金额。保险金额是当保险标的的保险事故发生时，保险公司所赔付的最高金额。一般来说，保险金额的确定应该以财产的实际价值和人身的评估价值为依据。财产的价值比较容易计算。对一般财产，如家用电器、自行车等财产保险的保险金额由投保人根据可保财产的实际价值自行确定，也可以按照重置价值即重新购买同样财产所需的价值确定。对特殊财产，如古董、珍藏等，则要请专家评估。

购买财产保险时可以选择足额投保，也可以选择不足额投保。由于保险公司的赔偿是按实际损失程度进行赔偿的，所以一般不会出现超额投保或者重复投保。一般来说，投保人会选择足额投保，因为只有这样，当万一发生意外灾难时，才能获得足额的赔偿。如果是不足额投保，一旦发生损失，保险公司只会按照比例赔偿损失。例如，价值 20 万元的财产只投保了 10 万元，那么如果发生了财产损失，保险公司只会赔偿实际损失的 50%。也就是说，如果实际财产损失是 10 万元，投保人所获得的最高赔偿额只能是 5 万元，这样会使自己得不到充分的补偿，因而不能从购买保险产品中得到足够的保障。严格来说，人的价值是无法估量的，因为人是一种社会性生物，其精神的内涵超过了其物质的内涵。但是，仅从保险的角度，可以根据诸如性别、年龄、配偶的年龄、月收入、月消费、需抚养子女的年龄、需赡养父母的年龄、银行存款或其他投资项目、银行的年利率、通胀率、贷款等，计算虚拟的"人的价值"。在保险行业，对"人的价值"存在着一些常用的评估方法，如生命价值法、财务需求法、资产保存法等。需要注意的是，这些方法都需要每年重新计算一次，以便调整保额。因为人的年龄在增大，如果其他因素不变，那么他的生命价值和家庭的财务需求每年都在变小，其保险就会从足额投保逐渐变为超额投保。如果他的收入和消费每年都在增长，而其他因素不变，那么其价值会逐渐增大，原有保险就会变成不足额投保。所以每年请保险专业人士检视投保客户的保单是十分必要的。

4. 明确保险期限

在确定保险金额后，就需要确定保险期限，因为这涉及投保人的预期缴纳保险费的多少与频率，所以与个人未来的预期收入联系尤为紧密。对于财产保险、意外伤害保险、健康保险等保险品种而言，一般多为中短期保险合同，如半年或者一年，但是在保险期满之后可以选择续保或者停止投保。但是对于人寿保险而言，保险期限一般较长，如 15 年甚至到被保险人死亡为止。在为个人制定保险计划时，应该将长短期险种结合起来综合考虑。

7.3.3　保险策划的风险

进行保险策划的时候，会面临很多风险。这些风险可能来自投保客户所提供的资料不准确、不完全，或者来自对保险产品的了解不充分。一般来说，保险策划风险体现在以下几个方面。

1．未充分保险的风险

这种风险既可能出现在对财产的保险上，也可能出现在对人身的保险上。例如，如果对财产进行的保险是不足额保险，结果造成损失发生时所获得的保险金赔偿不足，未能完全规避风险；或者在对人身进行保险时，保险金额太小或保险期限太短，同样有可能造成一旦保险事故发生，不能获得较为充分的补偿。

2．过分保险的风险

这种风险同样可能发生在财产保险和人身保险上。例如，对财产的超额保险或者重复保险。由于保险公司在赔偿时，是根据实际损失来支付保险赔偿金的，这种超额保险或者重复保险并没有起到真正的保障作用，反而浪费保费。这种风险还有可能发生在制定保险产品组合计划时。因为各个保险公司所提供的不同保险产品虽然主要保险合同不一样，但是可能存在某些保险内容的重叠，造成保险过度或者重叠，而有些保险内容却又可能发生遗漏，形成保险空白。

3．不必要保险的风险

有些风险可以通过自保险或者风险保留来解决，如对平时由于感冒或牙痛等类似的小病小灾所需的医疗费用支出，人们自己承担风险这种处理办法反而更为方便和简单，还可以节省费用，取得资金运用收益。对于应该自己保留的风险进行保险，是不必要的，也会增加机会成本，造成资金的浪费。此外，一般来说，保险市场上的保险产品种类多样、名目繁杂、各有异同，保险费率的计算和保险金额的确定都比较复杂，这也增加了客户制定保险计划的难度。所以，制定一份恰当而有效的保险计划时，应该在相关专业人士的帮助和指导下进行。

案 例 分 析

保险先保"顶梁柱"

张先生夫妇属于工薪阶层，张先生收入高于妻子。夫妇二人向银行贷款 40 万元购买了一套商品房。在办理住房抵押贷款综合保险时，"主贷人"一项随便地写上了张太太的名字，张先生则为"共同贷款人"。不久张先生在一次交通事故中身亡。张太太在要求保险公司承担剩余贷款额的索赔要求时，遭到了拒绝。原来，房贷险条款中所保障的唯一对象是"主贷人"，而不包括"共同贷款人"。除了痛失亲人，张太太如今还面临着经济危机。因为张先生生前的月收入在6 000元左右，而她自己只有1 800元左右的月收入，无力偿还每月高达2 000多元的住房贷款。

思考题

家庭购买保险的顺序应该是先为谁购买保险？为什么？

优先购买保障功能强大的保险

王强与赵平都属于白领阶层，收入差不多，每个人都有较强的保险理财意识，但是理念却不相同。王强的保险偏重保障，涵盖了1万元的住院费用报销保险、100元/天的住院津贴保险、20万元意外伤害保险、1万元意外医疗保险、10万元重大疾病保险和30万元定期寿险，年交保险费约2 800元。而赵平的保险则偏重储蓄投资，他投资的是保额6万元的分红寿险，没有附加险，年交保费2 988元。

思考题

1. 如果发生了意外事故需要住院医疗，是王强能得到保险公司充分的赔付，还是赵平可以得到充分的赔付？

2. 购买保险时，首要考虑的应该是保险的投资功能还是保障功能？

高收入家庭保险计划

高先生40岁，经理，没有医疗与养老保险；高太太32岁，家庭主妇，没有医疗与养老保险；儿子7岁，小学一年级。在这个家庭中，丈夫收入稳定，每月总收入为10 000元，是一个很典型的高收入家庭。随着夫妻俩年龄的增大，保障相应地减少了，而养老的需求逐渐增加，设计保险时应该把这一需求考虑进去。其家庭保险的侧重点应放在刘先生的养老及医疗保险上。另外，由于家庭条件较好，可考虑购买储蓄型的寿险。儿子还需要11年的学习费用，因此儿子的保险应着重考虑教育、婚嫁的保障。

高先生的保险计划主要侧重于养老、医疗、意外伤害保险。具体保险计划如表7-1所示。

表7-1 高先生的保险计划

保险产品	缴费年限	每年保险费（元）	保险金额（元）
终身人寿保险	25年	3 702	200 000
危疾保险	25年	1 704	200 000
住院医疗保险	每年	197	（每日）150

如果客户退保，客户可取回人寿保险的现金价值，而取回的金额是根据保证金额和红利的总和计算的。其具体金额如表7-2所示。

表 7-2　退保取回人寿保险的现金价值　　　　　　　　　单位：元

已供年期	保证价值	预期价值（红利）（假设回报率 6%～7%）	总　　值
10 年	13 374	20 593	33 967
20 年	34 401	79 577	113 978
25 年	53 895	144 008	197 903

思考题

1. 如果发生保险事故，高先生的保障情况如何？

2. 如果没有发生保险事故，则高先生的投资收益情况如何？

补充材料

投资型保险：投连险、分红险和万能险

目前，市面上的投资型保险产品主要有分红险、投连险（变额万能寿险）和万能险。这三种保险的共性是兼具保障和投资理财功能，将保单的价值与保险公司运营和投资的业绩联系起来。不同的是，这三种保险的侧重点各不相同。分红险不设单独的投资账户，每年的分红具有不确定性；投连险设置了几个不同风格的投资账户，客户自由选择，可能享有较高回报的同时也承担较高的风险；而万能保险设有单独的投资账户，同时具有保底利率的功能。从目前市场上几款万能险产品的保底利率来看，要高于税后的银行存款利率。下面是对这三种保险的详细对比。

1. 投资收益

分红险：在投资收益上设有最低保证利率，有无分红看公司的经营状况。

万能险：设有最低收益保障，实际收益与保险公司投资账户收益相关。

投连险：实际收益与客户选择的投资账户收益直接挂钩，保险公司不承诺投资回报，客户承担全部投资风险。

2. 产品特色

分红险：具有保障功能，保险公司每月公布一次分红状况。

万能险：具有保障功能，缴费灵活，可一次性缴费，也可若干次缴费。透明度高，保险公司每季度公布一次收益状况。

投连险：具有保障功能，设有多个投资账户，每个账户的投资组合不同，收益率也不同，客户可自由选择投资账户。透明度高，保险公司每月公布一次投资收益情况。

3. 保险保障

分红险：缺乏弹性。

万能险：有较大弹性。

投连险：通常有最低死亡给付保证，并可依投资效益增加而增加给付。

4．客户选择

分红险：适合风险承受能力低、投资需求不高、以保障为主的客户。

万能险：适合风险承受能力较低、对保险希望有更多选择权的客户。

投连险：适合具有理性的投资理念、追求高资产收益，同时又具有较高风险承受能力的客户。

综上所述，万能险是风险与保障并存，介于分红险与投连险之间的一种投资型寿险。分红险是每年分红，万能险是公司每月公布收益公告，因为设有保底利率，风险要低于投连险。

本章小结

1．人身保险是保险的重要种类。由于人参保险的保险标的是人的身体和生命，因此人身保险具有区别于其他保险种类的特殊性，表现在保险金额的确定和给付、保险期限的长期性、生命风险的相对稳定性和储蓄性。此特殊性使人身保险的经营与管理具有一定的特殊性。人身保险主要包括人寿保险、意外伤害保险、健康保险。

2．财产保险有广义和狭义之分。广义的财产保险是人身保险之外的保险业务的统称，狭义财产保险也可称为财产损失保险，专指以财产物资为保险标的的各种保险业务。

3．在购买保险的过程中，投保人应遵循一些原则，才能做到科学投保。首先应该注重保险的保障功能，然后才是保险的投资功能；对于相同的保费支出，应该优先为家庭的经济支柱投保，优先购买保障功能强大的险种；合理确定保费支出和收入的关系；仔细研究保险合同的条款，选择适合自己的保险，不要盲从。

复习思考题

1．简述人身保险的特殊性。

2．简述人寿保险的主要分类及特点。

3．简述意外伤害保险的含义及特点。

4．简述健康保险的含义及特点。

5．简述保险理财的原则。

6．实战演练题。

请你根据客户的实际情况和需求，进行保险理财设计。

客户资料：胡先生，25岁，普通工人，月均收入2 500元，月光族，跟大多数年轻人一样，存不住钱。他是家中的独子，没有社会保险。

客户需求：有一定的身价，能同时兼顾到医疗、意外伤害、重大疾病，保费不能太高，年缴保费能力为3 786元。

客户资料分析：

（1）因其是家里独子，所以他非常关注自己的身价，一旦发生意外，也好对父母今后生活有所保障；

（2）因为没有社保，所以医疗、养老也相当重要；

（3）因为是月光族，所以每月不会存太多的钱用于购买保险。

保障计划设计思路：

（1）考虑一款低保费、高保障的产品；

（2）医疗，重疾、意外都要补充完整；

（3）身价要相应高一些。

最终具体方案：

产品名称	基本保险金额	保险责任
终身寿险（分红型）	100 000 元	身故给付 10 万元
提前给付重大疾病保险	100 000 元	重疾，一旦确诊，提前给付 10 万元
附加意外伤害保险	100 000 元	意外伤残赔付 1 万～10 万元，意外身故赔付 20 万元
附加意外伤害医疗保险	10 000 元	发生意外，无论门诊还是住院，花费 100 元以上赔付 1 万元、100 元以下百分之百报销
附加住院费用医疗保险	5 600 元/次	住院，每次限额 5 600 元，每年不限次数
附加住院日额医疗保险	100 元/天	住院每天补助 100 元，疾病住院实际天数减去三天，意外、重疾住院按实际天数
首年缴保费		3 786 元

第 8 章　黄金

📖 引言

　　黄金是人类较早发现和利用的金属。由于它稀少、特殊和珍贵，自古以来被视为五金之首，有"金属之王"的称号，享有其他金属无法比拟的盛誉，其显赫的地位几乎永恒。正因为黄金具有这一"贵族"的地位，有一段时间曾是财富和华贵的象征，用它做金融储备、货币和首饰等。到目前为止，黄金在上述领域中的使用仍然占主要地位。

本章学习目标

- 了解黄金的特性、黄金的分类及其品质的确定；
- 了解国际黄金市场的主要参与者及国际黄金市场的发展；
- 掌握黄金定价的基本模式，并理解黄金的流量供求与存量供求对黄金价格的影响，以及利率、通货膨胀、汇率等因素对黄金价格的影响；
- 清楚黄金投资的优点及与其他投资品种的比较，以及黄金的主要投资方式和黄金投资者的分类；
- 了解影响黄金价格变动的主要因素；
- 掌握黄金投资的基本面分析和技术分析方法；
- 了解我国黄金市场的发展和主要的交易品种以及对未来我国黄金市场的展望。

8.1　黄金投资概述

8.1.1　黄金概述

　　黄金是一种稀有金属元素，金的纯度可以用试金石鉴定，所谓"七青、八黄、九紫、十赤"意思是条痕呈青色，金含量为70%，呈黄色为80%，呈紫色为90%，呈红色，则为纯金。

　　由于黄金具有极其优秀的延展性和化学稳定性，因此它成为对人类非常有用的一种金属。为便于进行市场交易，黄金被制成各种重量的金条，最常用的重量是400盎司，也就是12.5千克。

　　金条含金量的多少被称为成色。伦敦黄金市场认可的伦敦合格交割标准金条的含金量不少于 99.995 0%，或者称为 995.0 金；纯金定义为 24 开，常用的有 22 开、18 开、14 开等，18 开含金量为 75%（18÷24）。

8.1.2 国际黄金市场概述

国际黄金市场的主要参与者包括产金商、出售购入或出借回收黄金的央行、打算出售黄金的私人或集团、黄金的加工商、进行保值或投资的购买者和从事投机交易的基金等。

在全球黄金存量中，黄金首饰占了一半多，而每年新生产的黄金也有超过 2/3 的部分用于首饰的生产，因此首饰加工商也是黄金市场的重要力量。

目前，世界上大大小小的黄金市场有 40 多个，各个市场在不同的地域和范围发挥各自的作用，而且通过电话和网络等构成一体，一天 24 小时不间断地进行着黄金交易。

一天的交易在夜间稍事休息之后，早晨从悉尼开始亚洲的黄金交易，随后具有影响力的则是东京黄金期货市场和香港期货市场，欧洲市场最有影响力的是伦敦定盘价。在伦敦下午定盘价开出之后，纽约也迎来了交易时间，最具影响力的则是纽约商品交易所的当期活跃月份的期货金价，在其带动下往往纽约现货金价也产生很大波动。这样就构成了一天内基本不停顿的国际黄金交易市场。

黄金定盘会通常为每日两次，参与定盘会的是世界五大从事黄金业务的银行：洛希尔父子有限公司、加拿大丰业银行、法国兴亚银行、德意志银行和美国汇丰银行伦敦支行。定价会的时间长短要看市场的供求情况，短则一分钟，长可达一小时。

由于整个定价过程是透明的，客户可以看到价格的变化和供求的数量，随时可以增加、减少或撤销其订单。定盘交易的好处是价格比较合理，所以很多人都愿意参加定盘交易，而定盘价也因此在世界上有很大的影响力。

伦敦黄金市场的交易品种包括伦敦当地现货黄金的买卖、黄金存入、贷出、掉期、期货、期权等。

美国的黄金市场以期货和期权交易为主。苏黎世黄金市场是世界上仅次于伦敦的第二大黄金现货市场，也是最主要的世界金币市场。中国香港的黄金市场中最主要的是香港金银业贸易市场，其黄金主要来自欧洲，销往东南亚、韩国、日本等地。

8.1.3 国际黄金市场的发展

1. 皇权垄断时期（19 世纪以前）

在 19 世纪之前，因黄金极其稀有，黄金基本为帝王独占的财富和权势的象征，或者为神灵拥有，成为供奉器具和修饰保护神灵形象的材料。虽然公元前 6 世纪就出现了世界上的第一枚金币，但一般平民很难拥有黄金。黄金矿山也属皇家所有，当时黄金是由奴隶、犯人在极其艰苦恶劣的条件下开采出来的。正是在这样的基础上，黄金培植起了古埃及与古罗马的文明。16 世纪，殖民者为了掠夺黄金而杀戮当地居民，毁灭文化遗产，在人类文明史上留下了血腥的一页。抢掠与赏赐成为黄金流通的主要方式，自由交易的市场交换方式难以发展，即使存在，也因黄金的专有性而限制了黄金的自由交易规模。

2. 金本位时期（19 世纪初至 20 世纪 30 年代）

19 世纪初开始，在俄国、美国、澳大利亚、南非及加拿大先后发现了丰富的金矿资源，使黄金生产力迅速发展。仅 19 世纪后半叶，人类生产的黄金就超过了过去 5 000 年的产量总和。由于黄金产量的增加，人类增加黄金需求才有了现实的物质条件，以黄金生产力的发展为前提，人类进入了金本位时期。货币金本位的建立意味着黄金从帝王专有，走向了广阔的社会；从狭窄的宫廷范畴进入了平常的经济生活；从特权华贵的象征演变为资产富有的象征。金本位制即黄金就是货币，在国际上是硬通货。可自由进出口，当国际贸易出现赤字时，可以用黄金支付；在国内，黄金可以用做货币流通。金本位制具有自由铸造、自由兑换、自由输出三大特点。金本位制始于 1816 年的英国，到 19 世纪末，世界上主要的国家基本上都实行了"金本位"。

1914 年第一次世界大战时，全世界已有 59 个国家实行金本位制。金本位制虽时有间断，但大致延续到 20 世纪的 20 年代。由于各国的具体情况不同，有的国家实行金本位制长达一百多年，有的国家仅有几十年的"金本位制"历史。

随着金本位制的形成，黄金承担了商品交换的一般等价物，成为商品交换过程中的媒介，黄金的社会流动性增加。黄金市场的发展有了客观的社会条件和经济需求。在"金本位"时期，各国中央银行虽都可以按各国货币平价规定的金价无限制地买卖黄金，但实际上仍是通过市场吞吐黄金，因此黄金市场得到了一定程度的发展。必须指出，这是一个受到严格控制的官方市场，黄金市场不能得到自由发展。因此直到第一次世界大战之前，世界上只有英国伦敦黄金市场是唯一的国际性市场。

20 世纪初，第一次世界大战爆发，严重地冲击了金本位制。到 30 年代又爆发了世界性的经济危机，使金本位制彻底崩溃，各国纷纷加强了贸易管制，禁止黄金自由买卖和进出口，公开的黄金市场失去了存在的基础，伦敦黄金市场关闭。这一关便是 15 年，直至 1954 年后才重新开张。在此期间，一些国家实行"金块本位"或"金汇兑本位制"，大大压缩了黄金的货币功能，使之退出了国内流通支付领域，但在国际储备资产中，黄金仍是最后的支付手段，充当世界货币的职能，黄金仍受到国家的严格管理。1914—1938 年，西方的矿产金绝大部分被各国中央银行吸收，黄金市场的活动有限。此后对黄金的管理虽有所松动，但由于长期人为地确定官价，而且国与国之间贸易壁垒森严，所以黄金的流动性很差，市场机制被严重抑制，黄金市场发育受到了严重阻碍。

3. 布雷顿森林系时期（20 世纪 40 年代至 70 年代初）

1944 年，经过激烈的争论，英、美两国达成了共识，美国于当年 5 月邀请参加筹建联合国的 44 国政府的代表在美国布雷顿森林举行会议，签订了《布雷顿森林协议》，建立了"金本位制"崩溃后的人类第二个国际货币体系。在这一体系中美元与黄金挂钩，美国承担以官价兑换黄金的义务。各国货币与美元挂钩，美元处于中心地位，起到世界货币的作用。这实际是一种新金汇兑本位制，在布雷顿货币体制中，黄金无论在流通还是在国际储备方面的作用都有所降低，而美元成为这一体系中的主角。但因为黄金是稳定这一货币体系的最后屏障，所以黄金的价格及流动仍受到较严格的控制，各国禁止居民自由买卖黄金，市场机制难以有效发挥作用。伦敦黄金市场在该体系建立十年后才得以恢复。

布雷顿森林货币体系的运转与美元的信誉和地位密切相关。20 世纪 60 年代美国深陷越南战争的泥潭，财政赤字巨大，国际收支情况恶化，美元的信誉受到极大冲击。大量资本出逃，各国纷纷抛售自己手中的美元，抢购黄金，使美国黄金储备急剧减少，伦敦金价暴涨。

为了抑制黄金价格上涨、保持美元汇率、减少黄金储备流失，美国联合英国、瑞士、法国、联邦德国、意大利、荷兰、比利时八个国家于 1961 年 10 月建立了"黄金总库"。八国央行共拿出 2.7 亿美元的黄金，由英格兰银行为黄金总库的代理机关，负责维持伦敦黄金价格，并采取各种手段阻止外国政府持美元外汇向美国兑换黄金。60 年代后期，美国进一步扩大了侵越战争，国际收支情况进一步恶化，美元危机再度爆发。1968 年 3 月的半个月中，美国黄金储备流出了 14 多亿美元，仅 3 月 14 日一天，伦敦黄金市场的成交量达到了 350～400 吨的破纪录数字。美国再也没有维持黄金官价的能力了，经与黄金总库成员协商后，宣布不再按每盎司 35 美元官价向市场供应黄金，市场金价自由浮动，但各国政府或中央银行仍按官价结算，从此黄金开始了双价制阶段。但双价制仅维持了三年时间，原因一是美国国际收支仍不断恶化，美元不稳；二是西方各国不满美国以一己私利为原则，不顾美元危机拒不贬值，强行维持固定汇率。于是，欧洲一些国家采取了请君入瓮的策略，既然美国拒不提高黄金价格，让美元贬值，他们就以手中的美元兑换美国的储备黄金。当 1971 年 8 月传出法国等西欧国家要以美元大量兑换黄金的消息后，美国于 8 月 15 日不得不宣布停止履行对外国政府或中央银行以美元向美国兑换黄金的义务。1973 年 3 月因美元贬值，再次引发了欧洲抛售美元、抢购黄金的风潮。西欧和日本外汇市场不得不关闭了 17 天。经过磋商，最后达成协议，西方国家放弃固定汇率，实行浮动汇率。至此布雷顿森林货币体系完全崩溃，从此也开始了黄金非货币化的改革进程。但从法律的角度看，国际货币体系的黄金非货币化到 1978 年才正式明确。国际货币基金组织（IMF）在 1978 年以多数票通过批准了修改后的《国际货币基金协定》。该协定删除了以前有关黄金的所有规定，宣布：黄金不再作为货币定值标准，废除黄金官价，可在市场上自由买卖黄金；取消对国际货币基金组织必须用黄金支付的规定；出售国际货币基金组织 1/6 黄金，所得利润用于建立帮助低收入国家优惠贷款基金；设立特别提款权代替黄金用于会员国与国际货币基金组织之间的某些支付等。

在这一时期，黄金价格一直受到国家的严格控制，国家对黄金市场的介入干预时有发生，黄金市场仅是国家进行黄金管制的一种调节工具，难以发挥市场资源配置作用。市场的功能发挥是不充分的。

4. 黄金非货币化时期（20 世纪 70 年代至今）

国际黄金非货币化的结果，使黄金成为可以自由拥有和自由买卖的商品，黄金从国家金库走向了寻常百姓家，其流动性大大增强，黄金交易规模增加，因此为黄金市场的发育、发展提供了现实的经济环境。黄金非货币化的 20 年，也正是世界黄金市场得以发展的时期，可以说，黄金非货币化使各国逐步放松了黄金管制，是当今黄金市场得以发展的政策条件。但需要指出的是，黄金制度上的非货币化与现实的非货币化进程存在着滞后现象。国际货币体系中黄金非货币化的法律过程已经完成，但是黄金在实际经济生活中并没有完全退出金融领域，当今黄金仍作为一种公认的金融资产活跃在投资领域，充当国家或个人的储备资产。

当今的黄金分为商品性黄金和金融性黄金。国家放开黄金管制不仅使商品黄金市场得以发展，同时也促使金融黄金市场迅速发展起来，并且由于交易工具的不断创新，几十倍、上百倍地扩大了黄金市场的规模。现在商品实物黄金交易额不足总交易额的 3%，90%以上的市场份额是黄金金融衍生物，而且世界各国央行仍保留了高达 3.4 万吨的黄金储备。1999 年 9 月 26 日，在欧洲 15 国央行的声明中，再次确认黄金仍是公认的金融资产。因此，我们不能单纯地将黄金市场的发展原因归结为黄金非货币化的结果，也不能把黄金市场视为单纯的商品市场。客观的评价是：在国际货币体制黄金非货币化的条件下，黄金开始由货币属性主导的阶段向商品属性回归的阶段发展，国家放开了黄金管制，使市场机制在黄金流通及黄金资源配置方面发挥出日益增强的作用。但目前黄金仍是一种具有金融属性的特殊商品，所以不论商品性黄金市场，还是金融性黄金市场都得到了发展。商品黄金交易与金融黄金交易在不同地区、不同市场中的表现和活跃程度有所不同。

另外，从 20 世纪 80 年代中期到整个 90 年代，美国经济的蓬勃发展使美元处于强势，世界各国的资金不断流入美国，黄金需求受到很大压抑，黄金价格持续低迷。近几年黄金走势开始发生重大变化，欧洲中央银行沽出部分黄金储备及亚洲人民增持黄金，形成黄金大转移，称为"官金民移、西金东移"现象，这是黄金市场长远利好。更重要的是，美元经过多年强势后开始转弱，由于经济疲软、债务巨大，美国利用发债方式吸收其他国家的资金已不太奏效。人们开始觉得把钱放在美国不是特别安全的事情。

8.2 黄金投资分析

8.2.1 黄金的主要用途、流量供需与存量供需

1. 黄金的主要用途

（1）用做国际储备。这是由黄金的货币商品属性决定的。由于黄金的优良特性，历史上黄金充当货币的职能，如价值尺度、流通手段、储藏手段，支付手段和世界货币。20 世纪 70 年代以来，黄金与美元脱钩后，黄金的货币职能也有所减弱，但仍保持一定的货币职能。目前许多国家，包括西方主要国家国际储备中，黄金仍占有相当重要的地位。

（2）用做珠宝装饰。华丽的黄金饰品一直是一个人的社会地位和财富的象征。

（3）在工业与科学技术上的应用。由于金具备独一无二的完美的性质，它具有极高的抗腐蚀性和稳定性，良好的导电性和导热性；金的原子核具有较大捕获中子的有效截面；对红外线的反射能力接近 100%；在金的合金中具有各种触媒性质；金还有良好的工艺性，极易加工成超薄金箔、微米金丝和金粉；金很容易镀到其他金属和陶器及玻璃的表面上，在一定压力下金容易被熔焊和锻焊；金可制成超导体与有机金等。正因为有这么多有益性质，使它有理由广泛用到最重要的现代高新技术产业中去，如电子技术、通信技术、宇航技术、化工技术和医疗技术等。

2．黄金市场的供应和需求

黄金市场的供应来源主要有以下几个方面：世界各产金国的新产金，苏联向世界市场售出的黄金，还原重用的黄金，其他一些国家官方机构、国际货币基金组织和私人抛售的黄金。

黄金市场的黄金供给主要有三种性质：第一种是经常性供给，主要包括世界主要产金国，这类供给是稳定的、经常性的。第二种是诱发性供给，这是由于其他因素激励作用导致的供给，主要是金价上扬，使许多囤金者为获利抛售，或使黄金矿山加速开采。第三种是调节性供给，这是一种阶段性不规则的供给，如产油国因油价低迷，会因收入不足而抛售一些黄金。

世界黄金的需求主要来自以下三个方面：

（1）各国官方的黄金储备，主要作用是作为国际支付的准备金。一国黄金储备的多少与其外债偿付能力有密切关系。为了保持一定的黄金储备比例，各国中央银行及国际金融机构都会参与世界黄金市场的交易活动。

（2）工业用途需求的增减，对世界黄金价格升降有很大影响。黄金的工业用途十分广泛，主要有首饰、化工、航天、电子等行业。

（3）投资需求也是黄金市场需求来源的重要部分。一方面，人们利用金价波动，入市赚取利润；另一方面，人们在不同条件下，可在黄金与其他投资工具之间互为选择。例如，当美元贬值、油价上升时，黄金需求量便会有所增加；股市上涨时吸引大量资金，那么黄金需求可能会相应减少。

8.2.2 黄金投资的优点及其与其他投资方式的比较

1．黄金投资的优点

在投资市场上，供投资者选择的投资品种十分丰富，为什么要选择黄金投资呢？黄金投资与其他形式的投资到底有哪些方面的优势呢？

（1）在税收上的相对优势。黄金可以说是世界上所占税项负担最轻的投资项目了。其交易过程中所包含的税收项目，基本上也就只有黄金进口时的报关费用。例如，买卖高赛尔金条除了收取少量加工费用之外，不再收取其他任何费用，而且手续流程非常简单。相比之下，其他不少投资品种都存在一些容易让投资者忽略的税收项目。

例如，在进行股票投资时，如果需要进行股票的转手交易，还要向国家缴纳一定比例的印花税。如此计算下来，利润将会成比例地减少。如果是进行大宗买卖或者长年累月的计算，这部分的费用可谓不菲。

又如进行房产投资，除了在购买时需要缴纳相应的税费以外，在获得房产以后，还要交缴土地使用税。当房价已经上涨到一定程度，可以出售获利时，政府为了抑制对房产的炒作，还会征收一定比例的增值税。这样算下来，在缴纳赋税以后，收益会有很大减少。

在进行任何一种投资之前，都应该对所投资的项目的回报率进行分析（投资回报率=投资净收益÷原始投资额）。这里所涉及的投资净收益，是缴纳赋税以后的收益。也许开始觉得自己大赚特赚了一笔，但是当支付一定比例的赋税后，收益也许让你感到少得可怜。尤其是在一些高赋税的国家，投资前的赋税计算变得尤为重要，否则可能使投资者做出错误的投资决策。

（2）产权转移的便利。假如你手头上有一栋住宅和一块黄金，当你打算将它们送给你的子女时，你会发现，将黄金转移很容易，让子女拿走就可以了，但是住宅就要费劲得多，住宅和股票、股权的转让一样，都要办理过户手续。假如是遗产的话，还要律师证明合法继承人的身份，并且缴纳一定的遗产税，这样你的这些财产就会大幅度缩水。

由此看来，这些资产的产权流动性根本没有黄金那么优越。在黄金市场开放的国家里，任何人都可以从公开场合购得黄金，还可以像礼物一样进行自由转让，没有任何类似于登记制度的阻碍。而且黄金市场十分庞大，随时都有任何形式的黄金买卖。

（3）世界上最好的抵押品种。很多人都遇到过资金周转不灵的情况，解决这种窘困的方法通常有两种：一是进行典当；二是进行举债。举债能否实现，完全看个人的信用程度，而且借到的能否够用也无法确定。这时，黄金投资者就完全可以把黄金进行典当，之后再赎回。

当然，可以用来典当的物品种类很多，除了黄金以外，还有古董、字画等。但是由于古董、字画等投资品的赝品在市场上很多，从这方面来看，黄金典当就要容易得多，需要的只是一份检验纯度的报告。正是由于黄金是一种国际公认的物品，根本不愁买家承接。一般的典当行都会给予黄金达90%的短期贷款，而不记名股票、珠宝首饰、金表等物品，最高的贷款额也不会超过70%。

不过，在银行用黄金进行抵押就有一定的差别了。例如，在香港的银行就不习惯接受黄金作为抵押品，可能是不愿进行检验或者风俗方面的原因。但是，在法国这种黄金文化比较深厚的地方，各银行都欢迎用黄金进行贷款，而且贷款的比率能达到百分之百。

（4）黄金能保持久远的价值。商品在时间的摧残下都会出现物理性质不断产生破坏和老化的现象。不管房产还是汽车，除非被某个名人使用过，不然经过岁月的磨炼都会有不同程度的贬值。而黄金由于其本身的特性，虽然会失去其本身的光泽，但是其质地根本不会发生变化。表面经过药水的清洗，还会恢复其原先的容貌。

即使黄金掉入了它的克星"黄水"里，经过一连串的化学处理，仍然可以恢复其原有的容貌。正由于黄金是一种恒久的物质，其价值又得到了国际的公认，所以从古到今都扮演着重要的经济角色。

（5）黄金是对抗通货膨胀最理想的武器。近几十年间，通货膨胀导致的各国货币缩水情况十分剧烈。当缩水到了一定程度时钞票就如同废纸一般。此时，人心惶惶，任何政治上的风吹草动都会引起人们纷纷抢购各种宝物的自保行为。例如，当时在南美的一些国家里，当人们拿到工资后，第一件要做的事情就是到商店里购买各种食物和日用品。很大面值的纸币连一个鸡蛋都买不起，这是当时的真实写照。但黄金的价值却会随着通货膨胀而相应上涨。因此，进行黄金投资，才是避免在通货膨胀中资产被蚕食的最佳方法。

（6）黄金市场很难出现庄家。任何地区性股票的市场，都有可能被人为地操纵。但是，黄金市场却不会出现这种情况。金市基本上是属于全球性的投资市场，现实中还没有哪个财团的实力大到可以操纵金市。也有一些做市行为出现在某个市场的开市之处，但是当其他市场开始交易时，这些被不正当拉高的金价还是会回落的，再次反映出黄金的实际供求状况。也正是由于黄金市场做市很难，所以为黄金投资者提供了较大的保障。

（7）没时间限制，可随时交易。中国香港金市的交易时间是从早上 9 点到第二天凌晨 2 点 30 分（冬季是 3 点 30 分），投资者可以进行港金和本地伦敦金的买卖。香港金市收市后，伦敦市场又开市了，紧接着还有美国金市，所以投资者 24 小时都可以进行黄金交易。投资者可以随时获利平仓，还可以在价位适合时随时建仓。另外，黄金的世界性公开市场不设停板和停市，令黄金市场投资起来更有保障，根本不用担心在非常时期不入市的平仓止损情况。

黄金投资的优点如此之多，理应成为人们进行投资理财组合中的一部分。

2．黄金与其他投资方式的比较

（1）黄金与银行储蓄的比较。银行储蓄收益远低于国际黄金投资的回报率。受资本账户管制和金融市场不发达的影响，目前我国国内投资品种十分有限。居民的主要投资是储蓄、股市、汇市、债市和基金等方面。2014 年年底，我国居民储蓄高达 113.86 万亿元人民币，储蓄因其较低的风险仍然是居民投资的优选。鉴于 2015 年 5 次降准降息，吸引了部分投资者投向黄金市场。

（2）黄金与国债的比较。尽管国债投资风险较小，但收益率远不如黄金。国债也是国内热门的投资品种。2004 年全国银行间债券市场 44 种国债现货交易的平均收益率是 –1.049%；1999—2004 年全国银行间债券市场所有回购品种的年平均收益率是 1.678%，风险指标是 1.490%。我国的黄金交易赢利与国债收益都是免税的。一般而言，国债和回购品种的年平均收益率较相应期限的存款利率高一定比例，因为国债和主要回购品种的风险要高于存款的风险。不过，1999—2004 年我国国债和所有回购品种的年平均收益率较相应期间内黄金的年平均收益率 8.25%低，但风险相对要小一些。受 2015 年多次降息的影响，财政部招标发行 280 亿元 10 年期固定利率国债，中标利率为 2.99%，为 2008 年 12 月以来首次跌破 3%，相比较而言，现阶段黄金的投资收益率要高。

（3）黄金与股票的比较。从中长期的角度来说，在金融资本市场上黄金与股市相比，黄金投资风险相对较小，收益也较为稳定可观，适合中长期持有。且黄金具有保值功能，因此，可以成为想要投资保值人士尝试投资之初的不错选择。黄金与股票相比从交易时间、交易品种、交易方式、市场透明度等方面均具有一定优势。几年来，黄金与股票都经历跌宕起伏，股票的投资回报率相对较高，但风险更高，意味着尽管有较高的平均收益回报率，但部分投资者或部分年份的回报率可能为负数。

8.2.3 黄金投资的方式

目前，国际上的黄金投资主要有以下几种方式：投资金条、投资金币、黄金管理账户、黄金凭证、黄金期货和黄金期权。

1．投资金条

我国目前个人投资黄金的主要方式是投资金条，金条分为两种：普通金条和纪念金条。

（1）金条的规格。各国金条的规格有所不同，但按国际惯例，进入市场交易的金条在精炼厂浇铸成型时必须标明其成色和重量，以及精炼厂的名字和编号。例如，高赛尔金条分为 2 盎司、5 盎司和 10 盎司三种规格，每根金条的背面有"中国印钞造币总公司长城金银精炼厂铸造"的字样和编号，还有防伪标识。

（2）金条的铸造和包装。一般情况下，投资者往往要购买知名度较高的精炼公司制造的金条，以后在出售时会省去不少费用和手续。如果是不知名企业生产的，黄金收购商就要收取分析费用。国际知名金商出售的金条，包装在密封的小袋中。除了内装黄金外，还有可靠的封条证明。在不开封的情况下，再售出金条时就会方便得多。在国内，长城金银精炼厂是迄今最大的国有金银精炼厂，也是中国金银冶炼企业中唯一的伦敦贵金属市场协会会员单位，并入选上海黄金交易所及理事单位。

（3）金条交易的计量单位。由于各国黄金市场交易的习惯、交易规则不同，黄金计量单位也有所不同。目前，国际黄金市场比较常用的计量单位是金衡盎司。金衡盎司是专门用于贵金属商品交易的计量单位，与常衡盎司有所不同，1 常衡盎司等于 28.349 5 克，而 1 金衡盎司等于 31.103 5 克。我国以前计量黄金的单位主要是两，现在主要是克，随着经济与国际接轨，我国不少黄金品牌用金衡盎司来计量，高赛尔金条就是其中之一。

（4）金条的价格。普通金条的价格与纪念金条的价格有所不同。纪念金条的发行价格是按照金饰品的定价方式来定价的，一般其发行价格为：成本+10%的增值税+5%的消费税+利润。而普通投资型金条的价格是在黄金现货价格的基础上加上一定的加工流通费。因此，纪念金条比普通投资型金条的价格要高。例如，高赛尔金条的价格以国际最大的黄金现货市场——伦敦贵金属市场的每日报价为基准，参考上海黄金交易所的价格，每盎司加上 109 元的加工流通费（3.5 元/克），回购时每盎司退回 62 元（2 元/克）。

（5）金条的投资渠道。一是场内交易，如上海黄金交易所的会员交易，即黄金生产企业、黄金饰品企业、黄金经纪商、黄金代理商、商业银行和机构投资者；二是场外交易，主要是一些中小企业和个人投资者在商业银行、金行、珠宝行、金银首饰店进行的金条交易。目前，我国的个人黄金投资者主要是在场外进行交易。购买金条最好选择回购有保证且价差不大的金条，如招商银行代理买卖的高赛尔金条。例如，2016 年 3 月 1 日上午的金条买卖报价分别是 271 元/克和 258.5 元/克，买卖时需要支付加工费的价差，每克支出 1.5 元。

2. 投资金币

金币有两种，即纯金币和纪念性金币。纯金币的价值基本与黄金含量一致，价格也基本上随国际金价波动。纪念性币主要为满足集币爱好者收藏，投资增值功能不大，但其具有美观、鉴赏、流通变现能力强和保值功能，所以仍对一些收藏者有吸引力。

3. 黄金管理账户

黄金管理账户是指经纪人全权处理投资者的黄金账户，属于风险较大的投资方式，关键在于经纪人的专业知识和操作水平及信誉。一般来讲，提供这种投资的企业具有比较丰富的专业知识，收取的费用不高。同时，企业对客户的要求也比较高，要求的投资额比较大。

4. 黄金凭证

这是国际上比较流行的投资方式，银行和黄金销售商提供的黄金凭证，为投资者避免了储存黄金的风险。发行机构的黄金凭证上面，注明了投资者有随时提取所购买黄金的权利。

投资者可按当时的黄金价格,将凭证兑换成现金以收回投资,还可通过背书在市场上流通。投资黄金凭证时要对发行机构支付一定的佣金,与实金的存储费大致相同。国内的"中华纸黄金"等都属于黄金凭证。

5. 黄金期货

一般而言,黄金期货的购买者和销售者都在合同到期日前出售和购回与先前合同相同数量的合约,也就是平仓,无须真正交割实金。每笔交易所得利润或亏损,等于两笔相反方向合约买卖差额。这种买卖方式是人们通常所称的"炒金"。黄金期货合约交易只需 10%左右交易额的定金作为投资成本,具有较大的杠杆性,少量资金推动大额交易。所以,黄金期货买卖又称为"定金交易"。

6. 黄金期权

期权是买卖双方在未来约定的价位,具有购买一定数量标的的权利而非义务。如果价格走势对期权买卖者有利,则行使其权利而获利;如果价格走势对其不利,则放弃购买的权利,损失只有当时购买期权时的费用。由于黄金期权买卖投资战术比较多并且复杂,不易掌握,目前世界上黄金期权市场不太多。

8.2.4 黄金投资者的分类

黄金投资者通常可分为三种类型:黄金的长线投资者、黄金的中线投资者及黄金的短线投资者。

1. 黄金的长线投资者

长线投资黄金,一般都是将黄金作为长时间的储蓄进行囤积,而不希望卖出黄金取回本金。其动机主要是基于政局和战乱的因素所致,有的是为了防范通货膨胀对自己资产的不利而买入黄金。黄金的长线投资者一般不会轻易沽空自己的黄金存货,除非到了迫不得已的情况,与那些见价格合适就卖出而获利的投资者有很大区别。长线投资者把购买黄金作为一种储蓄,不管金价是高是低,都照常买入。通常是实行每月一金的政策,定期买入。

2. 黄金的中线投资者

中线投资黄金的人士才算是真正懂得投资的人士。中线投资者在黄金价格低位时买入,然后在高价时沽出,以获得买卖之差价,扩大投资的利润。当中线投资者看好黄金的前景,预期金价即将上涨时,可以借机购入金条。例如,深圳一位先生以 3 405.21 元人民币/盎司的价格买入了 400 盎司的高赛尔金条,准备做长线投资。国庆节刚过,张先生看到金价猛然攀升到了 3 812.67 元人民币/盎司,便果断地将手中的 400 盎司黄金全部卖回招商银行。张先生经过仔细一算,除去加工费等因素,其收益率达到了 10.25%。通过这一买一卖,张先生净赚了 15 万元左右。

中线投资者跟长线投资者略有不同:前者只有在对未来金价进行预计以后,在能够预期实现其投资利润的时候才会进行黄金的投资;而后者对于黄金的价格根本不予理睬,不管是否获得利润，都会进行黄金的投资。

中线投资者获取利润的机会成本和代价，就是愿意承担金市的风险。在黄金市场上进行投资，可以更好地完善投资者的投资组合。当投资者在进行股票投资时，可以同时进行黄金投资，这样除了可以令自己的投资多元化以外，还可以得到分散风险的收益。当到达满意的价位时，中线投资者可以在几个月的时间里将自己的资金收回，把手头的黄金抛出，而不必长时间持有黄金。

3. 黄金的短线投资者

短线黄金炒家对黄金只是抱着投机的态度，希望在最短的时间里获得最多的利润。一般这些投资者只参与黄金期货、黄金期权等黄金远期合约的交易。这些投资工具的持有可能只有几分钟或者长达几个月，将套期保值的风险完全承担。虽然这种投资有很大的风险，有很大的投机性，但是能够在很短的时间内获得可观的利润。

黄金的投资做法很多，风险的大小可以进行选择。但是不管进行何种方式的投资，都应懂得黄金的用途，了解影响金价的各种因素和各种投资方式及其相应的投资风险。毫无原则的投资者必然不会在黄金市场上获得长期的成功。

8.2.5　影响黄金价格变动的因素

20世纪70年代以前，黄金价格基本上由各国政府或中央银行决定，国际上的黄金价格比较稳定。70年代初期，黄金价格不再与美元直接挂钩，黄金价格逐渐市场化，影响黄金价格变动的因素日益增多，具体来说，可以分为以下几方面。

1. 供给因素

（1）地球上的黄金存量。地球大约存有13.74万吨黄金，而地球上黄金的存量每年还在以大约2%的速度增长。

（2）年供给量。黄金的年供求量大约为4 200吨，每年新产出的黄金占年供给量的62%。

（3）新的金矿开采成本。黄金开采平均总成本大约略低于260美元/盎司。由于开采技术的发展，黄金开采成本在过去几十年来持续下跌。

（4）黄金生产国的政治、军事和经济的变动状况。在这些国家，任何政治上的、军事上的动荡无疑都会直接影响该国生产的黄金数量，进而影响世界黄金供给。

（5）央行的黄金抛售。中央银行是世界上黄金的最大持有者。据世界黄金协会2015年8月公布的统计数据，美国的黄金储备为8 133.5吨，占外汇储备的73.7%；德国的黄金储备为3 381吨，占外汇储备的67.6%；国际货币基金组织的黄金储备为2 814吨；意大利的黄金储备为2 451.8吨，占外汇储备的66%；法国的黄金储备为2 435.4吨，占外汇储备的64.7%；中国内地的黄金储备为1 658.1吨，占外汇储备的1.6%。由于黄金的主要用途由重要储备资产逐渐转变为生产珠宝的金属原料，或者为改善本国国际收支，或者为抑制国际金价，因此几十年间中央银行的黄金储备无论在绝对数量上和相对数量上都有很大下降，数量的下降主要依靠在黄金市场上抛售库存储备黄金。例如，英国央行的大规模抛售、瑞士央行和国际货币基金组织准备减少黄金储备就成为近期国际黄金市场金价下滑的主要原因。

2. 需求因素

（1）实际需求量（首饰业、工业等）的变化。一般来说，世界经济的发展速度决定了黄金的总需求，如在微电子领域，越来越多地采用黄金作为保护层；在医学及建筑装饰等领域，尽管科技的进步使得黄金替代品不断出现，但黄金以其特殊的金属性质使其需求量仍呈上升趋势。

某些地区因局部因素会对黄金需求产生重大影响。例如，一向对黄金饰品大量需求的印度和东南亚各国因受金融危机的影响，从 1997 年以来黄金进口大大减少。世界黄金协会数据显示，泰国、印度尼西亚、马来西亚及韩国的黄金需求量分别下跌了 71%、28%、10% 和 9%。从黄金消费来看，2014 年我国人均黄金消费量不足 4.6 克，与全球人均 20 克的水平相差很大。因此，我国有着非常大的黄金消费潜力，前景非常可观。

（2）保值的需要。黄金储备一向被央行用做防范国内通货膨胀、调节市场的重要手段。而对于普通投资者，投资黄金主要是在通货膨胀的情况下，达到保值的目的。在经济不景气的态势下，由于黄金与货币资产相比更为保险，导致对黄金的需求上升，黄金价格上涨。例如，在第二次世界大战后的三次美元危机中，由于美国的国际收支逆差趋势严重，各国持有的美元大量增加，市场对美元币值的信心动摇，投资者大量抢购黄金，直接导致布雷顿森林体系破产。1987 年因为美元贬值，美国赤字增加，中东形势不稳等也都促使国际黄金价格大幅上升。

（3）投机性需求。投机者根据国际国内形势，利用黄金市场上的黄金价格波动，加上黄金期货市场的交易体制，大量“沽空”或“补进”黄金，人为地制造黄金需求假象。在黄金市场上，几乎每次大的下跌都与对冲基金公司借入短期黄金在即期黄金市场抛售和在 COMEX 黄金期货交易所构筑大量的空仓有关。1999 年 7 月，黄金价格跌至 20 年最低点的时候，美国商品期货交易委员会（CFTC）公布的数据显示，在 COMEX 投机性空头接近 900 万盎司（近 300 吨）。当触发大量的止损卖盘后，黄金价格下泻，基金公司乘机回补获利；当金价略有反弹时，来自生产商的套期保值远期卖盘压制黄金价格进一步上升，同时给基金公司新的机会重新建立沽空头寸，形成了当时黄金价格一浪低于一浪的下跌格局。高赛尔金银研发中心高金表示：“现在黄金市场价格走势并不完全由市场供需来简单地决定，也不是由各国央行在其间简单地博弈，其中投机性因素对价格的影响占据了很大的比例。”

3. 其他因素

（1）美元汇率的影响。美元汇率也是影响金价波动的重要因素之一。一般在黄金市场上有“美元涨则金价跌，美元降则金价扬”的规律。美元坚挺，一般代表着美国国内经济形势良好，美国国内股票和债券得到投资人的竞相追捧，黄金作为价值储藏手段的功能受到削弱；而美元汇率下降则往往与通货膨胀、股市低迷等有关，黄金的保值功能又再次体现。这是因为，美元贬值往往与通货膨胀有关，而黄金价值含量较高，在美元贬值和通货膨胀加剧时往往会刺激对黄金保值和投机性的需求上升。此外，黄金价格受到美元影响的一部分原因还在于受到美国经济的影响。美国的 GDP 占了世界 GDP 的 1/4，对外贸易总额位居世界第一，其经济形势的好坏必然会对全球经济产生影响，而黄金本身的属性决定了它能在经济萧条时仍然处于较为稳定的货币地位，因此它的价格通常与世界经济形式成反比例关系。因此，当美元走强，购买黄金只需要支付少量的美元，这就导致了金价的下跌，反之，就会引起金价的上涨。

（2）各国的货币政策与国际黄金价格密切相关。当某国采取宽松的货币政策时，由于利率下降，该国的货币供给增加，加大了通货膨胀的可能，会造成黄金价格的上升。例如，20世纪60年代美国的低利率政策促使国内资金外流，大量美元流入欧洲和日本，各国由于持有的美元净头寸增加，出现对美元币值的担心，于是开始在国际市场上抛售美元，抢购黄金，并最终导致了布雷顿森林体系的瓦解。但在1979年以后，利率因素对黄金价格的影响日益减弱。例如，2005年美联储11次降息，并没有对金市产生非常大的影响，唯有在"9·11"事件中金市受利。

（3）通货膨胀的影响。对这个因素要进行长期和短期分析，并要结合通货膨胀在短期内的程度而定。从长期来看，每年的通货膨胀率若是在正常范围内变化，那么其对金价的波动影响并不大；只有在短期内，物价大幅上升，引起人们的恐慌，货币的单位购买力下降，金价才会明显上升。虽然进入20世纪90年代后，世界进入低通货膨胀时代，作为货币稳定标志的黄金用武之地日益缩小，而且作为长期投资工具，黄金收益率日益低于债券和股票等有价证券。但是，从长期看，黄金仍不失为对付通货膨胀的重要手段。

（4）国际贸易、财政、外债赤字的影响。债务这一世界性问题已不仅是发展中国家特有的现象。在债务链中，债务国本身如果发生无法偿债的现象将导致经济停滞，而经济停滞又进一步恶化债务的恶性循环，就连债权国也会因与债务国之关系破裂，面临金融体系崩溃的危险。这时，各国都会为维持本国经济不受伤害而大量储备黄金，引起市场黄金价格上涨。

（5）国际政局动荡、战争、恐怖事件等的影响。国际上重大的政治、战争事件都将影响金价。政府为战争或为维持国内经济的平稳而支付费用，大量投资者转向黄金保值投资，这些都会扩大对黄金的需求，刺激金价上扬。例如，第二次世界大战、美越战争、1976年泰国政变、1986年"伊朗门"事件等，都使黄金价格有不同程度的上升。2001年9月11日恐怖组织袭击美国世贸大厦事件发生，曾使黄金价格飙升至当年的最高点（近300美元/盎司）。

（6）股市行情的影响。一般来说，股市下挫，黄金价格上升。这主要体现了投资者对经济发展前景的预期。如果大家普遍对经济前景看好，则资金大量流向股市，股市投资热烈，黄金价格下降。反之亦然。

（7）石油价格的影响。黄金本身作为通货膨胀之下的保值品，与通货膨胀形影不离。石油价格上涨意味着通货膨胀会随之而来，黄金价格也会随之上涨。

除了上述影响金价的因素外，国际金融组织的干预活动，本国和地区的中央金融机构的政策法规，也将对世界黄金价格的变动产生重大的影响。

8.2.6　黄金投资的价值分析

决定黄金投资成败的诸因素中，最关键的是能否对黄金的价位走势做出正确的分析和判断。黄金买卖不像赌大小，完全靠运气，即使能够获得收益，但是结果根本不能控制，投资者应通过一定的分析进行预测。预测价格走向的方法主要有两种：基本分析和技术分析。两者是从两个不同的角度对金价市场进行分析，在实际操作中各有各的特色，投资者应结合使用。

1. 黄金投资的基本分析

所谓基本分析，就是着重从政治、经济、个别市场的外在和内在因素进行分析，再加上其他投资工具，以确定市场的目前状况，并采取相应策略。以基础分析为主要分析手段的分析家，一整天都在研究金矿公司的行情、政府部门的有关资料及各个机构的报告，从而推测市场的未来走势。基本分析涉及的主要因素在以前已经提到过，概括而言包括：

（1）政治局势。政治局势动荡通常都会对金价利好，战争会使得物价上涨，令黄金价格得到支撑；而世界和平则会对黄金价格有不利的影响。

（2）黄金生产量。黄金生产量的增减影响到黄金的供求平衡。黄金生产量最大的国家是南非，工人罢工或其他特殊情况的发生，都会对黄金产量产生影响。其次，黄金的生产成本也会影响产量。1992 年，因为黄金生产成本提高，不少金矿停止生产，导致黄金价格一度被推高。

（3）政府行为。当政府需要套取外汇时，不管当时黄金的价格如何，都会沽出所储备的黄金来获得。与此相对应，政府黄金回收的数据，也是影响黄金价格的重要指标。

（4）黄金需求。黄金除了是一种保值工具以外，更有工业用途和装饰用途。电子业、牙医类、珠宝业等用金工业，在生产过程中出现变动，都会影响黄金的价格。

（5）美元走势。美元和黄金是对冲的投资工具，如果美元走势强劲，投资美元就会有更大的收益，因此黄金的价格就会受到影响。相反，在美元处于弱势时，投资者又会减少资本对美元的投资，而投向金市，推动金价的上扬。

（6）通货膨胀。当物价指数上升时，意味着通货膨胀的加剧。通货膨胀的到来会影响一切投资的保值功能，故此黄金价格也会有升降。虽然黄金作为对付通货膨胀的武器，作用已不如以前，但是高通货膨胀仍然会对黄金价格起到刺激作用。

（7）利率因素。如果利率提高，存款会获得较大的收益，对于无息的黄金，会造成利空作用。相反，利率下滑，会对黄金价黄较为有利。

对黄金走势的基本分析还有许多方面，当在分析这些因素时，应考虑到它们各自作用的强度到底有多大。找到每个因素的主次地位和影响时间段，从而进行最佳的投资决策。黄金的基本分析在时间段上分为短期（通常是三个月）因素和长期因素，对于其影响作用要分别对待。

2. 黄金投资的技术分析

士兵要想在战争中获得胜利，除了要配备精良的武器以外，还要练就一身过硬的杀敌本领。同样，投资者在进行黄金交易时，除了要有准确的信息来源以外，还要掌握技术分析这个有力武器。技术分析起源于统计学，它可帮助我们在市场上寻求最佳的介入价格，与基本分析相辅相成，都是不可缺少的分析工具。

技术分析是通过对市场上每日价格的波动，包括每日的开市价、收市价、最高价、最低价、成交量等数字资料，通过图表将这些数据加以表达，从而预测未来价格的走向。每种分析方法都不是十全十美的。我们既不能对技术分析过分依赖，也不能偏向于基本分析。从理论上讲，在通过基本分析以后，可以运用技术分析来捕捉每个金市的上升浪和下跌浪，低买高卖，以赚取更大的利润。而且，技术分析是以数学统计方程式为基础的一种客观分析方法，有极强的逻辑性，它对投资者的主观见解进行过滤，比凭借个人感觉的分析者稳当得多。

（1）K 线图。现在的图表都是通过计算机对每天数据的处理后而画出的，其最大的功能就是反映大势的状况和价格信息。柱状线可以将金市上每天的开盘价、收盘价、最高价、最低价在一根蜡烛线上表示出来。对金市每日市场的价格走势情况进行汇总，就可以绘成日线图。如果要进行短线买卖，可以用较短时间内的图形（如 5 分钟走势图）来捕捉短线买卖信号。

图表是市场情况的反映，因此有着不同的走势。为了能够更好地进行分析，人们在图表上添加了一些辅助线，这样一些买卖信号就可以更容易地被人们发现。市场上常见的辅助线有几十种，不同的投资者对它们也各有取舍。

（2）交易量直方图。交易量表示在一定时间段内商品或金融工具总的交易行为。通常，交易量用直方条来表示（从零点生起的垂直条）。在作图时，画在曲线图或 K 线图的下端，因此可以将每一时期的价格和交易量图示在垂直方向联系起来。交易量越大，垂直条的高度越大。

交易量直方图提供了表示市场中买卖数量情况的方法。当交易量放大时，表示投资工具的这一价格受到了市场的认可；相反，如果在某一个价位上的交易量很小，表示市场交易者缺乏交易兴趣，因此存在市场价格发生逆转的危险。在使用交易量图表确定价格趋势时要记住，在市场放假之前或主要市场统计数据公布之前，市场交易可能很清淡。

8.3 我国的黄金交易市场与个人黄金投资

8.3.1 我国黄金市场的发展

1950 年 4 月，中国人民银行制定下发《金银管理办法》（草案），冻结民间金银买卖，明确规定国内的金银买卖统一由中国人民银行经营管理。

1983 年 6 月 15 日，国务院发布《中华人民共和国金银管理条例》，规定"国家对金银实行统一管理、统购统配的政策"；"中华人民共和国境内的机关、部队、团体、学校、国有企业、事业单位，城乡集体经济组织的一切金银的收入和支出，都纳入国家金银收支计划"；"境内机构所持的金银，除经中国人民银行许可留用的原材料、设备、器皿、纪念品外，必须全部交售给中国人民银行，不得自行处理、占有"；"在中华人民共和国境内，一切单位和个人不得计价使用金银，禁止私下买卖和借贷抵押金银"。

1999 年 12 月 10 日，中国首次向社会公开发售 1.5 吨"千禧金条"。

1999 年 12 月 28 日，白银取消统购统销放开交易，上海华通有色金属现货中心批发市场成为中国唯一的白银现货交易市场。白银上市交易品种为白银 1 号、白银 2 号、白银 3 号和粗银。白银的放开被视为黄金市场开放的"预演"。

2000 年 8 月，上海老凤祥型材礼品公司获得中国人民银行上海分行批准，开始经营旧金饰品收兑业务，成为国内首家试点黄金自由兑换业务的商业企业。

2000 年 10 月，国务院发展研究中心课题组发表有关黄金市场开放的研究报告。同年，中国政府将建立黄金交易市场列入国民经济和社会发展"十五"（2001—2005 年）纲要。

2001 年 1 月，上海公开发行"新世纪平安吉祥金牌"。中国金币总公司做出承诺，在政策许可的条件下，适时予以回购，购买者可在指定的商家或商业银行网点自主买卖或选择变现。

2001 年 4 月，中国人民银行行长戴相龙宣布取消黄金"统购统配"的计划管理体制，在上海组建黄金交易所。

2001 年 6 月 11 日，央行正式启动黄金价格周报价制度，根据国际市场价格变动对国内金价进行调整。

2001 年 11 月 28 日，上海黄金交易所模拟运行。

2002 年 10 月 17 日，上海黄金交易所实际交易试运行中，中金黄金股份公司与北京菜市口百货公司以每克 83.5 元的价格成交了 3 000 克 2 号金。

2002 年 10 月 30 日，上海黄金交易所正式开业，中国黄金市场走向全面开放，成为我国黄金市场开放的新纪元。

2003 年 4 月，人民银行取消了黄金生产、加工、流通审批制，改为工商注册登记制，标志着黄金商品市场的全面开放。

2003 年 11 月 18 日，中国银行的"黄金宝"在上海试点，拉开了商业银行参与黄金市场的序幕。

2003 年 12 月 2 日，高赛尔公司与招商银行在成都战略合作，在国内首次推出了可用于回购的投资型实物金条——高赛尔金条，把沉甸甸的金条引入寻常百姓家，刚一上市就受到投资者的追捧，银行里购买高赛尔金条的人排起了长队。

2004 年 6 月，上海黄金交易所推出"小金条"业务，面向普通投资者。

2004 年 12 月 20 日，中国银行与紫金矿业集团合作在福建推出了"紫金金条"。

2005 年 7 月 18 日，工商银行与上海黄金交易所联合推出了个人实物黄金投资业务。

2007 年中国的黄金产量增长到 270 吨左右首次超过南非成为黄金生产第一大国。

2008 年我国商业银行的账户金（又称为纸黄金）业务累积成交了 1 424 吨，同比增长 2.5 倍，成交金额为 2 720 亿元，同比增长近 3 倍。其中，人民币账户金的业务累积成交额达到 1 332 吨，成交金额为 2 546 亿元。

2009 年，中国黄金的需求达到创纪录的 423 吨，稳居世界第二大黄金消费国。

2010 年，中国的黄金储备也从 2007 年的 600 吨增加到 1 054 吨。

中国黄金消费量连年增长，于 2013 年超过印度，成为全球最大黄金消费国。截至 2014 年 2 月 16 日，中国已经发展成为当今全球增长最快的黄金市场。

黄金市场已经成为中国经济发展过程中的一个重要环节，世界上每个发达国家几乎都有着发达的黄金市场。作为发展最快的国家之一，中国大力发展黄金市场将是一个不可避免的过程。黄金市场的高速增长都显示出中国黄金市场的勃勃生机。

8.3.2 我国黄金投资市场的现状

有关机构在找出我国居民为什么广泛喜爱黄金的调查中，设计了 12 个选项，让受访者对他们心目中的黄金进行描述。调查结果揭示了这样一个市场密码：扩大我国黄金市场需求，仅靠单一地启动和扩大黄金首饰的需求是不够的，必须推动黄金投资市场。黄金投资、民间藏金有更大的需求潜力。

从对居民购买黄金首饰的目的性的调查结果中看到，我国居民对黄金保值功能的倚重。我国居民之所以选择黄金投资，与其说是为了获得一个民众投资赢利的新途径，不如说是民众所需的一种家庭资产保值的有效工具。因此，在我国目前股票、证券市场风险较高，存款利息较低而使民众资产缩水的情况下，以资产保值为突出功能的黄金投资就格外抢眼。

在受访的十个城市中，深圳受访者中支持黄金投资的私营业者、公务员比例很高，分别为 30.2%、30.1%，而天津的受访者态度呈两极化。对黄金投资市场未来发展前景认知落差的存在，表明我国黄金投资者虽对于黄金投资充满期待，但对市场前景存有担心，因此在热切期盼中的投资行为将是谨慎的。

本次调查设计了一个有 8 个选项的"家庭如果有富余的钱，受访者最想用于的开支"的问题。结果按比例高低排序表明，居民在解决温饱之后有了富余的钱，首先是用于进一步提高自己的生活质量和水平，所以与之相关的选项（如购房、购车、教育）选择比例居首位，其次才是用于投资，如股票、收藏，金条是第三个层次的选择。

对黄金投资产品的选择，不同性别的受访者没有很大的差异性。在不同的职业受访者中，农民对金条的选择比例最高，为 60.9%；自由职业者选择金币的比例为 26.1%，在不同职业人群中最高；董事长、总经理选择黄金股票的比例为 22.7%，居不同职业人群的首位。选择黄金凭证比例最高的是学生，为 32.8%；管理人员、自由职业者为 29.9%。选择黄金期货的比例，董事长、总经理为 22.2%，而工人仅为 7.3%，农民仅为 8.7%，离退休人员更低，仅为 1.7%。对黄金债券，公务员选择比例为 11.5%，几乎是平均比例（6.5%）的 2 倍。

本次调查受访者购买金条的场所，选择黄金首饰专卖店的比例最高，为 61.9%；其次是银行，为 44.1%；选择大商厦的比例最低，为 29.7%。这个调查结果表明，经过 20 多年的努力，在我国各地已出现一批让居民信任、与消费者已建起密切联系的黄金首饰专营企业，这些企业已有条件为居民提供更多新的黄金投资产品和服务，从而成为我国黄金投资市场体系中的一个重要组成部分。一些黄金首饰专营企业已开始这方面的行动，积极开拓金条、金币的需求市场。在银行柜台黄金交易尚未正式推出时，我国实金交易市场化在一般层面上的改革，大多都是在这个市场平台上进行的。也可以说，在我国黄金投资市场体系的形成过程中，黄金首饰专营店已抢占了市场先机。

通过抽样调查发现，居民购买金条的投资意愿较高，有 44.1%的受访者表示会选择在银行购买金条。调查又对居民对部分商业银行黄金业务的认知度进行了专项调查并完成具体排序。只从调查结果分析来看，完全可能有 20%以上的股票投资者愿意将部分资金转移到黄金投资市场。为了保险起见，我们设定为 15%，也就是说，有 750 万股民可能会分流一部分资金到黄金市场，转移的资金按人均 1.4 万～2.6 万元人民币计算，可能从股民分流资金 1 000

亿～1 900 亿元人民币。

以上两项合计预计未来居民可能进入黄金投资市场的资金可达 0.8 万亿～1.3 万亿元人民币。这些资金一部分会变为黄金储备而沉淀下来，而一部分资金主要用于"炒金"赢利。如果假设 50%用于炒金，每年流转四次，可以创造双方交量额 16 000 亿～26 000 亿元人民币。如果以每克黄金 193 元计算，年交易数量为 1.7 万～2.8 万吨。

8.3.3 我国主要的黄金投资品种及其比较

目前，我国黄金投资品种有四种：实物黄金（包括金条金块、纪念金币和黄金饰品）、纸黄金、黄金递延交易和黄金衍生产品（黄金期货和黄金期权）。

在实物黄金中，纪念金币和黄金饰品是由黄金零售商销售，具有较高溢价，且需缴纳增值税。金条金块的交易主要集中于银行和投资公司。金条金块的交易成本低于纪念金币和黄金饰品且不征收交易税，但是回购困难。如果购买实物黄金数量巨大，还将面临保存成本高、安全性等问题。

纸黄金是黄金的纸上交易，投资者的买卖交易记录只在个人预先开立的"黄金存折账户"上体现，而不涉及实物金的提取。赢利模式即通过低买高卖，获取差价利润。纸黄金实际上是通过投机交易获利，而不是对黄金实物投资。目前，国内市场主要有建行、工行和中行的纸黄金，其中工行的纸黄金手续费较低，单边点差为 0.4 元/克。

黄金（T+D）递延交易是指以保证金的方式进行的一种现货延期交收业务，买卖双方以一定比例的保证金（合约总金额的 10%）确立买卖合约。和黄金期货一样可以双向交易，买卖双方可以根据市场的变化情况，随时平掉持有的合约，在持仓期间将会发生每天合约总金额万分之二的递延费，递延费支付方向要根据当日交收申报的情况来定。如果客户持有买入合约，而当日交收申报的情况是收货数量多于交货数量，那么客户就会得到递延费，反之则要支付。交易手续费为单边总金额的 1.5‰。黄金（T+D）递延交易只有上海黄金交易所的会员才有资格进行交易。

黄金期货是以实物黄金作为合约标的物的标准化合约。黄金期货采用保证金制度，其风险与收益被放大了八九倍，黄金期货的价格波动风险也远远高于实物黄金和纸黄金，因此交易黄金期货时要严格进行资金管理。黄金期货交易十分便捷，流动性高，更适合专业投资者。黄金期货价格通常与现货黄金价格之间存在价差（基差），理论价差反映为黄金期货合约持有期的持仓成本，因此在交易黄金期货时要评估其理论价格，以防黄金期货价格的过度基差风险。

实物黄金手续费最低的是工行"金行家"。假如购买 1 000 克的黄金，单边费用共计 502元人民币，纸黄金手续费也是工行相对便宜，购买 1 000 克黄金单边交易成本为 400 元人民币。黄金（T+D）递延交易与黄金期货交易特点类似，但是递延交易的成本最高且不确定。黄金期货交易手续费在众多黄金产品中最低，单边每手仅为 100 元人民币。如果是日内双边交易，只收单边费用，而且黄金期货持仓成本仅为实物黄金和纸黄金的 1/8。随着黄金期货市场的逐步成熟，黄金期货价格逐步回归现货价格，黄金期货的投资优势越来越显著。

8.3.4 我国黄金投资市场前景展望

1. 市场规模潜力巨大

中国经济高速发展，居民储蓄已超过 120 000 亿元人民币。截至 2016 年 2 月，中国已连续九年成为全球最大黄金生产国，同时也是全球最大的黄金加工国和黄金珠宝消费市场。但中国人均年黄金消费量远远低于世界平均水平，这反映出中国黄金投资市场潜力巨大。金银现货投资市场（主要包括金条、金币、银币等）规模将不断扩大。随着金银投资衍生品的不断推出，预计未来 10 年金银投资年成交量会在 30 000 亿元人民币以上。

2. 国际竞争加剧

随着中国金融业的对外开放，外资银行将把国外成熟的、先进的金银交易模式引进中国市场，抢夺市场份额。未来几年内，金银投资市场的竞争将会异常激烈。届时，金银投资在中国将会成为继证券、期货、外汇后的第四大金融投资市场。

3. 投资产品更趋多样化

随着竞争的加剧，市场投资产品更加多元化、复杂化，将快速改变目前投资品种单一、投资渠道少的状况。黄金账户、纸黄金、黄金期货、期权、黄金股票、黄金基金等新品种将陆续面世。投资者将会有更多、更广的选择。

4. 人民币实现可兑换，生产者要进行风险管理

人民币将最终实现可自由兑换，金银生产商、流通商要进行风险管理，以规避人民币汇率给生产者带来的风险，届时会有丰富的风险管理工具应运而生。

5. 无形市场的发展

从国际黄金市场的发展轨迹看，无形市场的交易量占整个黄金市场交易量近 90%。而整个伦敦黄金市场没有交易所，其交易是通过"无形方式"——五大金商及客户网络间的相互联系组成；苏黎世黄金市场也没有正式组织结构，主要通过瑞士三大银行为客户代为买卖并负责清算。中国未来的发展也将循此轨迹，大量交易将通过无形市场完成，市场将会由银行及有实力的金商引领。随着无形市场的发展，容量巨大的黄金借贷市场将会诞生。预计未来 10～15 年，中国黄金借贷市场的年容量将超过 50 000 亿元人民币，由此将形成巨大的资金流，黄金的融资和资本增值效用将进一步放大。

6. 金商企业的品牌效应将日益突出

目前的金银投资市场还处于商品交易范畴的初级阶段，更多的市场影响来自国家政策的宏观调控，以及作为交易本身的黄金投资产品的价格波动。在不断升温的黄金投资市场竞争中，金商在市场中的影响力将逐步增强，而企业的品牌效应也将在产品走向同质化期间发挥更大的投资驱动力，未来的金银投资市场必将形成从企业到产品的多品牌竞争格局。以高赛尔为代表的黄金投资机构将引领国内黄金市场由产品竞争上升到品牌竞争的新阶段。

案例分析

中国黄金的历史与现状

黄金在中国历史上是财富的计量单位和象征，黄金在人类社会中的地位非同一般。但从中国 5000 年的历史来看，中国一直是一个黄金贫乏的国家。由于中国黄金总量上的缺乏，使得黄金很难成为财富流通中介的主角。在中国近代历史上承担流通货币功能主角的是白银。中国"贫金"的现实一直延续到 21 世纪。造成"中国贫金"现象的原因有以下几点。

1. 历史原因

据考古发现，在汉代以前，中国社会商品流通领域中并不缺乏黄金，整个社会中黄金流通总量也并不缺乏，这可以从汉代以前的墓葬考古中发现的大量的黄金饰物得出。从各种历史文献资料中也可以看到当时黄金的重要地位。据当时的历史文献记载，皇帝对有功的战将动辄就赏赐几百斤的黄金。

但在汉朝以后，中国社会中的黄金总量突然就减少了，对于中国历史上黄金总量的突然减少至今仍是一个谜，还需要考古学界继续研究破解这个谜团。

其中有一个说法是，从汉代以后，中国朝代更替频繁，农民起义层出不穷，各种战争一直绵延不断，而当时的黄金事实上是储备在王公贵族和地主阶层手里，这些人恰恰是各种战争与农民革命的掠夺对象。为了保存这些财富，王公贵族和地主阶层必然要藏匿类似黄金这样的高价值财富。在战争过程中这些阶层中的很大一部分人被消灭，他们藏匿的黄金就成了无主的、消失了的财富。自汉朝以来，各种战争频繁爆发，延续了几百年时间，大量的诸如黄金这样的高价值财富就被埋藏在了华夏大地的各个角落中，"一人藏匿，百人难寻"，大量黄金成为中国历史上消失了的财富。也许这正是中国"贫金"的历史解释。

2. 近现代的战乱因素

除了上面的历史疑案外，中国近代历史上的诸多事件进一步造成了贫金的现实。自 1840 年鸦片战争以来，中国遭受西方列强近 100 年的剥削，大量的白银和黄金被当做鸦片货款和战争赔款流出中国，进一步造成了中国黄金与白银等贵金属的严重匮乏。自此以后，中国境内的连年内战和日本侵略，更造成了中国黄金与白银的大量外流，一部分黄金与白银用于购买军械物资，另一部分被达官显贵携带出国。

3. 国民党内战时期的"金圆券"事件

抗战胜利后，国共内战时期国民党政府炮制的"金圆券"事件就是另一个有代表性的黄金外流事件。国民党政府财政连年出现巨额赤字，为了弥补赤字，就大量发行法币，法币猛增，物价随之飞涨。为了挽救经济，1948 年 8 月 19 日，国民党政府实行所谓的"币制改革"和"限价政策"。其中，国民党政府颁发的《金圆券发行办法》规定，金圆券每元含黄金 0.222 17 厘，发行额以 20 亿为限。按 1 金圆券折合法币 300 万元的比率收兑法币。同时规定，黄金 1 两等于金圆券 200 元；白银 1 两等于金圆券 3 元；美元 1 元等于金圆券 4 元。

当时国民党政府使用高压和诱骗等手段强制推行这个法令，命令国统区的人民必须在1948 年9 月30 日前将自己所持黄金和白银全部兑换成金圆券，过期不交者，一律强制没收。不到两个月，就从人民手中榨取金银总值2 亿美元。

1948 年10 月初，由上海开始的抢购风潮波及国民党统治区各大城市，物价更进一步飞涨。11 月10 日，国民党政府被迫宣布取消限价政策。12 日又公布《修正金圆券发行办法》法令，规定1 金圆券的含金量减为0.044 434 克。公开宣布金圆券贬值4/5，撤销金圆券发行20 亿元的限额。之后的金圆券可以无限量发行，至1949 年5 月，金圆券发行额为67 万亿元之多，金圆券也像法币一样成为废纸。

这些用"金圆券"兑换来的黄金、白银，以及国民党政府中央银行历年的黄金、白银储备等，在1949 年由军舰押送至我国台湾。当时，国民党经过所谓的"币制改革"，发行金圆券，强行将民间的几乎所有黄金和美元收归国库。关于这笔款项的数目，说法不一。国民党的文人陈孝威说是"黄金50 万两"；也有的说是美元8 000 万元，黄金92.4 万余两，银圆3 000万元；而李宗仁的秘书梁升俊说南京失守时，"国库尚有黄金280 万两，美钞5 000 余万元，经合署的棉花纱布出售总值不下1 500 万美元，还有价值巨大的有价证券"。总之，在当时这是一笔相当可观的数字。

4. 当代中国仍然"黄金匮乏"

1949 年中国共产党建立了中华人民共和国，就是在这样一个几乎"无金"的中国大陆上开始经济建设和金融体系建设。中国政府只能从新生产黄金中获得增加，而没有历史存留的积累。1949 年新中国成立后的很长一段时间内，中国在黄金问题上一直是严格管制阶段，黄金开采企业必须将所生产出来的黄金交售给中国人民银行，而后由中国人民银行将黄金配售给用金单位。那时新生产出来的黄金主要用于中国紧急国际支付和国家储备。到1982 年社会大众才重新开始有权利拥有黄金，拥有黄金的渠道还只是通过商场购买到黄金的首饰而已。

综上所述，中国大陆当前的"黄金匮乏"的历史原因就非常清楚了。我们可以清楚地看到，在中国这样一个人口和地域大国里，1949—1982 年存在一个"黄金断层"，这个"黄金断层"持续时间长达30 年，整整影响了两代人。在这两代人的时间里，中国人民与黄金无缘，只是很朴素地知道黄金很值钱，黄金很贵重，但无法接触到黄金，缺乏对黄金知识的了解与认识，对于黄金的重要作用和金融功能了解甚少。这个"黄金断层"实际上导致了整个社会对黄金的普遍性无知和漠视。

5. 中国央行黄金储备

中国已超越俄罗斯，成为世界第五大黄金储备国。中国央行目前的黄金储备比2009 年4 月增加604 吨，到1 658 吨。黄金作为一种特殊的资产，具有金融和商品的多重属性，有助于调节和优化国际储备组合的整体风险收益特性。但是，相对于其他外汇资产，黄金储备也有着一定风险。价格的大幅波动不利于储备资产保持安全性。从市场容量和流动性看，国际外汇市场的日成交量在5 万亿美元以上，债券市场仅美国余额就有约50 万亿美元，而国际黄金市场日成交量仅有约0.3 万亿美元。因此大规模持有黄金作为储备资产难以满足随时变现的需要。从资产的保值增值性来看，持有黄金储备不仅不能生息，还要支付托管费用以及存储费用等成本。

6. 中国黄金生产状况与矿藏储备

2003 年，我国的黄金产量名列世界第三，黄金年产量约 180 吨，折合到当时的黄金价格约为 200 亿元人民币，而且最近几年来的产量波动不大。

以 2004 年 1—5 月中国黄金生产情况来看，全国 5 月生产黄金（成品金）16.837 吨。1—5 月累计完成 79.065 吨，与去年同期相比，黄金产量增加 7.341 吨，同比增长 10.24%。2004 年 1—5 月，黄金矿山企业产金（成品金+含量金）累计完成 64.263 吨，比上年同期增长 10.80%；冶炼企业(有色、黄金冶炼企业)累计完成成品金 32.680 吨，比上年同期增长 9.22%。

2004 年中国黄金产量达到 212.348 吨，与上年同比增长 5.86%。产金量较大的省有山东、河南、福建、陕西、辽宁、河北等省，山东仍为中国最大产金省，全年产金 64.509 吨，占全国产量的 30.38%。

2015 年我国累计生产黄金 450.053 吨，与 2014 年相比减少了 1.746 吨，同比下降 0.39%。虽然产量有所下降，但去年我国黄金消费量却达 985.90 吨，比 2014 年增加 34.81 吨，增幅 3.66%。据预计，未来我国黄金消费将呈现恢复性增长趋势，继续保持世界第一黄金消费大国地位。

中国国内的黄金探明储量为 4 000～5 000 吨，约占世界探明储量的 10%，以现有开采速度还可维持 22～28 年。

7. 民间储金量较低，国民藏金正当时

新中国成立以来，中国政府对黄金产业一直实行严格管制，黄金生产企业须将开采和冶炼的黄金，全部售给中国人民银行，再由中国人民银行经过审批环节配售给各用金单位。

1982 年，国内恢复出售黄金饰品，以中国人民银行开始发行熊猫金币为标志，中国向开放金银市场迈出第一步。1999 年 11 月，中国放开白银市场，封闭了半个世纪的白银自由交易开禁，上海华通有色金属现货中心批发市场成为我国唯一的白银现货交易市场。白银的放开视为黄金市场开放的"预演"。2001 年 4 月，中国人民银行行长宣布取消黄金"统购统配"的计划管理体制，在上海组建黄金交易所。同年 6 月，中央银行启动黄金价格周报价制度，根据国际市场价格变动对国内金价进行调整。随后，足金饰品、金精矿、金块矿和金银产品价格全部放开。

以 2002 年 10 月 30 日上海黄金交易所正式开业为标志，中国黄金市场走向全面开放，黄金投资逐步走进社会大众，黄金投资在中国迎来了全新开端。

中国国内的黄金需求一直是以首饰消费需求为主，每年中国市场销售的黄金绝大部分都成为黄金饰品，工业、医疗、科研等行业占消费需求的比重较小，而黄金的金融投资需求目前还只是刚刚起步，所占的比重更是小得可怜。中国民众对黄金的理解和认识更多停留在首饰品的认识上，对黄金的金融投资功能知之甚少，黄金金融投资的参与度较低。

黄金作为一项有漫长、稳定历史记录的有形资产，成为全球公认的最稳定的财富形式。从中国国内的经济环境、人民币汇率问题以及国内黄金行业的发展现状来看，黄金对中国国

民的意义不容小视。截至2013年，中国人均黄金拥有量仅为4.6克，仅为发达国家平均水平的1/8，全球平均水平的1/5，市场发展空间仍然巨大。

现今，我国经济继续低位运行态势，这意味着股市、债市和楼市等一系列与中国宏观经济密切相关的投资市场仍然缺乏系统性机会，股市、债市和楼市不仅很难有大幅上涨的空间，甚至可能面临更大的下跌压力。而过去30年的数据显示，黄金价格与中国经济增速的相关系数仅为-0.2，说明金价走势与中国经济几乎不相关。因此，与股票、债券和楼房等传统的投资品种相比，黄金能够分散中国经济环境带来的系统性风险，在未来数年内是非常具有价值的投资替代品。

综观中国国内现状，国家缺乏长远的黄金储备规划，普通民众对黄金的投资意识、保值增值应对金融危机、通货膨胀的功能远未了解。但目前国内大众投资黄金的意识正在被唤醒，从投资需求来看，中国黄金市场在彻底开放之后，将令世界再度吃惊，中国民众在黄金金融市场上的投资能力不可低估。

思考题

1. 黄金对于个人、国家乃至全球经济、政治有哪些重要的作用？
2. 我国政府对于黄金储备政策采取了什么策略？

本章小结

1. 黄金投资的优势：在税收上的相对优势；产权转移的便利；世界上最好的抵押品种；黄金能保持久远的价值；黄金是对抗通货膨胀最理想的武器；黄金市场很难出现庄家；没时间限制，可随时交易。

2. 目前，在国际上黄金投资主要有几大方式：投资金条、投资金币、黄金管理账户、黄金凭证、黄金期货、黄金期权。

3. 黄金买卖投资者，通常可分为三种类型：黄金的长线投资者、黄金的中线投资者及黄金的短线投资者。

4. 黄金价格不仅受供求影响，还受其他因素的影响，如美元汇率，各国的货币政策，通货膨胀，国际贸易、财政、外债赤字，石油价格，股市行情，国际政局动荡，战争、恐怖事件等。

5. 黄金投资的基本分析分为政治局势、黄金生产量、政府行为、黄金需求、美元走势、通货膨胀和利率因素方面的分析。黄金投资的技术分析主要有K线图分析和交易量直方图分析。

6. 我国的黄金投资得到了迅猛发展，推出了很多交易品种，主要以金条和纸黄金为主。未来我国黄金投资市场的发展前景巨大；投资品种也日趋多样化；国际间竞争也会加剧；同时市场的规范也要相应提高。

复习思考题

1. 国际黄金市场有哪些主要参与者?

2. 国际上有哪些主要黄金市场? 各个市场有何特点?

3. 简述黄金的主要需求及供给。

4. 黄金价格的变动受哪些因素影响?

5. "美元升值、黄金价格下降"这种说法对吗?

6. 如何对某一时点的黄金市场价格用基本分析和技术分析进行研究,然后判断其未来发展趋势?

7. 简要介绍我国主要的黄金交易品种及其各自特点。

第 9 章 外汇

引言

外汇这一概念，对投资者来说并不陌生。例如，我们熟悉的美元、日元、欧元、英镑等都是外汇。只要我们的银行账户里存有外汇，那么就可以通过银行进行外汇投资。在我国，由于人民币还不能自由兑换成外汇，因此对个人投资者来说，必须具有取得外汇收入的渠道，如国外亲戚的外汇汇款、以外汇方式获得的薪资、旅行换汇等。由于受到资本管制，我国的个人外汇投资者所持外汇的用途极其有限，不能头进外国股票和债券，只能投贷银行存款，或者购买外汇期权等外汇衍生品。可见，现阶段我国居民或者家庭的外汇投资收益主要是通过存款利息和不同货币间的买卖赚取差价来获得的。因此，投资者对不同货币汇率走势的判断具有重要的意义。

本章学习目标

- 熟悉汇率的标价方式；
- 了解不同汇率之间的关系；
- 了解外汇交易的原因和外汇市场的特点；
- 熟悉外汇交易的各种方式；
- 了解我国各商业银行的外汇宝业务；
- 掌握个人外汇期权产品的分析；
- 了解外汇市场信息来源。

9.1 外汇投资概述

人们进行投资的目的无非增加自己的资产，或者保护现有利益而进行避险，而具体投资的方式和投资工具则有很多。就金融投资而言，世界上最大的投资市场分别为外汇、债券和股票。特别是外汇交易市场，以其每月高达 1.5 兆亿美元（平均日交易量为 20 000 多亿美元）的交易量而称雄，远远高于第二大投资市场——美国国债交易市场。因此，在欧美等发达国家和地区，外汇是普通投资者最常用的金融投资工具，也是最重要的理财、增值和对抗通货膨胀或规避风险的工具。

9.1.1 外汇与汇率

1. 外汇

外汇是外国货币或以外国货币表示的能用于国际结算的支付手段。我国 1996 年颁布的《外汇管理条例》第三条对外汇的具体内容做出如下规定：外汇是指：① 外国货币，包括纸币、铸币；② 外币支付凭证，包括票据、银行的付款凭证、邮政储蓄凭证等；③ 外币有价证券，包括政府债券、公司债券、股票等；④ 特别提款权、欧洲货币单位；⑤ 其他外币计值的资产。

2. 汇率及其标价方式

（1）汇率，又称为汇价，是指一国货币以另一国货币表示的价格，或者两国货币间的比价。在外汇市场上，汇率是以 5 位数字来显示的。例如：

欧元 EUR 0.970 5

日元 JPY 119.95

英镑 GBP 1.523 7

瑞郎 CHF 1.500 3

汇率的最小变化单位为 1 点，即最后一位数的一个数字变化。例如：

欧元 EUR 0.000 1

日元 JPY 0.01

英镑 GBP 0.000 1

瑞郎 CHF 0.000 1

按国际惯例，通常用三个英文字母来表示货币的名称，以上中文名称后的英文即为该货币的英文代码。

（2）汇率的标价方式。

1）直接标价法，又称为应付标价法，是以一定单位（1、100、1 000、10 000）的外国货币为标准来计算应付出多少单位本国货币。相当于计算购买一定单位外币所应付多少本币，所以叫应付标价法。包括中国在内的世界上绝大多数国家目前都采用直接标价法。在国际外汇市场上，日元、瑞士法郎、加元等均为直接标价法，如日元兑美元汇率为 115.15，通常写作"$/￥115.15"，即 1 美元兑换 115.15 日元。在直接标价法下，若一定单位的外币折合的本币数额多于前期，则说明外币币值上升或本币币值下跌，叫作外汇汇率上升；反之，如果要用比原来较少的本币即能兑换到同一数额的外币，这说明外币币值下跌或本币币值上升，叫作外汇汇率下跌，即外币的价值与汇率的涨跌成正比。

2）间接标价法，又称为应收标价法，是以一定单位的本国货币为标准来计算应收若干单位的外国货币。在国际外汇市场上，欧元、英镑、澳元等均为间接标价法，如欧元兑美元的汇率为 1.088 2，通常写作"€/$1.088 2"，即 1 欧元兑换 1.088 2 美元。在间接标价法中，本国货币的数额保持不变，外国货币的数额随着本国货币币值的对比变化而变动。如果一定数额的本币能兑换的外币数额比前期少，这表明外币币值上升，本币币值下降，即外汇汇率上升；反之，如果一定数额的本币能兑换的外币数额比前期多，则说明外币币值下降，本币币值上升，即外汇汇率下跌，即外币的价值和汇率的升跌成反比。

外汇市场上的报价一般为双向报价，即由报价方同时报出自己的买入价和卖出价，由客户自行决定买卖方向。买入价和卖出价的价差越小，对于投资者来说意味着成本越小。银行间交易的报价点差正常为 2~3 点，银行（或交易商）向客户的报价点差依各家情况而有差别。目前国外保证金交易的报价点差基本在 3~5 点，香港在 6~8 点，国内银行实盘交易在 10~40 点不等。

3）即期汇率和远期汇率。即期汇率是指目前外汇买卖的汇率。远期汇率是指在将来的某一时刻交割的汇率，用于外汇远期交易。即期汇率和远期汇率通常是不一样的。例如，现在日元兑美元的汇率是 120.05，而三个月的远期汇率却可能为 130.50。这里三个月的远期汇率与三个月之后的即期汇率是不同的概念，前者是一种预期的汇率，而后者是三个月后的实际汇率。换句话说，即期汇率与远期汇率的不同，体现了预期到的汇率变化，而远期汇率与到期时即期汇率的不同，体现了没有被预期到的汇率变化。

9.1.2　外汇交易的原因、特点与形式

外汇市场是指从事外汇买卖的交易场所，或者各种不同货币相互之间进行交换的场所。

1. 外汇交易的原因

（1）贸易和投资。进出口商在进口商品时支付一种货币，而在出口商品时收取另一种货币。这意味着，他们在结清账目时，收付不同的货币。因此，他们需要将自己收到的部分货币兑换成可以用于购买商品的货币。例如，某企业需要从美国购买一批设备，规定的结算货币是美元，而该企业只有人民币，那么该企业就必须从外汇市场上买入美元来支付货款。

（2）对冲。由于两种相关货币之间汇率的波动，那些拥有国外资产（如工厂）的公司将这些资产折算成本国货币时，就可能遭受一些外汇风险。当以外币计算的国外资产在一段时间内价值不变时，如果汇率发生变化，以国内货币折算这项资产的价值时，就会产生损益。公司可以通过对冲消除这种潜在的损益。这就是执行一项外汇交易，其交易结果刚好抵消由汇率变动而产生的外币资产的损益。

（3）投机。两种货币之间的汇率会随着这两种货币之间的供需的变化而变化。交易员在一个汇率上买进一种货币，而在另一个更有利的汇率上抛出该货币，就可以赢利。投机交易大约占了外汇市场交易的绝大部分。

作为一个国际性的资本投机市场，外汇市场的历史，要比股票、黄金、期货、利息市场短得多，然而，它却以惊人的速度发展。今天，外汇市场每天的交易额已达 15 000 亿美元，其规模已远远超过股票、期货等其他金融商品市场，成为当今全球最大的单一金融市场和投机市场。

自从外汇市场诞生以来，外汇市场的汇率波幅越来越大，一日涨跌 2%~3% 已司空见惯。正因为外汇市场波动频繁且波幅巨大，给投资者创造了更多的机会，吸引了越来越多的投资者加入这一行列。

2．外汇市场的特点

近年来，外汇市场之所以被越来越多的人青睐，成为国际上投资者的宠儿，这与外汇市场本身的特点密切相关。外汇市场的主要特点是：

（1）有市无场。与交易所和交易市场不同，国际外汇交易没有固定的场所，外汇买卖是通过没有统一操作市场的行商网络进行的。外汇交易的网络是全球性的，并且形成了没有组织的组织，交易商也不具有任何组织的会员资格，但必须获得同行业的信任和认可。这种没有统一场地的外汇交易市场被称为"有市无场"。全球外汇市场每天有平均上万亿美元的交易。如此庞大的巨额资金，就是在这种既无集中的场所又无中央清算系统的管制，以及没有政府的监督下完成清算和转移的。

（2）24 小时交易。外汇市场又称为"绝不睡觉"市场。外汇市场的主要交易产品和交易规则都是一致的，而全球各金融中心的地理位置不同，亚洲市场、欧洲市场、美洲市场因时间差的关系，连成了一个全天 24 小时连续作业的全球外汇市场。早上 8 点半（以纽约时间为准）纽约市场开市，9 点半芝加哥市场开市，10 点半旧金山市场开市，18 点半悉尼市场开市，19 点半东京市场开市，20 点半中国香港、新加坡市场开市，凌晨 2 点半法兰克福市场开市，3 点半伦敦市场开市。如此 24 小时不间断运行，外汇市场成为一个不分昼夜的市场，只有星期六、星期日及各国的重大节日，外汇市场才会关闭。这种连续作业，为投资者提供了没有时间和空间障碍的理想投资场所，投资者可以寻找最佳时机进行交易。比如，投资者若在上午纽约市场上买进日元，晚间香港市场开市后日元上扬，投资者就可以在香港市场卖出。可见，不管投资者本人在哪里，都可以参与任何市场交易，在任何时间买卖。因此，外汇市场可以说是一个没有时间和空间障碍的市场。

（3）零和游戏。在股票市场中，某只股票或者整个股市上升或者下降，那么某只股票的价值或者整个股票市场的股票价值也会上升或下降。然而，在外汇市场上，汇价的波动所表示的价值量的变化和股票的价值量的变化完全不一样，这是由于汇率是指两国货币的交换比率，汇率的变化也就是一种货币价值的减少与另一种货币价值的增加。但从总的价值量来说，变来变去，不会增加价值，也不会减少价值。因此，有人形容外汇交易是"零和游戏"，更确切地说是财富的转移。近年来，投入外汇市场的资金越来越多，汇价波幅日益扩大，促使财富转移的规模也越来越大，速度也越来越快。以全球外汇每天 15 000 亿美元的交易额来计算，上升或下跌 1%，就是 1 500 亿美元的资金要换新的主人。尽管外汇汇价变化很大，但是任何一种货币都不会变为废纸，即使某种货币不断下跌，它总会代表一定的价值，除非宣布废除该种货币。

3．外汇交易的形式

外汇是伴随着国际贸易而产生的，外汇交易是国际间结算债权债务关系的工具。但是，近十几年，外汇交易不仅在数量上成倍增长，而且在实质上也发生了重大的变化。外汇交易不仅是国际贸易的一种工具，而且已经成为国际上最重要的金融商品。外汇交易的形式也随着外汇交易的性质的变化而日趋多样化。

外汇交易主要可分为现钞、现货、合约现货、期货、期权、远期交易等。下面将介绍其中几种。

（1）现货外汇交易（实盘交易）。现货外汇交易是大银行之间，以及大银行代理大客户之间的交易。买卖约定成交后，最迟在两个营业日之内完成资金收付交割。本书主要介绍国内银行面向个人推出的适合大众投资者参与的个人外汇交易。

个人外汇交易，又称为外汇宝，是指个人委托银行，参照国际外汇市场实时汇率，把一种外币买卖成另一种外币的交易行为。由于投资者必须持有足额的要卖出外币，才能进行交易，较国际上流行的外汇保证金交易缺少卖空机制和融资杠杆机制，因此也被称为实盘交易。

自从 1993 年 12 月上海工商银行开始代理个人外汇买卖业务以来，随着我国居民个人外汇存款的大幅增长，新交易方式的引进和投资环境的变化，个人外汇买卖业务迅速发展，目前已成为我国除股票以外最大的投资市场。

截至目前，工、农、中、建、交、招六家银行都开展了个人外汇买卖业务。预计银行关于个人外汇买卖业务的竞争将更加激烈，服务也将更加完善，外汇投资者将享受到更优质的服务。

国内投资者凭手中的外汇，到上述任何一家银行办理开户手续，存入资金，都可通过互联网、电话或柜台方式进行外汇买卖。

（2）合约现货外汇交易（保证金交易）。合约现货外汇交易，又称为外汇保证金交易，是指投资者和专业从事外汇买卖的金融公司（如银行、交易商或经纪商）签订委托买卖外汇的合同，缴付一定比率（一般不超过 10%）的交易保证金，便可按一定融资倍数买卖十万美元、几十万美元甚至上百万美元的外汇。因此，这种合约形式的买卖只是对某种外汇的某个价格做出书面或口头的承诺，然后当价格出现上升或下跌时，再做买卖的结算，从变化的价差中获取利润，当然也承担了亏损的风险。由于这种投资所需的资金可多可少，所以近年来吸引了许多投资者的参与。

外汇投资以合约形式出现，主要优点在于节省投资金额。以合约形式买卖外汇，投资额一般不高于合约金额的 5%，而得到的利润或付出的亏损却是按整个合约的金额计算的。外汇合约的金额是根据外币的种类来确定的。具体来说，每张合约的金额分别是 12 500 000 日元、62 500 英镑、125 000 欧元、125 000 瑞士法郎，每张合约的价值约为 10 万美元。每种货币的每个合约的金额是不能根据投资者的要求改变的。投资者可以根据自己定金或保证金的多少，买卖几张或几十张合约。一般情况下，投资者利用 1 000 美元的保证金就可以买卖一张合约。当外币上升或下降时，投资者的赢利与亏损是按合约的金额（10 万美元）来计算的。

采取保证金形式买卖外汇特别要注意的是，由于保证金的金额虽小，但实际撬动的资金却十分庞大，而外汇汇价每日的波幅又很大，如果投资者在判断外汇走势方面出现失误，就很容易造成保证金的全军覆没。虽然高收益同时伴随着高风险，但如果投资者方法得当，风险是可以管理和控制的。

在合约现货外汇交易中，投资者还可能获得可观的利息收入。合约现货外汇的计息方法，不是以投资者实际的投资金额，而是以合约的金额计算的。例如，投资者投入 1 万美元作为保证金，共买了 5 张合约的英镑，那么利息的计算不是按投资者投入的 1 万美元计算的，而是按 5 张合约的英镑的总值计算的，即英镑的合约价值乘合约数量（62 500 英镑×5），这样一来，利息的收入就很可观了。当然，如果汇价不升反跌，那么投资者虽然拿了利息，却怎么也抵不了亏掉的价格变化的损失。

财息兼收并不意味着买卖任何一种外币都有利息可收，只有买高息外币才有利息的收入，而卖高息外币不仅没有利息收入，投资者还必须支付利息。由于各国的利息经常调整，因此不同时期不同货币的利息的支付或收取是不一样的，投资者要以从事外币交易的交易商公布的利息收取标准为依据。

合约现货外汇买卖的方法，既可以在低价时买入，待价格升高后再卖出；也可以在高价时位卖出，等价格跌落后再买入。外汇的价格总是在波浪中攀升或下跌的。这种既可先买又可先卖的方法，不仅在上升的行情中获利，也可以在下跌的行情中赚钱。投资者若能灵活运用这一方法，无论升市还是跌市都可以左右逢源。

（3）外汇期货交易。外汇期货是一种规定在将来某一指定期限买进或者卖出事先规定金额的外币的外汇交易方式。外汇期货合约是以外汇作为交割物的标准化合约。它主要包括：① 外汇期货合约的交易单位。每份外汇期货合约都由交易所规定标准的交易单位，如美元期货合约的交易单位为每份 125 000 美元。② 交割时间。国际货币市场所有外汇期货合约的交割时间都是每年的 3 月、6 月、9 月、12 月。交割月的第三个星期三为该时期的交割日。③ 通用代号。在实际中，交易所和期货行情表都是用代号来表示外汇期货，而期货合约在交易时以美元报价。④ 最小价格报价。在交易场内，经纪人都是以最小报价的倍数来进行竞价的，如果采用直接标价法，该最小报价通常为 1 个基点（1/ 10 000 美元）。⑤ 每日涨停板和跌停板限制。一般每日涨跌停板额的幅度为 100～300 个基点。

目前，全球只有芝加哥交易所（CME）的国际货币市场（IMM）、新加坡国际货币交易所（SLMEX）和伦敦国际金融期货交易所（LIFFE）能提供标准的外汇期货合约。

4．在线外汇交易的发展

1997 年以来，随着互联网的发展，在线外汇保证金交易已经风靡世界，成为外汇交易的流行方式，不仅银行间交易已开始采用在线方式，个人也越来越多地通过互联网参与外汇交易。

在线外汇交易的发展打破了地域的局限，使得原来必须依赖本地经纪商才能参与外汇交易的个人和小型机构投资者，可以更加方便地进行外汇投资。

2000 年 12 月，美国通过了《期货现代化法案》。这一法案要求所有外汇交易商必须在美国期货协会（NFA）和美国商品期货交易委员会（CFTC）注册为期货佣金商（FCM），并接受上述机构的日常监管，在期限内不符合资格或没有被核准的外汇业者将被勒令停止营业。这一法案的出台，使得在线外汇保证金交易走上了规范发展的轨道。

5．我国外汇交易市场的历史与现状

1992—1993 年在我国大陆期货市场盲目发展的过程中，多家香港外汇经纪商未经批准到大陆开展外汇期货交易业务，吸引了大量国内企业和个人的参与。

由于国内绝大多数参与者并不了解外汇市场和外汇交易，盲目参与导致了大面积和大量

的亏损，其中包括大量国有企业。

1994 年 8 月，中国证监会等四部委联合发文，全面取缔外汇期货交易（保证金）。此后，管理部门对境内外汇保证金交易一直持否定和严厉打击态度。

1993 年年底，中国人民银行开始允许国内银行开展面向个人的实盘外汇买卖业务。至 1999 年，随着股票市场的规范，买卖股票的赢利空间大幅缩小，部分投资者开始进入外汇市场，国内外汇实盘买卖逐渐成为一种新兴的投资方式，进入快速发展阶段。据中央电视台报道，外汇买卖已经成为除股票之外最大的投资市场。

2006 年是中国承诺逐步开放国内金融市场的一年。在这一年中，中国政府不仅批准各大银行展开金融衍生品业务，并于 2006 年 8 月批准了交通银行开展即期外汇保证金业务，也就是现货外汇保证金业务；而在 2007—2008 年，中国银行、工商银行和民生银行也被相续批准展开外汇保证金业务；此外，在 2005 年批准英国老牌外汇经纪商 CMC 集团进入国内成立代表处的基础上，中国政府又批准了丹麦著名外汇经纪商盛宝银行进入国内提供服务。

尽管中国金融市场开放的力度加大，但中国的外汇市场发展程度与国际外汇市场相比，仍然距离悬殊。2006 年，中国银行间外汇市场八种"货币对"累计成交折合 756.9 亿美元，日均成交不足 4 亿美元。2006 年，银行间远期市场共成交 140.6 亿美元，人民币掉期市场共成交 508.6 亿美元，合计共成交 649.2 亿美元，日均成交不足 3 亿美元。而根据国际清算银行的调查数据，2007 年年初全球外汇市场的日均交易量就达到了 3.2 万亿美元。可见，中国这个全球第一大外汇储备国，其外汇市场规模仅在全球占到了 2‰左右的水平，与其经济发展规模严重不匹配。

9.2 汇率的分析方法

9.2.1 基本理论分析

1. 购买力平价理论

购买力平价理论规定，汇率由同一组商品的相对价格决定。通货膨胀率的变动应会被等量但相反方向的汇率变动所抵消。举一个汉堡的经典案例。如果汉堡在美国是 2.00 美元一个，而在英国是 1.00 英镑一个，那么根据购买力平价理论，汇率一定是 2 美元兑换 1 英镑。如果盛行市场汇率是 1.7 美元每英镑，那么英镑就被称为低估通货，而美元则被称为高估通货。此理论假设这两种货币将最终向 2：1 的关系变化。

购买力平价理论的主要不足在于，它假设商品能被自由交易，并且不计关税、配额和赋税等交易成本；另外一个不足是，它只适用于商品，却忽视了服务，而服务恰恰可以存在非常显著的价值差距空间。另外，除了通货膨胀率和利息率差异之外，还有其他若干个因素影响着汇率，如经济数字发布/报告、资产市场及政局发展。在 20 世纪 90 年代之前，购买力平价理论缺少事实依据，从而难以证明其有效性。

2．利率平价

利率平价规定，一种货币对另一种货币的升值（贬值）必将被利率差异的变动所抵消。如果美国利率高于日本利率，那么美元将对日元贬值，贬值幅度根据防止无风险套汇而定。未来汇率会在当日规定的远期汇率中被反映。在我们的例子中，美元的远期汇率被看作贴水，因为以远期汇率购得的日元少于以即期汇率购得的日元，日元则被视为升水。

20 世纪 90 年代之后，无证据表明利率平价说仍然有效。与此理论截然相反，具有高利率的货币通常不但没有贬值，反而因为对通货膨胀的远期抑制和身为高效益货币而增值。

3．国际收支说

国际收支说认为，外汇汇率必须处于其平衡水平，即能产生稳定经常账户余额的汇率。出现贸易赤字的国家，其外汇储备将会减少，并最终使其本国货币币值降低（贬值）。便宜的货币使该国的商品在国际市场上更具价格优势，同时使进口产品变得更加昂贵。在一段调整期后，进口量被迫下降，出口量上升，从而使贸易余额和货币向平衡状态稳定。

与购买力平价理论一样，国际收支模式主要侧重于贸易商品和服务，而忽视了全球资本流动日趋重要的作用。换而言之，金钱不仅追逐商品和服务，广义上还追逐股票和债券等金融资产。此类资本流进入国际收支的资本账户项目，从而可平衡经常账户中的赤字。资本流动的增加产生了资产市场模式。

4．资产市场模式

金融资产（股票和债券）贸易的迅速膨胀使分析家和交易商以新的视角来审视货币。诸如增长率、通胀率和生产率等经济变量已不再是货币变动仅有的驱动因素。源于跨国金融资产交易的外汇交易，已使由商品和服务贸易产生的货币交易相形见绌。

资产市场方法将货币视为在高效金融市场中交易的资产价格。因此，货币越来越显示出其与资产市场，特别是股票间的密切关联。

1999 年夏，许多权威人士认定美元将对欧元贬值，理由是持续增长的美国经常账户赤字和华尔街的经济过热。此观点的理论基础是：非美国投资者将会从美国股票和债券市场抽取资金，投入经济状况更为健康的市场中去，从而大幅压低美元币值。这样的恐惧自 20 世纪 80 年代早期以来一直没有消散。当时，美国经常账户迅速增长至历史最高纪录，占国内总产值的 3.5%。

正如 20 世纪 80 年代那样，外国投资者对美国资产的胃口依旧如此贪婪。但与 80 年代不同的是，财政赤字在 90 年代消失了。虽然外国持有美国债券的增长速度可能已经放缓，但源源不断注入美国股市的大量资金却足以抵消这种缓势。在泡沫破裂的情况下，非美国投资者最有可能做出的选择是更安全的美国国库券，而不是欧元区或英国股票，因为欧元区或英国股票很有可能因为上述事件而受到重创。1998 年 11 月的危机及 1996 年 12 月由美联储主席格林斯潘的某些言论而引发的股慌中，此类情况就已经发生过。在前一事例中，外国国库券净购买量几乎增长了两倍，达到 440 亿美元；在后一事例中，此项指标狂增十倍有余，达到 250 亿美元。

过去，在估计美元行为方面，国际收支法已为资产市场法所取代。尽管欧元区经济基本面要素的改善必将帮助这一年轻的货币收复失地，但是单靠基本面要素很难支撑这一复苏。而今仍旧存在欧洲央行的信用问题。截至目前，欧洲央行的信用度与欧元收到的频繁的口头支持成反比关系。欧元区三巨头（德国、法国和意大利）的政府稳定性及欧洲货币联盟扩展等敏感问题若隐若现的风险，也被看作单一货币的潜在障碍。

目前，美元得以保持稳定应归因于下列因素：零通货膨胀增长，美国资产市场的安全避风港性质，以及上面提及的欧元风险。

9.2.2　技术分析

技术分析研究以往价格和交易量数据，进而预测未来的价格走向。此类分析侧重于图表与公式的构成，以捕获主要和次要的趋势，并通过估测市场周期长短，识别买入卖出的机会。根据所选择的时间跨度，可以使用日内（每5分钟、每15分钟、每小时）技术分析，也可使用每周或每月技术分析。

1. 技术分析的基本理论

（1）道琼斯理论。这一技术分析中最古老的理论认为，价格能够全面反映所有现存信息，可供参与者（交易商、分析家、组合资产管理者、市场策略家及投资者）掌握的知识已在标价行为中被折算。由不可预知事件引起的货币波动，都将被包含在整体趋势中。技术分析旨在研究价格行为，从而做出关于未来走向的结论。

主要围绕股票市场平均线发展而来的道琼斯理论认为，价格可演示为包括三种幅度类型的波状：主导、辅助和次要。相关时间周期从小于3周至大于1年不等。此理论还可说明反驰模式。反驰模式是趋势减缓移动速度所经历的正常阶段，这样的反驰模式等级是33%、50%和66%。

（2）斐波纳契反驰现象。这是一种广为使用的，基于自然和人为现象所产生的数字比率的反驰现象组。此现象被用于判断价格与其潜在趋势间的反弹或回溯幅度大小。最重要的反驰现象等级是38.2%、50%和61.8%。

（3）埃利奥特氏波。埃利奥特派学者以固定波状模式对价格走向进行分类。这些模式能够表示未来的指标与逆转。与趋势同向移动的波被称为推动波，而与趋势反向移动的波被称为修正波。埃利奥特氏波理论分别将推动波和修正波分为5种和3种主要走向。这8种走向组成一个完整的波周期，时间跨度可从15分钟至数十年不等。

埃利奥特氏波理论具有挑战性的部分在于，一个波周期可用8个子波周期组成，而这些波又可被进一步分成推动和修正波。因此，埃利奥特氏波的关键是能够识别特定波所处的环境。埃利奥特派也使用斐波纳契反驰现象来预测未来波周期的峰顶与谷底。

2. 技术分析的基本内容

（1）发现趋势。关于技术分析，你可能听说过这句箴言："趋势是你的朋友。"找到主导趋势将帮助投资者统观市场全局导向，并且赋予其更加敏锐的洞察力，特别是当更短期的市场波动搅乱市场全局时。每周和每月的图表分析最适合用于识别较长期的趋势。一旦发现整体趋势，投资者就能在希望交易的时间跨度中选择走势，这样就能够在涨势中买跌，在跌势中卖涨。

（2）支撑和阻力。支撑和阻力水准是图表中经受持续向上或向下压力的点。支撑水准通常是所有图表模式（每小时、每周或每年）中的最低点，而阻力水准是图表中的最高点（峰点）。当这些点显示出再现的趋势时，它们即被识别为支撑和阻力。买入或卖出的最佳时机就是在不易被打破的支撑或阻力水准附近。

一旦这些水准被打破，它们就会趋向于成为反向障碍。因此，在涨势市场中，被打破的阻力水准可能成为对向上趋势的支撑；然而在跌势市场中，一旦支撑水准被打破，它就会转变成阻力。

（3）线条和通道。趋势线在识别市场趋势方向方面是简单而实用的工具。向上直线由至少两个连续低点连接而成。很自然，第二点必须高于第一点。直线的延伸帮助判断市场将沿以运动的路径。向上趋势是一种用于识别支持线/水准的具体方法。反而言之，向下线条是通过连接两点或更多点绘成。交易线条的易变性在一定程度上与连接点的数量有关。值得一提的是，各个点不必靠得太近。

通道被定义为与相应向下趋势线平行的向上趋势线。两条线可表示价格向上、向下或者水平的走廊。支持趋势线连接点的通道的常见属性应位于其反向线条的两连接点之间。

（4）平均线。如果投资者相信技术分析中"趋势是你的朋友"的信条，那么移动平均线将使投资者受益匪浅。移动平均线显示了在特定周期内某一特定时间的平均价格。它们被称作"移动"，因为它们依照同一时间度量，且反映了最新平均线。

移动平均线的不足之处在于它们滞后于市场，因此并不一定能作为趋势转变的标志。为解决这一问题，使用 5 天或 10 天的较短周期移动平均线将比 40 天或 200 天的移动平均线更能反映出近期价格动向。

移动平均线也可以通过组合两种不同时间跨度的平均线加以使用。无论使用 5 天和 20 天的移动平均线，还是 40 天和 200 天的移动平均线，买入信号通常在较短期平均线向上穿过较长周期平均线时被察觉。与此相反，卖出信号会在较短期平均线向下穿过较长周期平均线时被提示。

有三种在数学上不同的移动平均线：简单算术移动平均线、线型加权移动平均线和平方系数加权平均线。其中，最后一种是首选方法，因为它赋予最近的数据更多权重，并且在金融工具的整个周期中考虑数据。

9.3　我国的个人外汇投资

9.3.1　期权类产品介绍与分析

除了前面介绍的外汇实盘交易外，目前国内银行的外汇期权业务有中国银行的"两得宝业务"、"期权宝业务"和工商银行的"两得存款业务"。"两得宝业务"是由中国银行向客户卖出期权，"期权宝业务"是由客户向中国银行买入期权，参与这两项业务的起存资金为 5

万美元。工商银行的"两得存款业务"只向银行卖出期权，且起存金额为 10 万美元。相比之下中国银行的金融产品更有吸引力。我们将主要介绍"两得宝业务"和"期权宝业务"。

1. 两得宝业务

两得宝业务是指客户在银行存入一笔定期存款，同时根据自己对外汇走势的判断向银行卖出一份外汇期权，客户除去定期存款的利息外还将得到一笔卖出期权的收入。期权到期后，银行有权根据市场汇率水平选择将客户存款本金按本币返还，还是行使外汇期权后以转换的货币返还。

【例 9-1】 某位客户预期美元兑换日元在一个月内不会有太大的波动。我们来比较一下中国银行的两得宝业务、美元存款和外汇实盘买卖三种方式中哪个投资收益高。

（1）两得宝业务。

存款本金：100 000.00 美元。

挂钩货币（日元协定汇率）：119.00。

期限：一个月。

期权费：550 元。

（2）美元存款。

存期一个月，收益率 0.5%。

（3）外汇实盘买卖。

在 119.00 抛出美元，买入日元。

表 9-1 为不同汇率情况下三种投资方式的收益。

表 9-1　不同汇率情况下的收益比较

市场汇率	两得宝业务（美元）	美元存款（美元）	外汇实盘买卖（美元）
117.00	100 583.33	100 033.33	101 710.08
118.00	100 583.33	100 033.33	100 848.13
119.00	100 583.33	100 033.33	100 000.67
120.00	99 750.00	100 033.33	99 167.33
121.00	98 930.44	100 033.33	98 547.76
122.00	98 124.31	100 033.33	97 541.63
123.00	97 331.27	100 033.33	96 748.61

市场汇率从 120.00 开始，中国银行开始行使期权合约。表 9-1 中计算的结果是：到期日参考汇率在 117.00～119.00，投资两得宝（卖出期权）的收益高于外汇定期存款而低于实盘外汇买卖；到期日参与汇率在协定 119.00 时，投资两得宝收益最高；到期日的参考汇率在 120.00～123.00 时（预期发生偏差，美元升值），定期存款收益最高，实盘买卖的收益最低。

可以看出，在这三类投资产品中，定期存款的风险最低，而收益也最低。两得宝投资由于具有了期权费补偿，因此在买卖方向相同的情况下，风险相对较小，但可能获得的最高收益也比实盘买卖小。

2. 期权宝业务

期权宝业务的交易品种为美元/日元、欧元/美元、英镑/美元、澳元/美元。最低期限合约金额为 5 万美元或等值其他货币。其期限不长于两周，一般在周一至周五的 10:00—16:00，而且必须在中国银行指定的网点办理。

【例 9-2】 假定在 2015 年 7 月 14 日，某客户预料欧元汇率将上涨，委托银行买入一个外汇期权，如表 9-2 所示。这位客户的收益情况如表 9-3 所示。

表 9-2 委托银行购买一个外汇期权

认购 100 000 欧元，认购价为 108 500 美元
汇率：1 欧元兑换 1.0 850 美元
期权到期日：7 月 21 日
期权交割日：7 月 30 日
购买期权费用：700 欧元

表 9-3 不同汇率下该期权的收益情况

协定汇率	参考汇率	支付期权费（欧元）	价差收益（欧元）	净收益（欧元）	收益率（%）
1.0 850	1.0 700	700	0	−700	
1.0 850	1.0 850	700	0	−700	
1.0 850	1.0 900	700	500	200	
1.0 850	1.1 000	700	1 500	700	94.81
1.0 850	1.1 100	700	2 500	800	221.75
1.0 850	1.1 200	700	3 500	800	346.43
1.0 850	1.1 300	700	4 500	800	468.90

注：净收益=价差收益−支付期权费

在期权购买日，客户向银行支付 700 欧元期权费；期权到期日，银行根据参考汇率代客户决定是否执行期权；若执行期权，银行于期权交割日将执行期权的收益以美元存入客户活期一本通账户。

9.3.2 信息获取的渠道

（1）报刊。随着银行推出各类外汇投资业务，这些银行固定在一些报刊上刊登外汇市场的情况，以及对市场的相关评论。

（2）电台和电视。例如，央视二套专门有关于外汇市场的节目，早、中、晚分三次报道汇市情况，对当天的汇市动态、走势等情况均有清楚的分析，还有外汇交易员的评价、解盘。

（3）互联网。现在，互联网是信息流量最大、时效性最强、内容最全面的信息传播途径，同样，互联网是获取外汇信息最方便和快捷的方式。许多网站都开通了"外汇市场"专栏，也有一些专门的外汇网站。另外，还有其他一些专业网站也有大量有关国际金融市场动态的报道和分析。外语基础好的投资者，还可以登录国外网站查询有关内容。

案例分析

伊拉克总统萨达姆被捕对外汇市场的影响

2003年12月14日，伊拉克总统萨达姆在其故乡提克里特的地下室被美军捕获，并通过DNA检测证实其身份，外汇市场出现了久违的对美元利好的消息。但当时是周日，外汇市场正处在休市状态。市场预期在下周一开盘时欧元将会跳空。果然，周一刚开盘，欧元即跳空达132点，随即在1.214 3附近站稳。在1.214 3附近停留的依据是什么呢（见图9-1）？

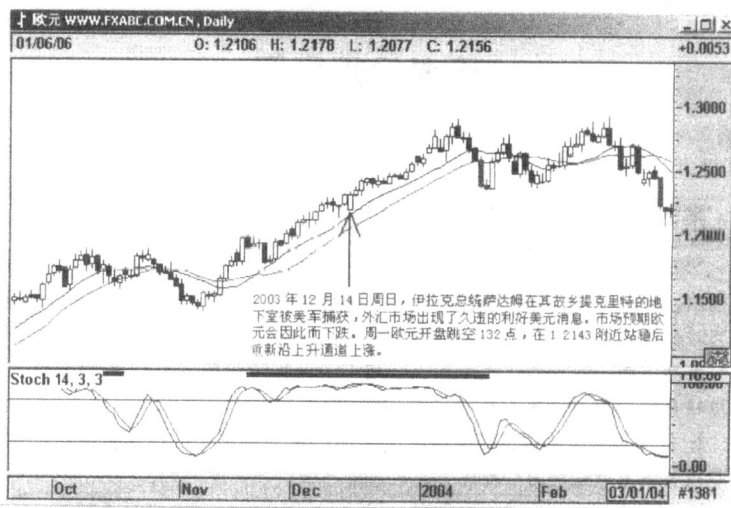

图9-1 伊拉克总统萨达姆被捕后美国汇市变化图

（1）从心理因素分析，开盘就跳空价格停留的价位必定是强阻力位。此价位是投资者不敢逾越的心理价格。

（2）结合当时的技术分析，1.214 3正是欧元240分钟均线的强支撑位，在此价位停留和盘整得越久，就越发显示出此支撑位的支撑强度。

（3）开盘十几分钟，欧元便在1.214 3处做出双底形态，这坚定了投资者对跳空回补的信念，整整一天，欧元都处于试图回补跳空的缺口。截至16日凌晨，欧元回到1.227 8高位，已经回补了跳空留下的缺口。

（4）在1.214 3的心理支撑下，欧元一步步稳健地走高。可以说1.214 3是市场不敢继续推高的强阻力位（心理默认价位），跳空停止并且盘整已久的价位（更有技术面双底的支撑）就是当天欧元的最低价位，可在此价位大胆地持欧元多头。

（5）萨达姆被捕后的美元暴涨属于新闻市的结果，消息所带来的行情固然猛烈，但随着市场对此消息的淡化，这种行情来得快，去得也快。等消息逐渐被市场淡化，欧元一定会慢慢走强，回补跳空的缺口，所以运用技术面的图形，在15日的赢利理应颇为丰厚。

卡特里娜飓风对美元指数的影响

2005 年 8 月 25 日，横扫墨西哥湾地区的卡特里娜飓风成为美国有史以来损失最为惨重的自然灾害。据统计，飓风导致 1 209 人死亡，造成直接经济损失超过 1 000 亿美元。同时，飓风对美国原油生产造成了极大影响，使得墨西哥沿岸近 95%的炼油厂不能正常生产，导致国际原油期货价格创出每桶 70 美元的历史新高。

9 月 7 日，美国国会预算办公室称，卡特里娜飓风将导致美国 2005 年年底损失 40 万个就业岗位，并有可能拖累美国下半年 GDP 增长下降 0.5%～1.0%。部分经济学家认为，飓风过后消费支出减少将导致失业率大幅上升，并将引发经济衰退。外汇市场弥漫着对通货膨胀和经济前景的担忧。

这场飓风对美国经济的影响会有多大呢？

（1）如果从经济同期的角度来看，卡特里娜飓风这一突发事件只能对美国经济产生短期影响，而不会引发经济衰退。

（2）从美元指数走势中可以看到，在卡特里娜飓风初期，美元指数并未受其影响，8 月 31 日才开始出现下跌，在 9 月 5 日触及 85.98 后获得支持，重新展开了上升行情。

（3）作为辅助的经济数据也证明了卡特里娜飓风对美国经济的影响有限。10 月 7 日公布 9 月非农业就业数据，市场预计因飓风影响非农业就业将减少 17.5 万人，但实际数据为减少 3.5 万人。第三季度 GDP 也未因飓风影响而下降，反而大幅上升至 4.1%（见图 9-2）。

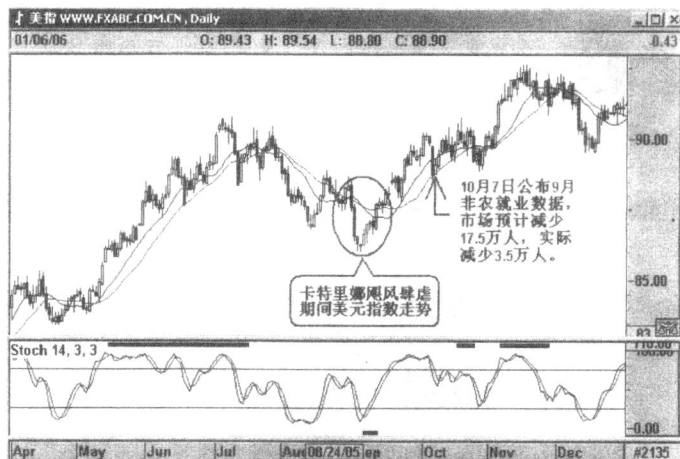

图 9-2　卡特里娜飓风对美元指数的影响变化图

伦敦爆炸案和"9·11"恐怖袭击事件的影响

每次全球有重大的事件发生，汇市和股市总是最先做出反应。对于恐怖事件，受到直接影响的国家的相关货币最初一般会受到市场的抛售，导致汇率下跌。2001 年美国的"9·11"事件使得美元指数两个交易日内从 114.7 下跌到 111.2，同时美国股市也损失惨重。

2005 年 7 月 7 日，伦敦申奥成功给英国民众带来的喜悦还未散去，7 日欧洲盘中突然传来惊人的消息，伦敦金融区附近地铁发生重大爆炸事件，有三辆公共汽车也发生爆炸，较多人员伤亡，英镑承压全线下跌，欧元兑英镑顺势突破0.68水平，此后强劲走高，急升至0.6888（见图9-3）。

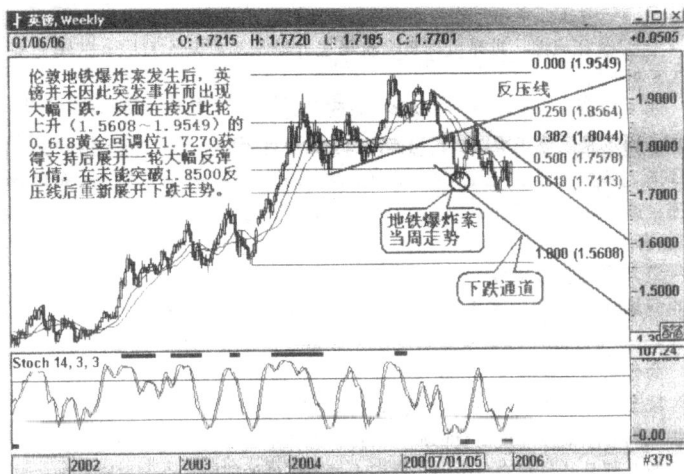

图9-3　伦敦地铁爆炸案对英镑的影响变化图

爆炸事件后最初几分钟内，欧洲证券指数暴跌4%，英镑汇率降到了19个月以来的最低点，油价迅速下降，但持续时间不长，各项指数随即反弹，到7日收盘时，世界金融市场主要指数多半下跌，但跌幅不大。

那么，当恐怖袭击遭遇外汇市场的时候会怎样？普通投资者认为，这么大的利空当然是谁碰到都会下跌并贬值了，难道还会上涨吗？因为发生了恐怖袭击，那么该国家的经济发展和社会稳定性必然受到严重影响，因此会陷入一定时期的低潮和动荡，从而使该国的货币在国际市场上遭到抛售，最终导致货币贬值。但真相并不是这样，大多数的投资者是错误的。伦敦爆炸事件使投资者想起了导致漫长金融危机的美国的"9·11"恐怖事件。伦敦一位经济人透露，最初几分钟内，证券指数暴跌4%，投资者陷入慌乱之中。

伦敦爆炸案使欧洲金融市场急剧下跌之后，随即反弹，截至2005年7月7日22点（北京时间，下同），英国FTSE100指数下跌1.72%，法国CAC指数下跌1.62%，德国DAX指数下跌1.74%，但幅度并不大。与"9·11"事件后一样，跌幅最大的是航空运输和保险公司股票。紧随欧洲股市之后，美国股市受到波及，华尔街股市开盘后，基本指数下跌0.51%～0.79%，随后反弹，到7日24点，S&P500指数回升为1192.42点，跌幅仅为0.21%。

伦敦爆炸事件后，外汇市场反应迅速，英镑与美元的比价跌至19个月以来的最低点，7日18点，由此前的1.7470跌至1.7404。美元与欧元的比价反应最为强烈，美元汇率在几分钟内下降1%，早上还是1.1930，17点30分已到了1.2042。相应地，世界市场黄金价格也开始上涨，从6日的423美元涨至427.5美元（见图9-4）。

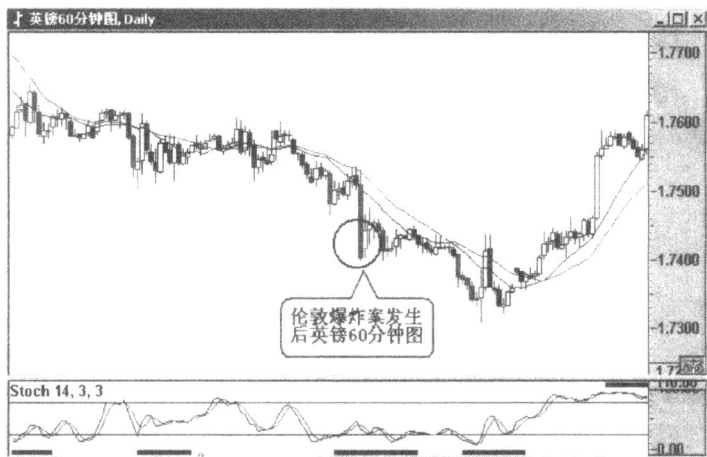

图 9-4 伦敦爆炸案后外汇市场反应变化图

美元反应比较敏感,对投资者来说,这意味着因英国在历史上更亲近于美国,而不是欧盟,所以欧元比英镑和美元更可靠。但是,美元汇率下跌时间也不长,随后反弹,8 日凌晨 1 点美元兑欧元比价已回升到 1.193 0 的水平。通常,大家认为假如一个国家发生了恐怖袭击,那么该国的经济和社会稳定性就会陷入一定时期的动荡,从而使该国的货币遭到抛售,最终导致货币贬值。但是经过了"9·11"事件之后,我们发现如此巨大的恐怖事件也只是在发生后的几小时里使美元出现了快速下跌,之后一段时间反而走强。

为什么会这样呢?

(1)有大国和大的机构在救市或在托市。恐怖主义者不仅要在政治上有所影响,还要在经济上获得最大收益,他们选择袭击的时机恰到好处,都是经过精心策划的。在制造事件的同时,他们会在国际金融市场中抛售各种金融产品来获取投机暴利,这个目的一旦被识破,大国和大机构就会采取抵抗策略。

(2)众多技术面也可以解释。当爆炸发生后,出现的技术下跌很容易在各个图形中创出新低或新高,这样一来包括 MACD、KDJ 等技术指标就会很容易出现背离现象,从而做出技术上的反转形态。这样技术分析流派们就会进场操作,使整个市场再次获得推动。

(3)随后发生反转时,两次的图形都做出了 MACD 等技术指标的背离,这就是一个最大的技术信号,同样造成了后面的救市和托市行为。

(4)从两次的 K 线图中可以看出,"9·11"事件发生时正好是美元在下降通道中,且正准备继续下降时(见图 9-5)。

(5)伦敦的爆炸事件两次发生在英镑的下跌行情中,所以恐怖袭击只不过使走势变得迅速了许多。

因此,从投资角度看,恐怖事件并不能成为中长期看空一种货币的理由,其对汇率的影响很短暂,短的只有几小时,长的也就几个交易日,随后汇率恢复常态,甚至上涨。这与我们平常的直观感觉是相违背的,投资者需要坚持自己通过基本分析和技术分析,然后得到正确的结果(见图 9-6)。

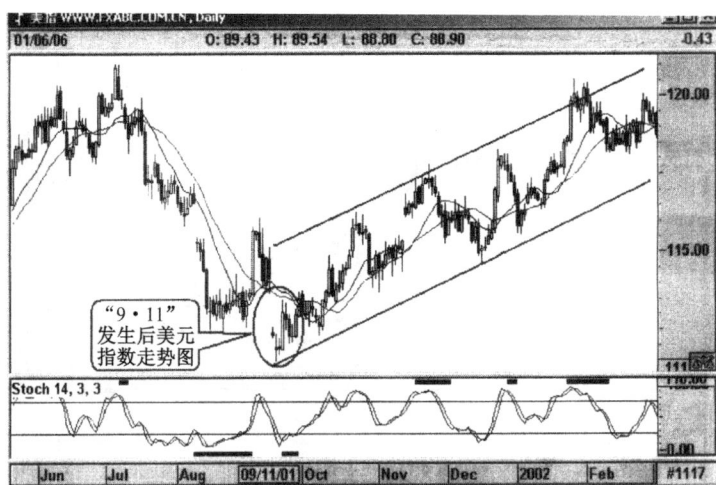

图 9-5　"9·11"事件发生后美元指数变化图

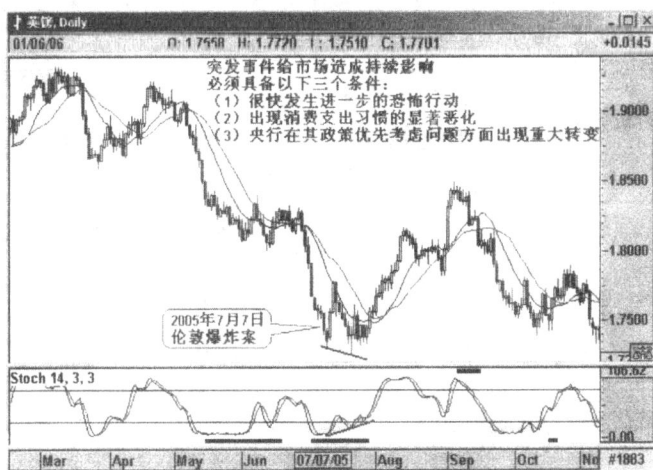

图 9-6　伦敦爆炸案给英镑造成的持续影响图

本章小结

1. 外汇市场，是指从事外汇买卖的交易场所，或者各种不同货币相互之间进行交换的场所。贸易和投资的发展、对冲交易及投机需求是外汇市场产生的主要原因。外汇市场是一个有市无场、24 小时交易市场、零和游戏市场。

2. 外汇交易主要可分为现钞、现货、合约现货、期货、期权、远期交易等。

3. 汇率分析理论包括购买力平价理论、利率平价理论、国际收支说、资产市场模式等。而外汇投资的技术分析理论主要有道琼斯理论、斐波纳契反驰现象、埃利奥特氏波等。外汇投资的技术手段主要通过趋势分析、支撑压力点分析、通道理论及平均线分析等。

4. 我国主要的个人外汇投资品种为两得宝业务和期权宝业务。

复习思考题

1. 举例说明外汇的直接标价法和间接标价法的区别。
2. 什么是外汇的卖出价和买入价？
3. 外汇交易的主要原因是什么？
4. 为什么说外汇市场是"绝不睡觉"市场？
5. 简单说明外汇交易的实盘交易、保证金交易及期货交易的区别及操作方式。
6. 比较说明外汇理论及其对外汇投资者的实际意义。
7. 选择某天的外汇牌价，用相关的技术分析手段判断某个交易品种的趋势。
8. 我国个人投资者可供选择的投资产品有哪些？有何不同？

第 10 章 房地产

引言

　　房地产的英文是 "real estate"，是对房产和地产两类财产的合称。地产是指土地及其附着物，而房产则是指该片土地上的建筑物。界定房地产应把握它的三个内涵：房——房屋建筑物；地——土地；产——财产权利。我国的土地为国有，开发商仅能购买土地的使用权，一般地市住宅占用土地的使用年限为 70 年，居民在取得了对 "房" 的财产权利的同时，并没有完全得到对 "地" 的财产权利，这就为房地产投资埋下了隐患。与其他财产相比，房地产具有许多特点：往往不可移动，可以长期持有，价值较大且不易分割。最重要的一点是，其价值往往因位置不同而迥异。正是这些特性使得房地产投资理财独具特色。

本章学习目标

- 掌握房地产投资的基本知识；
- 了解房地产估价及其影响因素；
- 学习如何制订一个合理的房地产投资计划；
- 掌握房地产投资策略及其应用。

10.1 房地产概述

10.1.1 房地产的特性和种类

　　房地产是指土地、建筑物及固着在土地或建筑物上的不可分离的部分和附带的各种权益。房地产与个人的其他资产相比有其自身的特性。这些特性包括位置固定、使用价值耐久、不可分割、土地资源的有限性和整体价值的增值性等。

　　对一般的投资者来说，房地产就意味着各种类型的房屋。我国的房地产市场形成时间不长，具有浓厚的转轨经济色彩。从性质上划分，我国的房地产有以下几种类型：

　　（1）商品房。商品房是指房地产公司在取得土地使用权后开发销售的房屋。购买商品房拥有独立的产权，土地使用权通常为 40～70 年。商品房的价格由市场供求关系决定。根据销售对象的不同，商品房又分为内销商品房和外销商品房。外销商品房的销售对象为境外的公司或个人，其价格比内销商品房相对高些。

（2）安居房、解困房和经济适用房。安居房是指为实施国家"安居工程"而修建的住房，是政府为了推动住房制度改革，由国家安排贷款和地方自筹资金，面向广大中低收入家庭而修建的非营利性住房。解困房是指在实施"安居工程"之前，为解决本地城镇居民的住房困难而修建的住房。经济适用房是指政府部门联同房地产开发商按照普通住宅建设标准建造的，以建造成本价向中低收入家庭出售的住房。

（3）房改房。房改房是指国家机关、企事业单位按照国家有关规定和单位确定的分配方法，将原属单位所有现住房以房改价格或成本价出售给职工的住房。职工购买房改房时享有政策优惠，但在进入市场出售时有限制，需持有一定时间后方可出售或需补交地价款。

10.1.2　房地产投资的优点和缺点

1. 房地产投资的优点

投资者为寻找有吸引力的投资机会，经常把注意力转向房地产。是什么吸引投资者将手中的资金投向房地产市场呢？这应该从房地产投资特有的优点加以考察。

（1）现金流和税收策划。在美国投资于房地产的投资者，其取得的现金流或税后收入不仅依赖某项资产的价值，还依赖折旧和税收。一般来说，房地产会随着时间的推移而毁损，折旧则为资产所有者提供了一个补偿这部分毁损价值的津贴。折旧费用可以作为一项现金流出，在纳税之前从收入中扣除，从而减少资产所有者的税收支付，因此折旧费用被视为一项税盾。但是折旧费用是有一定限额的，而且只有收入达到一定水平的投资者才可以使用这项优惠。

（2）价值升值。某些类型的房地产，特别是土地，升值非常快。从各国的历史看，总的来说，在 20 世纪 70 年代的大部分时间和 80 年代的部分时间，房地产投资是很少的几项投资收益率可以持续超过通货膨胀率的投资之一。当每年通货膨胀率维持在 10%～15%时，大部分房地产投资的收益率保持在 15%～20%，有的甚至更高。因此对一项房地产的估价，不仅应当包括对来自资产的现金流收入的折现，还应该估计到资产价值的升值。在很多例子中，房地产升值对房地产回报率的影响要大大高于年度净现金流的影响。

（3）使用财务杠杆。房地产投资的魅力还源于高财务杠杆率的使用。财务杠杆意味着通过借入资金来使收入最大化。由于房地产是一种实物资产，因此投资者被准许以抵押而借入其购买成本的 50%～80%的款项。所以，如果投资的总收入高于借款的成本，则这种杠杆投资的资产净收益将会高于没有使用杠杆的同类投资。

【例 10-1】　某投资者计划进行一项房地产投资，其成本为 100 万元。他有两种选择，使用财务杠杆（以年利率 10%借入 90 万元），或者不使用财务杠杆。如果投资的息税前收入假定为 13 万元，适用税率为 28%，在上述两种选择下，他的财务状况如表 10-1 所示。

2. 房地产投资的缺点

（1）流动性差。一般来说，房地产不是标准化商品，也没有公开交易的市场，因此房地产投资的流动性较低。买卖房地产时很费时，并且房地产不可能在任意时间里很容易地按市场价格或者接近市场的价格出售。此外，购买和销售的费用也很高。对于以自有资金投资的房地产，在需要流动性的时候也可向银行抵押贷款，但成本很高，并且房地产评估及银行发放贷款都需要时间。

表 10-1　房地产投资财务杠杆使用例表　　　　　　单位：元

	不使用财务杠杆	使用财务杠杆
所有者投资额	1 000 000	100 000
借款额	0	900 000
总投资	1 000 000	1 000 000
息税前收入	130 000	130 000
减项：利息	0	90 000（利率10%）
税前收入	130 000	40 000
减项：所得税（税率28%）	36 400	11 200
税后收入	93 600	28 800
投资回报率＝税后收入/所有者投资额	9.36%	28.8%

显然在使用财务杠杆时，投资者的收益率大大高于没有使用财务杠杆时的情形。

（2）首付款多。在房地产投资中，通常都要有一大笔首期投资额。例如，购买一处价值100万元的住房，投资者一般要支付30%～50%的首期投资，即需要30万～50万元。

（3）易受房地产周期与杠杆带来的不利影响。房地产市场也呈现着明显的周期性特征。在房地产市场周期中的衰退期，当房地产的价格下降时，对投资者非常有利的财务杠杆此时就变得对投资者非常不利了。在前面的例子中，如果一旦收益率低于7%，那么投资者的现金流将变成负数，原本有利的财务杠杆成了债务包袱，并且此时杠杆所使用的投资额越高越不利。

（4）高风险。房地产被许多人认为一种本质上风险很高的投资工具。它的地理位置和固有特征一般是难以改变的。这样当一些不利因素发生时，房地产的市场价格就会大幅下降，如城市区划改变，政府增加房地产税，某地区的大公司突然搬迁，或者附近新建的楼宇相继落成等。其次，在经济衰退时，房地产价值的下跌速度与其他权益投资的下跌速度一样，有时甚至更快，此时房地产投资可能不如持有名义资产，如存款或债券。与此同时，对抗通货膨胀的优势——作为债务人的财富分配效应，此时也变成了劣势。

10.1.3　房地产的投资方式

（1）直接购房投资。直接购房投资，即投资者用现款或向银行抵押贷款的方式直接向户主或房地产开发商购买住房，并适当装修后，或出售或出租以期获取回报。这是一种普遍的投资方式，也是房地产投资者最常用的一种投资方式。如果投资者以贷款的方式购得住房，然后出租，用租金来偿还银行的利息，就是"以租还贷"。

（2）期房投资。期房又称为预售房，是指开发商在楼盘并未完全竣工时，通过向政府房产管理部门申请并取得商品房预售许可证后，预先出售的房屋。投资者在购买时，可以用自有资金支付购房款，也可以首付住房约定销售价格的 20%，然后和开发商一道向银行申请按揭贷款，即银行向开发商支付余款，投资者承诺此贷款的还本付息。

期房投资则是购买期房的投资者在房屋还没有完工交付使用时便将购房合同更名转让，赚取差价。对于按揭购买，投资者只需支付一部分房款比例就可以获得房产增值的收益，因此杠杆较高，投资利润较大，但同时由于房屋尚未建成，有较大的投资风险。

（3）以旧翻新。所谓以旧翻新，就是把旧楼买来或租来，然后投入一笔钱进行装修，以提高其附加值，最后将装修一新的楼宇出售或转租，从中赚取利润。采用这种方式投资商品房时，应尽可能选择地段好、易租售的旧楼，如学校服务半径、大公司周围的楼房。另外，在装修前，一定要结合地段经营状况及房屋建设结构，确定装修之后楼宇的使用性质和未来购买或租住的人群。

（4）以租养租。所谓以租养租，就是长期租赁房屋，然后以不断提升租金标准的方式转租，从中赚取差价。以租养租这种操作手法又称做"二房东"。有些投资人将租来的房产转租获利相当丰厚。如果投资者刚开始做房地产投资，资金严重不足时，这种投资方式比较合适。

（5）以租代购。所谓以租代购，是指开发商将空置待售的商品房出租并与租户签订购租合同。若租户在合同约定的期限内购买该房，开发商即以出租时所拟定的房价将该房出售给租户，所付租金可充抵房款，待租住户交足余额后，即可获得该房的完全产权。这种方式发源于广州、上海等经济发达地区，虽然是房地产开发商出售房屋的一种变相方式，但对消费者来说，也不失为一个投资理财的好办法。

（6）到拍卖会上淘宝。目前，许多拍卖公司都拍卖各种类型的房产。这类房产一般由法院、资产公司或银行等委托拍卖，基于变现的需要，其价格往往只有市场价格的 70%左右，且产权归属明晰。

10.1.4 我国房地产投资的交易成本

进行房地产理财投资时由于交易金额大，交易成本就非常重要。这里的交易成本主要是指买卖或经营的相关税收或费用。由于各项税收和政府收费都由各地方政府决定，因此各地的情况并不完全相同。

1. 房屋买进的交易成本

（1）购买商品房。在现房买进时，购买方要缴纳的税费有两种：契税和印花税。契税分两个档次缴纳：普通住宅按房价的 1.5%缴纳；高档住宅按房价的 3%缴纳。印花税数额不大，有两种：一种是契约印花税，按合同交易金额的 0.05%缴纳；另一种是产权印花税，为 5 元/户。

购买方还应缴纳国家房屋管理部门收取的服务费用，这些费用一般由房地产商代收。主要包括：交易手续费，每建筑平方米 2.5 元；交易登记费 100 元；图纸费 25 元；如果是抵押购房，还要办理抵押登记，费用为 200 元。

如果要按揭或者抵押贷款，还要交律师费、房屋保险费、评估费和公证费。律师费是

0.25%～0.3%，公证费是 200 元/份；保险及评估费的比例不一，一般都是依据行业惯例及供求情况来确定数额，大约占贷款额的 1.5%。

另外，在正式入住时还应当按购房款 2%的比例向售房单位缴纳维修基金，此基金为售房单位代为收取。维修基金属全体业主共同所有，不计入住宅销售收入。

综上，各种费用约占购房总额的 5%。

（2）购买二手房。二手房的买入除不需要缴纳维修基金外，与商品房的税费基本相同，只不过在需要抵押时的程序和费用有所不同。如果买方需要使用银行按揭购买，卖方的房屋恰好也是按揭的房屋，那么此时便可以进行转按揭操作，卖方将房屋和所欠贷款一并转让给购买者，此时使用贷款的费用便是转按揭操作成本，大约为贷款金额的 1%。如果卖方的房屋不是按揭房屋，那么往往需要委托房屋中介公司向银行申请贷款。因为有公司担保，此时需支付一定的委托贷款费和担保费，一般也为 1%。如果委托中介购买二手房，还要交付房屋中介公司费用，大约为房款的 1%。

（3）购买二手期房。如果投资者购买二手期房，则只需缴纳购买金额 1.5%的契税，0.05%的印花税及每平方米 3 元的交易手续费。如果是高档房，契税为 3%。同样，交易时也可以采取转按揭方式。

如果委托中介购买，费用也为 1%左右。

2. 房屋卖出的交易成本

（1）现房卖出。需缴纳的税有印花税、营业税和个人所得税。印花税按合同交易金额的 0.05%缴纳；营业税的规定为个人购买并居住超过一年的免交此税，但不满一年的应按销售价减去购入原价后的差额征收 5%的营业税，并按营业税计征 7%的城建税和 3%的教育费附加；个人所得税按销售价减去购入原价后的差额征收 20%的所得税。如果出售的是个人购买的公产房，则由相应的办法核定成本价；如果在住房出售一年之内再购房，按照购房金额大小相应退还纳税保证金；如果购房金额超过原住房出售金额则全额退还；如果低于原住房出售金额则按比例退还。因此，实际上必定发生的税收只有 0.05%的印花税，投资者只要购买住房超过一年，并在卖出后的一年内重新投资新的房产，便可以规避其他税费。同样，交易手续费为每建筑平方米 2.5 元。如果委托中介卖出，费用在 1.5%左右。

（2）期房卖出。如果卖出期房，卖方还需缴纳购买金额 1.5%的契税、0.05%的印花税和每平方米 3 元的交易手续费。如果是高档房，契税为 3%。如果委托中介卖出，费用为 1.5%左右。

3. 非住宅买卖

对于非住宅买卖，买方应缴纳交易金额 0.05%的印花税和 3%的契税；卖方应缴纳交易总额 0.05%的印花税、5%的营业税和个人所得税及土地增值税。个人所得税应纳税额的计算公式为：纳税额=（售房价−购入价−交易的税费）×20%。如果土地没有增值或者增值在 20%以下的将免交增值税。如果超过限额，将按土地增值税适用四级超率累进税率，税率分别为增值额的 30%（增值未超过 50%）、40%（增值未超过 100%）、50%（增值未超过 200%）和 60%（增值超过 200%）。

10.2　房地产投资分析

10.2.1　选择房地产投资的城市

　　一般来说,随着城市的扩张,原先地价很低的城市边缘区逐渐被不断扩张的城市所覆盖,其地价也在这一过程中逐渐上升,并且将新的低价土地区推向离城市更远的郊区,与此同时,原来的城市的地价则普遍提高到一个新的水平。因此,城市规模发展的预测对房地产投资具有重要意义。投资于规模不断扩大的城市的房地产,其价值也会不断增长。一般来说,应考虑以下几个因素来选择房地产投资的城市。

　　(1)所在城市的就业。在人口流动越来越快的今天,某城市原来人口的增加和缩小对城市规模的影响基本上不起什么作用,而就业机会是影响城市规模的一个重要因素。如果一个城市的就业机会很多,人口就会流入,相应的配套设施和服务就能发展起来,从而促使其不断扩张。分析一个城市的就业机会,应分析该城市主导产业的增长情况。所谓主导产业,通常用其创造的国民生产总值占整个城市的国民生产总值的比例来衡量。一般如果该产业的比例高于全国的平均水平,那么就可以看作其为主导产业。事实上,在有些城市,只有很少的几个产业,甚至仅有几个大型企业在支持着城市的发展,如鞍山、本溪的钢铁产业,大同的煤炭产业,大庆的石油产业。如果该产业正面临着资源枯竭或者衰退,而又没有新的产业崛起,那么城市的发展前景和房地产价值投资就不太乐观。

　　(2)城市的基础设施。城市的交通、电力、市政服务等基础设置对经济的发展来说是至关重要的。因此,良好的基础设施有利于吸引更多的企业来此投资建厂,从而创造更多的就业机会。我国沿海地区的发展就是一个明显的例子。例如,在缺乏资源的日本,各种产业和大部分人口都集中在交通便利的港口城市或交通枢纽,房地产在这些地区兴旺发达。美国也是如此,大城市都集中在交通便利、矿藏丰富的五大湖地区。

　　(3)气候条件。气候条件影响着人们居住、工作和生活的质量,也直接影响着城市的发展潜力。此外,从宏观层面上考虑,城市化和人口老龄化这两个重要的趋势将在很长时期内影响我国的房地产价值。前者有利于房地产价值的增值,而后者将不利于房地产价值的上涨。在今后 20 年中,我国的城市化进程将使得城市房地产价格不断上升,如果农村人口主要在中小城镇居住的话,这些城镇的土地价格和房地产价格将会大幅度上涨。

10.2.2　对房地产进行估价

　　正确估计房地产的价值,对于房地产投资有着非常重要的意义。投资者都希望自己的投资能得到良好的收益,但是面对千变万化的市场价格,选择什么样的购置时机就显得格外重要了。如果投资者能事先对某项房地产的价值进行合理判断,那么就可以争取在该项房地产的市场价格低于其价值时购买,从而保证未来取得增值收益。

　　下面用现金流贴现法来计算房地产价值。这是因为,任何产生现金流的资产价值都是其预期未来全部现金流的现值的总和。现金流贴现估价模型能用于金融资产的估价,同样可以用来对房地产进行估价。

现金流贴现估价模型为：

$$V = \sum_{i=0}^{n} \frac{CF_i}{(1+r)_i}$$

式中　V——现有的现金流；

　　　CF_i——各期的现金收入；

　　　r——贴现率。

一旦估计出现金流，确定贴现率，就可以进行房地产估价。

很多房地产投资的现金流形式为租赁收入或租金收入，因此能够运用现金流贴现模型进行估价。

（1）现金流入。来自房地产投资的现金一般表现为租金或租赁收入。在估计未来年限的租金时，必须考虑的因素有：过去租金的变化趋势；房地产供需状况和宏观经济环境；闲置率（在一定时期内未能出租的时间的百分比）；以及需要过多长时间才能租出去，需要的时间越久，房地产预期产生的现金流也就越少。

（2）现金流出。房地产投资的费用包括固定费用和变动费用两种。固定费用是指与居住无关的费用项目，如财产税、保险、修理、维修等；变动费用是指与居住有直接关系的费用项目，如煤气、水、电、有线费、电话费等。

（3）预期增长率。在估计现金流时，一个关键的因素是租金和费用的预期增长率，决定预期增长率的要素是预期通货膨胀率。在一个稳定的房地产市场中，现金流的预期增长率应该接近于预期通货膨胀率。而在一个低闲置率的市场中，租金的增长率就有可能高于预期通货膨胀率，至少持续到市场短缺的情况消失以后。反过来也一样，在一个高闲置率的市场中，租金的预期增长率就有可能低于预期通货膨胀率。

（4）期末价值。在所有的现金流模型中，一个关键的数据是被估价资产的期末价值。有两种方法用来估计资产的期末价值。

假定资产的当前价值按照预期通货膨胀率增长以达到期末价值。因此，如果预期通货膨胀率是 3%，则一项当前价格为 100 万元的房产，在 10 年后的价值将是 134.4 万元。

另外，还可以假定最终年份（投资期的最后一年）的现金流将会按照一个稳定的比率增长下去。如果这一假定成立，那么房产的期末价值将是：

$$房产的期末价值 = 预期 CF_t + \frac{1}{R-g}$$

式中　R——折现率；

　　　CF_i——第 t 年的现金流；

　　　g——永远增长率（预期在未来保持不变的增长率）。

10.2.3　如何确定具体的投资目标

如果投资于土地，应考虑地块的具体特点。一般来说，地块不能太小，过小的话利用时就会有很多障碍；从土地的深度和宽度的比例来看，如果临街的地面相对于其深度来说过宽，不仅会影响房地产的外形效果，临街面也会受到较强的外在干扰，影响房地产的使用；从土地的形状来看，较好的形状是长方形，其利用率最高，而其他形状则不如长方形。

如果投资于住宅，那么住房的平面布局、朝向、采光、视野、楼层、建筑质量和物业公司的管理等都是考虑的要素。另外，所投资房屋面积的大小也得慎重考虑。对于一个只需20 平方米就可以满足需求的住户，他会愿意以 20 万元的价格来购买，但是他肯定不愿意出70 万元的价格购买一处 70 平方米的住房。只有适合人们需求的房产，才会赚取更多的差价。因此，投资者必须考虑今后该区域人们的住房需求。住房面积的需求跟房价与收入水平成正比，因此在房价一定的情况下，收入水平越高，所需要的住房面积也越大，一些面积比较大的户型可能比较容易脱手。对于一个看好某个次中心的投资者，如果他估计该中心尽管有较好的增长潜力，但主要居住人口的收入较低，那么投资于较小的户型是明智之举。

投资目标的选择通常很适合中长期的投资者，因为城市房地产价格通常是一种均衡的状态。在这种均衡状态下，随着城市规模的扩大，城市的房地产的总容量也不断增加。这种增加一方面是通过向城市外围的扩张来实现，另一方面随着城市中心地价的提高促进城市中心的建筑向更高的空中进行扩张来实现。现实中，这种均衡状态基本上不可能存在，因此对短期投资者来说，选定某一区域后，要进行供求分析：在供给方面主要考虑房屋的损毁和新建成的数量；在需求方面应考虑该区域人口、收入增长的情况。通过对供求的分析来判断房产的价格，从而发现那些估价过低的房地产并进行投资。

10.2.4　房地产投资时机的把握

事实上，与股票市场一样，由于投资者并不都是十分理性的，也会追涨杀跌，所以理性投资者会抓住大众的过度反应，从而获得较大的收益。

1. 宏观经济波动与房地产

利率的波动，尤其是没有预期到的利率变动对房地产的价值具有巨大的影响。对贷款买房者来说，较低的利率也就意味着较低的成本，从而刺激了消费和投资需求；对房地产开发商，低利率也有利于降低开发中所占用的大量资金的融资成本，从而增加房地产的供给。因此，利率的降低有利于房地产业的景气。利率是受央行控制的，央行在经济过热时会调高利率，从而抑制经济过热，并且在一般情况下会导致经济低迷。为了对付经济的衰退，央行又不得不调低利率，使得经济慢慢高涨。经济活动本身的规律和央行对利率的调控形成了经济的周期波动，在这种周期波动中的利率的变化使得房地产出现了相应的周期波动。高利率往往使得房地产价格下跌并陷入萧条，而低利率则相反。

在房地产投资中，掌握这一经济周期是非常重要的，它有助于应对当前的形势，从而及时地采取相应的策略。尤其值得注意的是，房地产价格的升降往往与人们喜欢"跟风"的习惯有关。一旦进入市场，许多人跟风炒房地产，使房地产价格短时间内抬高；当有人抛出手中的房地产时，又有人盲目地出售自己的房产，导致房地产价格下跌。

2. 在萧条时买入，在火爆时卖出

在房地产市场萧条时，房地产的价格较低，此时房地产市场处于"买方市场"，许多人

都在急于抛出自己手中的房产，此时投资者将有足够的房产进行选择，另外急于出售的卖家会提供非常优厚的付款条件。而在房地产市场火爆时，此时的买主远远多于卖家，投资者可将自己手中的房产高价卖出，从而获得可观的利润。

在经济周期的高峰和低谷或者房地产市场持续低迷时，都不适宜介入，因为这可能造成所投资的房产长期不升值，占用大量的资金而导致机会成本增加。跟股票投资一样，房地产投资也应牢记这样一个信条：当所有人都看好市场时，房地产市场将会走向反转，而当所有人都看淡市场时，恰恰是投资者介入市场的好机会。

事实上，通过分析房地产交易者的类型，就能把握房地产市场的经济周期。一般来说，在房地产市场启动阶段，多数买房者都用来自住，而当市场高涨时，那些高抛低吸的投机者进入市场。随着越来越多的投机者进入，价格会持续走高，但市场中最终的购买者却大大减少，最终购买失去支撑而导致房价下降，泡沫破灭。这时投机者由于恐慌而急于抛售房产，从而加剧了价格的下滑，直至大部分投机者退出市场，市场又进入新一轮的经济周期。

10.3 房地产投资策略

10.3.1 期房投资策略

预售房屋是目前流行的商品房销售办法，对预售房屋的投资就叫作期房投资。在香港，一般情况下，房地产开发商在预售房屋时，是将房屋"拆零砸碎"地出售给投资大众。开发公司先估定一个价格，在开工建造时开始出售，此时购买者须支付价款的10%，即首期；待到房屋建成约一半时，购买者须再支付价款的10%；这样到房屋建成时只需交剩下的80%便可以得到所认购的房屋。在房屋建成之前，只需交付20%的价款就可把房屋建设全过程中的升值涨价因素全部确定下来。卖出期房的手续也非常简便，一种是认购期房者与开发商协商，取消现有的买卖契约，然后由开发商与新的购买者订立一份新的契约；另一种是期房的买卖者直接订立一份契约，承让人购进转让人对开发商拥有的一切权益。

而我国大陆的预售房屋与期房销售的一个重要的不同之处是，无论银行按揭还是用自有资金购买，都必须向开发商付全款，并且房屋也必须在封顶（高层完成2/3后）才能申请预售许可。而投资期房所付款项只是一种定金的性质，也不需银行介入便有杠杆投资的效果。

1. 期房投资的优点

（1）价格便宜。房屋预售是开发商筹资的一个重要方式，为了更多地吸引购房者提前支付房款，在期房销售时，房地产开发商一般都在价格上有较大的优惠，一般比现房的价格优惠10%～25%。

（2）设计新潮。房产开发商对设计是十分看重的，因为设计的好坏直接影响到房屋的销售，所以相对而言，期房的设计大多避开了当前市场上现房的设计缺点。

（3）选择余地更大。当投资者在建好的现房中选房时，往往楼层好和朝向好的楼盘基本上已经售空，余下的大多是一些楼层不太理想或朝向不好的房子。如果买期房则可以在买主较少的时候介入，待定位置较好的房子。

（4）升值潜力高。期房如果买得合理、适当，其升值潜力比现房要大。有一些尚未形成规模的区域，当时的期房售价较低，随着开发住宅的增多，形成了一定的规模，各种配套条件得以改善之后，房价必会大幅上涨，投资者将会获利丰厚。

2．期房投资的缺点

（1）资金成本较高。预售房屋通常要等一年半载才能进户。在这段时间中，由于资金占用大，利息损失也较大。从另一个角度看，如果是投资现房，那么这一段时间内的利息支出成本则可以由房屋出租所得的租金来抵付，从而不会造成不必要的损失。

（2）出现不能按时交房或者质量、面积、配套设施不合格等情况。预售房屋因为是图纸房，只能看到房屋的一个大致结构，而一些细节的地方往往会被开发商特意隐瞒，因此极可能出现现房与图纸不符的情况，造成投资者不必要的损失。

（3）房地产市场下跌的风险。如果房地产市场下跌，那么投资者就花了冤枉钱。

（4）周围可能存在的贬值因素导致住房建成后贬值。

3．期房投资的策略

（1）关注市场的走势。在购买期房时，一定要对所在地的房地产价格的大趋势进行理性的判断，以避免所购期房入住后出现贬值。

（2）避开信誉差的开发商。开发商的信誉和项目质量紧密相关。好的开发商资金实力都比较雄厚，不会由于出现现金的流动风险而造成投资者的损失。另外，好的开发商都很看重自己建立起来的品牌，不会做出对自己的声誉有损的事情，故建筑的房屋有保障。

（3）多走多问。根据我国房地产销售有关办法，凡是预售房屋必须从国家房屋管理部门取得商品销售许可证。因此，查验预售房地产是否具有其资格非常重要。另外，还有其他一些法律文件，如建设用地规划许可证、建设工程规划许可证、建设工程开工证、土地使用权证等都要查验清楚，以保障投资者产权的顺利过渡。

10.3.2　二手房投资策略

一些人对于现有居住条件不满意，导致二手房交易市场日益火热。有机构调查表明，目前 4/5 的城镇居民对自己的住房条件不满意，而大多数人通过改换住房来改善居住条件，因此投资二手房是个不错的选择。

1．二手房投资的风险

（1）房屋的权属。目前，房屋的产权、使用状况十分复杂。其中，存在不少产权与使用权分离的住房、已抵押的住房、因历史问题解决不了权属的住房等，因此投资者有可能造成此后的纠纷。

（2）中介公司不规范。目前，二手房交易的中介机构采取了收佣金、吃差价的做法，损害了买卖双方的利益。

（3）按揭贷款较难。很多人在购买二手房时犹豫不决的原因，就是因为二手房按揭贷款的手续非常复杂。如果机构或者卖方没有诚意配合的话，就会使买方陷入进退两难的境地。

2．二手房投资的策略

（1）注意交易主体进行二手房交易的资格是否符合。例如，考察卖方是否有房产证，产权是否明晰；若是期房需要开发商做担保等。另外，可到房地产交易中心查询房屋是否抵押及其产权情况，向周边邻里询问相关的房屋情况。

（2）在评估房产时注意房屋土地价值是否贬值。投资房地产的关键是位置，但是我国的土地使用权不是永久的，因此对于使用年限已经很长的二手房，其使用权的期限所剩不多。如果继续使用需另外缴纳使用费，位置的价值可能会大打折扣，这对进行长线投资者来说是至关重要的。

（3）注意房屋的质量。购房者应当在买房时注意检查住宅本身的质量，如是否存在漏水、墙体开裂、下水道堵塞等情况。应询问一下邻里之间的关系，是否存在纠纷。此外，原居住人的社会关系是否过于复杂，这可能也会给购房者带来不必要的麻烦。

（4）要通过正规的中介公司进行交易。二手房的买卖是一项专业性较强的过程。交易双方如果在交易过程中觉得很多问题无法把握，最好到房地产中介公司请专业人士和律师指导，或委托声誉好、具备相应资质条件的房产中介机构进行交易。

10.3.3　拍卖会上淘房策略

房屋拍卖处理一般有下面几种情况：因不履行债务、保证、赔偿等责任，相关法人或者个人的房产被法院强制拍卖以清偿债务；按揭贷款业主因失业或者生意失败而无法偿还银行贷款，被银行收回抵押赎回权，银行通过拍卖的方式来处理这些房产以回收欠款；政府有关部门，如税务、工商管理部门因追讨欠税或者罚款所得的房产；个人委托拍卖的房产。

一般来说，拍卖这些房产的主要目的是清偿债务和回收欠款。为保证及时收回款项，拍卖方通常愿意以低于市场价格10%～50%卖出手中的房产。银行拍卖的取消抵押赎回权的房产更是如此，因此如果银行以回收贷款为卖出的底线，这些房产具有很大的讨价还价的空间。

但是，拍卖会上的房产也有很多缺点。例如，除了提供有关房地产的法定说明外，一般都不提供该房地产的相关信息，不向购买者展示该房产；一般只接受现金交易；合同中特别条款的部分被严格限制；买方融资的时间十分有限。

因此，想在拍卖会上淘房的投资者应注意以下几个方面：

（1）及时获得信息。房地产拍卖会大多是拍卖公司在报纸上做公告，但这种信息一般并不保险，很多人因没有注意到信息而错失良机。这类信息一般都登在重要的报纸上，投资者应多加留意。

（2）主动了解房屋的相关情况。在参拍前一定要了解标的的产权，土地与房子的产权是否是一致的。对于没有产权的商品房，可询问拍卖公司是否可获得产权证。而确实不能办理产权证的房屋，应了解房屋使用权的权限范围。还要了解标的相关信息，如面积、水电费结清情况等。

（3）根据房地产投资的估价方法对其进行合理估价，确定自己的心理价格。如果在竞拍中发现价格已经超出了自己的承受价格，应果断放弃，因为高于心理价格5%以上的房产已不具备投资价值了。

（4）要有充足的实力。鉴于付款条件的苛刻，想做房地产拍卖的投资者，要有充足的资金实力。

（5）应注意相关的法律纠纷。根据相关法律，房屋所有人拍卖共有房产时，应有其他共有人的书面同意，否则不具备法律效力。因此，投资者在遇到此类房产时需要注意，以免白白浪费时间和精力。

10.4 房地产投资的风险管理

10.4.1 房地产投资风险的特性

房地产投资风险是指投资的实际收益与期望收益的偏差。这种偏差的程度和偏差发生的概率与房地产投资的风险成正比。房地产投资风险的特性是由房地产的特性和风险的本质决定的，表现为以下几个方面。

1. 普遍的投资风险

（1）风险和收益的对称性。投资房地产既可能带来收益，也可能造成损失。收益和风险是并存的，收益和风险是成正比的，承担多大的风险，就可能获得多大的收益。

（2）多变性。房地产投资风险的性质和程度受国家政策、法规及经济发展水平等因素的影响而呈现动态变化的特征。投资环境中任何一个因素的变化都会引起房地产投资风险的变化。

（3）可预测性。通过对各种统计资料、投资条件和市场状况的分析，投资者可以对房地产投资风险发生的概率及其可能造成的损失做出判断，从而预测或度量可能发生的风险。

（4）可控制性。房地产投资风险的可控制性体现在投资者可以采取合理的投资方案来规避风险。通过对多种投资方案进行风险评估，选择出最佳方案，或者利用组合投资来降低风险。

2. 房地产特有的风险

（1）流动性风险。房地产是无法移动的固定物，其买卖存在区域的特性。如果急需变卖房产，但不容易找到买家，这时卖方可能就不得不降低售价来吸引买家。所以，投资房地产的变现能力较差。

（2）市场风险。房地产风险受经济周期性的变动、社会政治环境和供求关系的影响。如果政治稳定、经济繁荣，房地产的价格可能看涨，反之则会下跌。如果对房地产走势把握不好的话，将会受到损失。因此，不要在房地产价格泡沫过大的时候进行非理性投资。

（3）利率风险。市场利率变动会影响房地产的成本，在房地产预期收益一定的情况下，市场利率越高，房地产投资价值越低。利率变化对获取租金收益的房地产投资者及利用银行贷款进行房地产投资者的影响尤其明显。

（4）购买力风险。虽然房地产投资具有抵御通货膨胀的能力，但如果房屋价格和租金的上涨幅度低于通货膨胀率，则房地产的实际收益仍会减少。而且在通货膨胀时，如果大幅提高房地产的售价，又会影响对房地产的购房能力和消费需求，形成供大于求的现状。

（5）交易风险。房地产交易市场的信息不对称，使投资者购买房地产时可能产生交易风险，现实中所产生的许多买卖纠纷，都是由于信息不对称造成的。

（6）意外风险。房地产可能遭受自然灾害和人们意外的过失行为所带来的风险，如地震、海啸、台风等自然灾害，意外的火灾和水灾等人为事故，都可能使房地产受到损毁，从而造成损失。

10.4.2　房地产投资风险的决策

由于房地产投资所面临的种种不确定的风险，因此需要理财分析师协助客户根据掌握的资料和信息，对各种可能性做出估计，从中选出最佳方案。这一过程就是房地产投资风险的决策。

1．风险决策的影响因素

（1）风险成本。由于风险的客观性，任何人想完全回避风险是不现实的。要降低风险必须付出相应的代价。由风险导致的费用即风险成本，包括风险本身所造成的损失，对风险的前期预防费用及后续的风险防范费用。例如，给房地产投资进行财产保险。

（2）风险收益。风险收益是因承担风险进行投资而获得的额外回报。房地产投资的预期收益比无风险收益更高，这部分的收益是补偿风险成本的收益，又称为风险溢价。

（3）信息。随着投资者获得的信息量的增加，投资者面对的不确定性因素就会减少，提高了投资者决策行为的正确程度，降低了决策风险。相反，如果投资者掌握的相关信息不准确，那么就有可能对自身条件和外部环境判断失误，从而增加决策风险。即使获取信息也要付出成本，但与投资决策风险所造成的损失相比，还是值得投入的。

2．决策方法

根据投资者对待风险的态度和所掌握信息的情况，可采用不同的决策方法，主要有如下几种。

（1）最大可能法。最大可能法是将概率最大的那个投资结果看成必然事件，即发生的概率为1，而将其他结果看成不可能事件。这一方法适用于某一投资结果比其他结果发生的概率大得多的情况。投资者的决策行为也就变成了确定性决策问题。该方法的前提是，投资者掌握了足够多的信息来判断投资结果发生的概率。如果仍然存在许多不确定性因素影响对概率的判断，则不适合采用这种方法。

（2）期望值法。利用期望值法进行风险决策要考虑投资者的风险偏好程度。其步骤是在收集相关资料后，列出主要的可行方案，算出每个可行方案的期望值来加以比较。如果投资者是风险厌恶型，目标是损失最小，则应采取期望值最小的投资方案；如果投资者是风险偏好型，目标是收益最大，则应选择期望值最大的可行方案。该方法结合了概率分析和投资者对风险和收益的态度，在大多数情况下都适用。

（3）概率不确定情况下的风险决策。现实中，有时很难估计事件发生的概率，而只能对风险后果进行估计。这时，投资者是在一种不确定的情况下进行决策的，故决策结果在很大程度上依赖于决策者对风险所持的态度。

10.4.3　房地产投资风险的防范与策略

1. 房地产风险防范的措施

（1）做好充分的调查准备工作。首先要了解投资者的风险承受能力及投资目的，包括风险偏好的类型、个人财力、自身知识结构、投资动机等。其次要调查市场环境，以及投资房地产的基本情况，对房地产信息的掌握应尽量详尽。

（2）优化分析。在掌握大量信息的基础上，投资者应依靠经验或技术方法进行风险分析，优化投资策略，最后确定适合投资者的最优方案。

2. 房地产投资的合理组合

对于资金实力雄厚的个人投资者，可以考虑房地产的组合投资，即在对房地产市场分析的基础上，选择不同类型的房地产和不同的投资时机进行组合投资。例如，投资者可以考虑投资期限长短的结合，高中低档房地产的有机搭配、投资区域不同、组合不同用途的房地产等。

房地产的组合投资并不是固定不变的，任何影响房地产市场价格的事件发生或即将发生时，投资者都应顺应形势，及时做出判断分析，调整房地产组合的结构。

案 例 分 析

房地产泡沫对经济的危害——基于日本房地产泡沫事件分析

早在 2005 年 4 月，美国《华尔街日报》就以"中国房产泡沫破裂只是迟早问题"为题发表了一篇评论文章。文章直言不讳地指出：中国房地产，尤其是沿海地区房地产存在严重泡沫。该文还援引当年中国国务院下发各级政府的一份文件来佐证其观点。这份 2005 年 3 月 26 日下发的文件在国际上被普遍解读成我国中央政府对各级地方政府的警告——依靠发展房地产市场推动经济增长的做法存在风险。

当前，我国房地产市场是否产生了泡沫，理论界和实业界众说纷纭，在这里我们不去探讨房地产泡沫是否已经存在，而是将房地产泡沫对经济的危害做一下梳理，使人们更加清晰地认识到房地产泡沫对经济的危害。

房地产商品的特殊性使其极易产生泡沫。土地的稀缺性和房产建设周期较长的特点，会造成房地产市场在一定时期内的供给刚性。当经济迅速发展时，房地产需求迅速增加，但供给并不能及时增加，导致需求大于供给，房地产价格迅速上升。在价格上升的过程中，部分人会将房地产作为投资和投机的工具，因此造成需求的虚假过剩，人为地推高房地产价格，使价格不能反映房地产市场的供求关系。价格的上涨将吸引更多的投机者，使价格进一步上升，如此循环，泡沫逐渐增大，但泡沫终有破灭的一天。泡沫的破灭会给经济带来极大的危害，国际货币基金组织（IMF）的一项最新研究显示，房地产市场热潮比股市热潮更可能以泡沫破灭而告终，并且，前者在泡沫破灭时造成的损害比后者大得多。这里我们将房地产泡沫的危害总结为以下几个方面。

（1）导致社会资源配置的不合理。在房地产泡沫破灭之前，房地产价格迅速上升，降低了劳动所得的相对价值，误导了各种经济主体的长期投资行为。其结果是社会资源将以很快的速度向房地产领域集中，最终导致社会经济结构失衡。这样一方面其他生产领域的资金被吸引到房地产市场，将使一些生产领域资金趋紧；另一方面将造成与房地产相关的产业过度繁荣。例如，在房地产泡沫扩张期间，房地产价格上涨，房屋建设量迅速增加，对水泥、钢材等建材的需求大增，小水泥厂、小钢厂等迅速大量上马，但是当房地产泡沫破灭后，这些钢厂、水泥厂的生产设备不得不大量闲置，甚至有些厂刚刚建成或没有建成就得停产，造成社会资源的极大浪费。同时，大量的空置商品房也将造成社会资源的严重浪费。

（2）货币政策受到制约并对金融安全构成威胁。在泡沫扩张期间，中央银行使用货币政策工具调控经济的能力受到制约。如果货币供给量不变，那么房地产市场出现泡沫，就隐含着其他资产价格会下降，因此可能会压抑股市，并将其他领域的资金吸引到房地产市场；但如果用货币扩张来支持泡沫，则可能会出现多种资产泡沫并存甚至实体经济领域也很景气的局面，即"泡沫经济"现象，其后果可能更加严重。

（3）造成整个经济低迷不振。房地产业对整个国民经济具有很强的拉动作用，同样房地产泡沫破灭也会给整个国民经济带来强烈的负面冲击。房地产泡沫将造成供给大于需求，导致泡沫破灭后，价格大幅下跌，许多房地产及其相关企业破产倒闭，许多在建工程停建和缓建，甚至整个建筑业的萧条。由于价格的下跌，人们对房地产的投资热情迅速下降，房地产市场可能在很长时期内低迷不振。为房地产业提供原材料的行业，如钢铁、水泥等，将出现生产能力严重过剩，这些行业的投资在很长时间内都很难启动。

（4）影响城市竞争力。房地产泡沫的生成和破灭都会对一个城市的竞争力产生不良影响。当泡沫生成和增长时，房地产的租金和价格高企，增加了商业活动的成本，使最终的产品和服务的价格上升，竞争力下降，甚至导致一些投资转移到其他城市，对本城市的经济产生不利影响。房地产泡沫对北京、上海等一些国际大都市的影响尤为严重，房价的上升使这些城市的国际竞争能力下降，对外资的吸引力下降，一些国外投资将寻找其他经营成本较低的城市作为其生产经营基地，因此房地产价格的上升会使城市的发展速度放慢。当房地产泡沫破灭后，所造成的经济萧条和企业不良债务缠身的情况会破坏投资环境，降低城市竞争力，减少对外资的吸引力。

（5）对社会心理和人的行为造成不良影响。房地产泡沫的发展导致房地产价格奇高无比，加剧了国民收入分配的不平等，社会财富迅速向某些投机家手中集中，劳动相对价值进一步下降，贫富差距日趋扩大，对整个社会的道德伦理将产生不利影响。例如，战后日本经济的发展主要来自日本劳动者的刻苦耐劳，然而由于房地产价格猛涨，使得无资产者购置房地产希望渺茫而意志消沉，有资产者则依赖资产增值而劳动积极性减退，这样不劳而获、借债消费、贪图安逸等社会风气日益加深。投机的掠夺式的"创收"和不劳而获的"致富"，对社会伦理道德观念产生了极大的冲击，严重影响了整个社会的健康发展。

日本的"十年之痛"肇始于1985年，这一年是代表日元大幅度升值的"广场协议"的签署年。从这时开始，到1991年为止，日本国内六大城市的商业地价短短6年间上升了3

倍多，泡沫至最大。此后泡沫迅速破裂，日本全国大部分城市的房地产价格持续下跌，造成银行大量不良资产。

引起日本房地产泡沫生成的原因当然是多方面的。首先是 1985 年 9 月，美国、联邦德国、日本、法国、英国五国财长签订了"广场协议"，决定同意美元贬值。美元贬值后，大量国际资本进入日本的房地产业，大大刺激了房价的上涨。其次是当时的日本政府为刺激经济的发展，日本中央银行采取了非常宽松的金融政策，鼓励资金流入房地产以及股票市场，受房价骤涨的诱惑，许多日本人纷纷拿出积蓄进行房地产的投机，致使房地产价格暴涨。1990 年 9 月日本地价达到最高点，到了十分荒唐的程度。当时，国土面积相当于美国加利福尼亚州的日本，其地价市值总额竟相当于整个美国地价总额的 4 倍。仅东京的地价就相当于美国全国的总地价。一般工薪阶层即使花费毕生储蓄也无力在大城市买下一套住宅，能买得起住宅的只有亿万富翁和极少数大公司的高管。

日本人为泡沫经济付出了沉重的代价。1992 年由于股票和土地价格下降所造成的资产损失相当于当年的国民生产总值的 90%。1994 年 3 月，日本政府公布，日本 1992 年的国民总资产比 1991 年减少了 448 万亿日元，这个数字相当于日本当年的 GDP。日本土地总价值减少了 223 万亿日元，股票价值减少了 178 万亿日元。泡沫经济还给日本金融系统造成了巨额坏账。1998 年年底，日本官方认为金融机构坏账达 7 131 亿美元。到了 1999 年，有学者估计这个数字达到了 10 000 亿～12 000 亿美元。西方有些经济学家估计，日本泡沫经济带来的直接损失超过了 6 万亿美元。

（资料来源：中国知网）

思考题

1. 你认为我国房地产是否存在泡沫？引起房地产泡沫的原因是什么？如何衡量房地产泡沫的严重程度？

2. 你能想到哪些对策来抑制房地产泡沫的产生和扩大？

本章小结

1. 房地产是指土地、建筑物以及固着在土地或建筑物上的不可分离的部分和附带的各种权益。它具有位置固定、使用价值耐久、不可分割、土地资源的有限性和整体价值的增值性等特点。我国目前的房地产主要有商品房、安居房、解困房、经济适用房和房改房几种。

2. 房地产投资具有现金流和税收策划、价值升值、使用财务杠杆等优点，但其流动性差、首付款多、易受房地产周期与财务杠杆带来的不利影响和风险高等缺点。

3. 房地产的投资方式主要有直接购房投资、期房投资、以旧翻新、以租养租、以租代购和到拍卖会上淘宝等。房地产投资的成本包括房屋买进的交易成本和房屋卖出的交易成本。

4. 房地产投资的选址应考虑所在城市的就业、城市的基础设施和气候条件等。在进行房地产估价时应采取现金流贴现法来计算房地产价值。如果投资于住宅，那么住房的平面布局、朝向、采光、视野、楼层、建筑质量和物业公司的管理等都是考虑的要素。

5．期房投资时要关注市场的走势；避开信誉差的开发商；多走多问。二手房投资应注意交易主体是否符合进行二手房交易的资格；在评估房产时注意房屋土地价值是否贬值；注意房屋的质量；要通过正规的中介公司进行交易。如果想到拍卖会上淘宝则要及时获得信息；主动了解房屋的相关情况；根据房地产投资的估价方法对其进行合理估价，确定自己的心理价格；要有充足的实力；应注意相关的法律纠纷。

6．房地产除了具有一般投资所面临的风险之外，还具有流动性风险、市场风险、利率风险、购买力风险、交易风险和意外风险等特有的风险。

7．在进行房地产投资决策时可以采用最大可能法、期望值法和概率不确定情况下的风险决策。应做好充分的调查准备工作和优化分析。对于资金实力雄厚的个人投资者，可以考虑房地产的组合投资，即在对房地产市场分析的基础上，选择不同类型的房地产和不同的投资时机进行组合投资。

复习思考题

1．什么是财务杠杆？如何看待房地产投资的高杠杆作用？

2．房地产投资有哪些方式？各自的优缺点是什么？

3．我国房地产交易过程中主要需要缴纳哪些税费？

4．土地价格与房地产价格的关系是什么？

5．影响城市土地价格变动的因素有哪些？

6．选择具体的房地产标的时应注意哪些因素？

7．老张看上了一套两室一厅共 85 平方米的房子，但是不知道买房还是租房好。如果租房，房租每月 2 000 元；如果买房，总价为 50 万元，可获得 40 万元、年利率 6.22% 的房屋贷款，首付为 10 万元，贷款年限为 5 年。假设老张还能生活 50 年，所买房子的寿命为 50 年。请你结合下面的几种情况，分别分析老张是买房好还是租房好？为什么？

（1）假设 50 年后，所买房子的价值为 0；

（2）假设 50 年后，所买房子的价值大于 50 万元；

（3）假设老张投资股票，每年的收益率可达 20%。

第 11 章　古玩投资的初探

■ ■ ■ ■ ■ ■ ■ ■

引言

　　张昊先生是南京一家事业单位的普通白领，也可以说是工薪一族。2001 年，张先生就已经介入收藏古玩这一领域。收藏古玩，看起来很费钱，其实门槛不高，不像房地产，占用资金量不大，只要你有心，都可以进入，恰恰是工薪族很容易接触到的。张先生很得意的投资之举同样来自这些"小东西"，比如有一次他在湖南的古玩市场买了四样器皿，均价 1 000 多元一件。其中一件白釉暗刻螭龙篮是在地摊上买的，开价 1 500 元，当时其他人都觉得是晚清时仿的，不值什么钱，他却一眼认定是乾隆款的，于是执着地通过砍价，花 750 元买了下来。后来，他将这件东西转给圈内其他投资者，回报高达几十倍。另外几件总价在 2 000 多元的古玩，投资回报也达到了上万元。

本章学习目标

- 初步了解古玩投资；
- 明确古玩投资的种类；
- 掌握古玩投资的原则和方法。

11.1　古玩投资概述

　　中国的古玩业自诞生之日起，同其他行业一样，也经历了成长、发展、兴衰变化的过程。改革开放以后，中国古玩市场从封闭逐步走向开放，各地的古玩交易市场发展迅速。中国内地继股票热、房地产热之后，古玩收藏与投资热正在广泛兴起。在市场参与者中，不仅有极具经济实力的企业家，还有一般的工薪阶层。不少城镇都有民间旧工艺品市场，吸引了越来越多的人投入收藏。古玩收藏可以说是一种独辟蹊径的投资方式。首先是增值性。由于古玩本身是特定历史时期的产物，随着时间的推移，它的存世量只会越来越少。因此，它的稀有性与不可再生性，决定了与一般经营性投资活动的价格变化的区别。一般商品随着时间推移，其价值随使用价值的磨损而逐渐消失，但古玩投资品却随着时间推移有增值的趋势。其次是投资保值性。古玩作为艺术品，体现了某个特定时期的历史和文化，本身所具有的艺术价值必定使无数人为之倾倒。古玩收藏作为一种投资方式，它的保值功能和观赏功能的完美统一是其他投资品种所不具备的。再次是风险性。就像股票市场，有赔有赚，在古玩市场上同样存在风险。最后是较低的流通性，较差的变现能力。与其他投资品相比，古玩投资不及股票等有价证券的变现能力强，不及储蓄等流通性强。

我国的古玩投资尚处于完善发展之中。古玩业还是一个可以获取超额利润的行业，对利益的追求正吸引许多投资者加入该行业。比如，深圳古玩城有近 100 家古玩店，加上城外的店铺共达 200 多家，年交易额超过 3 亿元。从 20 世纪 80 年代以来，我国古玩业一路红火，虽然该行业总体利润水平不高，但其平均利润仍然超过不少行业。古玩投资的升值潜力巨大，一般而言，古玩每 10 年升值达 10 倍以上，多数可达 20 倍以上。从这个意义上讲，古玩业是市场竞争中少有的暴利行业。北京举办的"中国古玩艺术品博览会"吸引了全国各地的文物商店、文物公司及文物监管市场纷纷前来参加展示，每年数百个古玩艺术品展位组成了不同档次、不同风格流派的展销格局，参展的单位无论是数量和规模，还是实力和影响均为各地古玩博览会之最，对我国古玩投资的发展起到了重要的推动作用。

11.2 古玩投资的种类和特点

11.2.1 古玩投资的种类

1．中国书画

中国书画对于初涉投资领域的投资者来说是最好的门类。上海崇源拍卖的季崇建介绍说："我不太赞成投资者在刚刚进入艺术品领域的时候，就购买瓷器、杂件，因为其中的风险太大。反观中国书画，特别是一些二三线画家的书画，不仅价格比较便宜，而且赝品也不太多，且升值潜力还是非常大的。"

投资指数：★★★★★

风险指数：★★★★

流通指数：★★★★★

点评：海派书画明显被低估而又数量庞大。

2．瓷器

在市场经济中，人们从古董中赚一些钱，购买一些具有保值、增值空间的古董，本无可厚非，但关键是要学习，通过学习变得懂行。要注意的是，做古董生意的商家为了把自己的东西卖出去，编出许多故事，假的说成真的，让一些刚入行的藏家防不胜防。

故宫博物院研究员叶佩兰说："我退休 10 年来，在全国各地甚至国外做过许多次文物鉴定，结论是 90%的古董都是仿品，真正的上品、名品太少了。有些虽是真品，也多是明清时期的，民国、解放初期的也有一些。"

投资指数：★★★★

风险指数：★★★★★

流通指数：★★★★

点评：对于普通投资者，瓷器门槛高不可及。

3.钱币

"从 1948 年到现在，人民币共发行了六套，目前'身价'最高的是第一套人民币，全国拥有全套的收藏家和机构不超过 100 家。第一套人民币价格的稳定性绝对胜过近期发行的各种钱币，而且后市升值潜力较大。不过收集全套的第一套人民币，需要花费时间，还要有经济实力。与之相比，第二套、第三套人民币的市场价格相对容易让人接受，而且整套收藏起来也比第一套容易，不过升值空间还要更多时间沉淀。"上海钱币协会理事余榴梁如是说。

投资指数：★★★★

风险指数：★★★★★

流通指数：★★★★

点评：对于普通投资者，首选新中国成立后的品种。

4.邮票

"目前梅兰芳舞台艺术小型张的价格为 15 万元/枚左右，套票有齿孔的 8 000 元/枚左右，套票无齿孔的 50 000 元/枚左右；未使用过的'一片红'普通品相的也要 60 万元/枚左右，已使用过的也要 40 万元/枚左右。"

邮票专家余耀强提醒收藏者，"辨别邮票真假关键是看票面，齿孔只能起辅助作用，因为市场上也存在因为邮票品相不佳而加工，将缺陷修补的做法，很可能对齿孔进行修复"。

投资指数：★★★★

风险指数：★★★

流通指数：★★★★

点评：特别要注意，市场上有些定制的邮品数量很少，但毫无投资价值。

5.文玩杂项

"中国的文化艺术品已经渐渐和国际接轨，书画的价格和国际上著名画家的价格开始接近，但是还没有达到他们的标准，东方艺术绝对不比西方艺术差，并驾齐驱是可以的，这个洼地会消失，这里还有空间，还会攀升。"《鉴宝》栏目特邀专家蔡国声表示。

投资指数：★★★★

风险指数：★★★

流通指数：★★★

点评：比如沉香，往往与花道、茶道以及禅的快乐结合在一起，"玩"出升值才是王道。

6.古籍善本

古籍善本鉴定专家府军表示："目前，参与古籍竞拍的人群范围正在逐步扩大、更加复杂。以前，收藏人群主要都是学者文人。现在，一些企业家和煤矿主也逐渐参与进来。"

投资指数：★★★★★

风险指数：★★★

流通指数：★★★★

点评：比起书画、瓷器，造假更容易识别，价值更容易回归。

7. 玉石珠宝

"个人投资收藏不宜太过纷繁杂乱，和田玉和翡翠为最佳选择，因为玉石玉器属于流动性较差的投资品，若太偏冷门，有悖投资的初衷。"某品牌玉石专柜负责人如是说。

投资指数：★★★

风险指数：★★★

流通指数：★★★

点评：还有钻石，卖给谁是最大的问题。

8. 家具

"你买我的家具必须全部捐给上海博物馆，不能将其中的任何一件拆散自留。"这些花费40年搜集的79件明式家具，"京城第一大玩家"王世襄仅以国际行情1/10的象征性价格转让给一位香港朋友，他提出了如是条件。

明式家具作为中国古典家具发展的顶峰，在20世纪80年代的世界文物界掀起了一股"明式家具热"，起因就是王世襄撰写的《明清家具鉴赏》《明清家具研究》这两本书，后者光是名词解释就有1 000多条，后来被译成英、法、德等多种文字出版。有人说，王世襄为中国创造了上千亿元的价值，而且把一种不为人知的东西变成了一门学科、一种产业。

投资指数：★★★★★

风险指数：★★★

流通指数：★★★★

点评：明式家具不是有钱就能买到的。

9. 白酒

多位白酒藏家都认为，老的四大名酒，甚至老的17大名酒的收藏潜力都非常大，尤其是五粮液，它的价格较之茅台酒的增长比例来看，价格增值空间还有不少。资深名酒拍卖顾问赵刚给我们小算了一笔账："20世纪80年代初期一瓶茅台酒的价格在8元，五粮液酒是6.4元，差不多五粮液的价格是茅台酒价格的2/3，但是从今日的涨幅来看，同时期的五粮液增幅并没有与茅台酒同步，所以还有继续增值的空间。"

投资指数：★★★★

风险指数：★★★★

流通指数：★★★★

点评：价格体系尚未稳定，不可贸然追涨。

10. 红色收藏

"红色收藏的独特价值，极可能引发场外资金的炒作，近一两年来，像毛主席像章、'文革'瓷和老报纸等一些精品，涨幅均在数十倍之上。这是因为红色收藏'池子太小'，一旦资金进入，必然会引发短期内的'涨声不断'。此外，红色收藏的热卖和大幅升值必然会使投资者'眼红'，不排除部分人盲目地跟风购买。"云州古玩城一店主如是说。

投资指数：★★

风险指数：★★★

流通指数：★★

点评：池子太小，大资金进不来，小藏怡情。

11.2.2　古玩投资的特点

（1）我国古玩市场的成交量和规模不断扩大。世界上有许许多多的古玩商店、古玩市场，如中国香港的摩罗街、巴黎的跳蚤市场、洛杉矶比华丽大街上的古董店等，而成交量及规模最大的当属北京古玩城。目前，在国内古玩投资已由一个只有少数收藏家从事的行业，发展为大众广泛参与的社会经济性活动。而且，我国的古玩商店年销售古玩已经超过 50 万件以上。

（2）古玩市场和古玩收藏拥有良好的交易基础。古玩投资的顺利开展有赖于良好的市场交易基础，包括古玩有形市场和古玩无形市场的建设以及交易规范。20 世纪 80 年代以来，我国各地为了满足古玩爱好者的需求，相继建立或扩建了许多古玩交易市场。目前，国内较为出名的古玩市场大约有 40 个，包括北京古玩城、大连古玩城、石家庄古玩城、南京朝天宫市场、深圳古玩城等。其中，最有代表的是北京古玩城，营业面积达 1 万多平方米，不仅为全国之翘楚，而且也是亚洲之最。收藏者的交易活动得到了延伸，现在可以通过多渠道在市场上进行古玩交易，如赶会、上拍卖会、个人博物馆等。另外，还可以通过网络交易实现古玩市场的买卖与投资活动。

（3）古玩投资者的职业呈多元化趋势，专业知识不断增强。从古玩投资参与者来看，投资者中既有公司高级管理人员又有离退休人员，既有工人又有学生，甚至有政府官员或者一般市民。与此同时，越来越多的收藏者开始钻研自己的藏品。他们购买有关书籍，订阅收藏方面的报刊，提高自己的鉴别能力和考古水平。他们希望告别以前“指货说货”，不仅知其然还知其所以然，并且可能成为某一类收藏品的专家。例如，中国收藏家协会会员孙宝索不仅收藏了众多的“三寸金莲”，还写出了有关三寸金莲的起因发展沿革状况和有关的民俗文章，具有很高的学术价值。收藏家李北北，收藏各式各样的枕头，在撰写枕头文化史的同时还研究开发药枕。

（4）一大批专业机构开始介入古玩市场，为古玩市场增添了新鲜血液。随着收藏市场的发展，古玩中介机构也不断壮大。1995 年当北京故宫博物院在瀚海拍卖会上以 1 980 万元和880 万元收购北宋张先《十咏图》和《仿黄公望富春山居图》后，一批机构开始在拍卖市场上频频出击。1999 年内地机构出资 684 万港元和 442 万港元在苏富比拍卖会上竞得元鲜于枢《草书韩愈卷》和赵子昂的《行书归去来辞卷》，让海外买家刮目相看。当苏富比、佳士得推出 4 件圆明园文物时，北京保利集团以 3 100 多万港元竞得牛首、猴首、虎首铜像；北京文物公司以近 2 075 万港元收购了清乾隆金粉彩镂空六方套瓶。种种迹象表明，又一轮古玩热即将兴起。

（5）古玩业出现了前所未有的繁荣和昌盛，使得越来越多的个人投资群体充满信心。由于宏观经济持续增长，中国加入世贸组织，中国经济面临着前所未有的发展机遇。

11.3 古玩投资的战术

11.3.1 识破古玩市场中常见的骗术

古玩市场陷阱极多，下面就教你识破几种常见的骗术。

（1）有的摊主会把碎瓷片和瓷器混在一块，单看瓷片的确是真的，但瓷器倒不一定。如果根据瓷片以此类推，你也就正中摆局者之下怀。

（2）"家中老母病重，急等钱用，迫不得已，才出手这件祖传的宝物。"看对方一脸质朴，手上的东西更是大开门，终于良心发现，"我不入地狱，谁入地狱？"其实，你只需装作真借钱给他老母亲看病，他的把戏也就自然被拆穿了。

（3）几个人正"窃窃私语"，你恰巧路过听个正着：某某建设工地施工的过程中挖出大批文物，价位极低，简直比白捡的还便宜！……对于你的好奇，他们一开始断然拒绝，然后又接受，接下来大伙一同前往。你亲眼看到"文物"从地下被挖了出来，他们也争抢着要买，最后当然是你力挽狂澜！其他人要么空手而归，要么只能挑几件你挑剩下的。千万不要上这种明眼的当。《文物法》中有明确的规定：进行基本建设之前，要先行考古。工地上早就被考古工作者翻了个底朝天，哪怕残砖破瓦，也绝对"宁可错杀一千，绝不放过半个"。其实，这群热心人正是古玩市场中的"托"，他们故意走漏风声，引你上钩。

（4）最下三滥的手法莫过于"碰瓷"，用葛优的话讲，就是"一点技术含量都没有"。"碰瓷"的手法通常有两种。

1）主动出击。卖家在向你介绍某件"宝物"时，推来攘去之间，突然失手打落，讲不清究竟是谁的过失，旁边也立马多出几个架托的，通常也只好赔点钱了事。要知道，拿瓷器是非常讲究方法的，最忌讳两个人手把手传递，万一失手，难逃其责。正确的方法是，一人先将瓷器放稳当，另一个人才可拿起，而且不能随意拿，要托底。

2）守株待兔。这也是最惯用的手法，你从货架或地摊上刚欲拿起一件瓷器，连声响都没有，就断为两截，卖主不依不饶，又是祖传又是官窑，你明知中套，却百口莫辩。对于这种情况，大可不必惊慌，这里告诉大家一个小常识，瓷器只有在刚出土不久时才特别脆生，用手可轻易掰断；风干以后，则刚猛如金属，传世品则更不在话下。因此，再遇到有人下套时，拨打110说其盗卖出土文物，即可化险为夷。

11.3.2 古玩投资的原则：可接受性，不一定非得真

那么，什么叫"可接受性"呢？我们举例说明。某老板去文物公司买幅字，经理向其推荐了翁同龢的一副对联，从其脑袋大、脖子粗的外形判断，他在文史方面可能会有些欠缺，便解释说是这光绪老师的墨宝，可这位老兄连光绪是谁都不知道，自然是有缘无分。先别急着乐，这里面其实牵扯了至少两个问题：首先，他不是闷头瞎买，他知道请教专家——文物公司的经理，虽然对方一开始没有把握准他的心理；其次，东西无论是收藏还是投资，总不能回到家就束之高阁，光绪，一个陌生的名字；翁同龢更是闻所未闻！既然收藏是为了

让别人觉得自己有涵养，如此阳春白雪之物，示之于人有意义吗？难道在朋友圈中显示自己的清高不成？那生意也就不要做了！所以说，一个从专业角度看来近似可笑的事，实际上则是一个对非专业人士而言十分成功的古玩投资案例。专家看好的东西并不一定为社会大众所认可。这位老兄虽然不懂文物，却谙熟于世故。否则，他凭什么当老板呢？

通过上面的例子可以看出：有价值不一定就有市场，真品也不一定有投资的必要。在不具备专业眼力的情况下，不要一条道走到黑，要学会迂回了解"藏品原则"，可以减轻"唯真品马首是瞻"的心理压力，走出以文物鉴定为攻坚目标的误区。是不是"真品"无所谓，只要是"珍品"就足够啦！

11.3.3　古玩投资把握先机最重要

何谓天时？同样一件古玩，破四旧时可能会成为被抄家的祸根；早几年，在古玩投资市场启动之前可能一钱不值，留之无用，弃之可惜；现在，则价值连城，让你一朝致富的宝贝。天时就是势，目前的天时是什么呢？

（1）虽然目前市场投资仍以明清古玩居多，但随着元青花"鬼谷子下山"罐的天价引爆，人们已经开始认识到元代古玩的价值。相信，随着市场资源的整合、投资的逐步理性化以及文化的回归，宋代瓷器、唐三彩等将成为下一波收藏、投资的高峰。甚至可以大胆地预见，高古玉、三代青铜礼器等也都会在不久的将来进入市场，一决雌雄。

（2）投资股市的人都知道高抛低吸的道理，也就是介入时机的重要上升初期，最具潜力，但不为常人所识，等到了鼎盛，到处沸沸扬扬的时候，形势也就该急转直下了。每次被套得最惨的恰恰是那些在浪尖上入市的人，也就是顺应潮流的人。

当今天下，"艺术品财富"早就热到了炙手的地步，在行也好，不懂也罢，争先恐后，竞相追逐。其势头比当年炒股、炒房更有过之而无不及，仿佛古玩市场遍地是宝，一夜之间大家都可以变成亿万富翁。

把握先机就是把握市场！掌握趋势就是掌握未来！见微知著，看清走势。你只要抓住一个苗头，捕捉到一个机遇，下一波风口浪尖，你就是弄潮儿！

11.4　古玩投资的战略

11.4.1　古玩投资的方法

人们之所以看重古玩收藏，除了它的文化价值以外，看重的是经济因素，因为收藏的过程就是一个保值和不断增值的过程。对古玩的投资，应遵循以下方法。

（1）选择收藏品要少而精，且量财力而行。收藏品种类繁多、范围广，应根据个人兴趣和爱好，选择其中的两三样作为投资的对象。这样，才能集中精力，仔细研究相关的投资知识，逐步变为行家里手。同时，选择收藏品还要考虑自身的支付能力。如果是新手，不妨选择一种长期会稳定升值的收藏品来投资或从小件精品入手。

（2）培养一定的鉴赏能力。投资古玩最好先从收藏古玩开始，在兴趣和嗜好的引导下，潜心研究有关资料，经常参加拍卖会，游览展览馆，来往于古玩商店和旧货市场之间。有机会也不妨"深入"穷乡僻壤和收藏者的家中，多看，多听，少买，在实践中积累经验，不断提高鉴赏水平。

（3）投资者还需有"只要物有所值，肯花一定代价购买上乘古玩"的心理准备。在买古玩时，不能只图便宜，希望花小钱能买到好东西，或只是拣价格低的买入。只要物有所值，就可大胆买入，否则会错失精品，丧失赢利机会。

（4）对收藏品要树立长期投资的意识。收藏品投资是一种长期投资，只有长期持有，才能获利丰厚。

（5）妥善保管收藏品，使其保持最佳状态。

（6）正确估算收藏品的投资净值。这时要充分考虑购买收藏品、保管收藏品和出售收藏品所付出的各种费用。确定你的收藏品有一个现成的、价格合理的买卖市场，把收藏品当成你投资策略的一小部分，如果一开始根本不打算卖的话，你就不应该把它视为一种投资。

（7）注意规避风险。古玩投资同样存在风险。古玩市场做假历来有之，一不小心看走眼就可能连老本都赔上。因此，古玩比其他投资品种更需要专业知识。特别是古董，如果没有专业知识是不可轻易介入的。

古玩投资还有政策的风险。根据1982年颁发的《中华人民共和国文物保护法》第五章第二十五条规定："私人收藏的文物，严禁倒卖牟利，严禁私自卖给外国人。"这一条肯定了私人收藏文物是合法的，同时也否定了将文物作为一种投资途径的行为。因此，古玩投资特别要注意选择投资对象，必须是在国家允许的范围之内。对于政府禁令在市场上买卖的古玩，则不要进行投资。

11.4.2 古玩投资战略

1．初级篇

曾控制世界黄金市场和欧洲经济命脉达250年之久的罗思柴尔德家族，就是靠投资古玩起家的。老罗思柴尔德起初只是个名不见经传的古董商，他在周游列国时，结识了拥有德国王位继承权且酷爱古玩的威廉王子。老罗将自己多年的珍藏，其中有很多中国瓷器，倾囊相赠。作为回报，王子允许他在德国出售商品，旋即，老罗成了威廉的宫廷银行家，并得以结识众多德国政要，从此平步青云。老罗得益于他的座右铭——"同国王一起散步！"他从不和穷人玩牌。有了这一认识，他发迹是迟早的事。但"以古玩换垄断"，就这单生意本身而言，属于以物易物的等价交换，水平还比较低。

2．中级篇

北京的一位地产商，曾津津乐道于他投资古玩四两拨千斤的把戏。简单地说，步骤如下：
（1）随便到古玩摊买个像样点的东西。
（2）通过拍卖公司（付给其10%的费用）过一遍水（假拍），名正言顺地获得"文物"。
（3）注册公司，堂而皇之地将"文物"作为申请银行信贷的抵押品。
（4）申请公司破产，成功套现。

这个案例本身所显示出的投机取巧并不合适。这种铤而走险的做法，我们不提倡。钻法律空当的行为是绝对不能做的。应将智慧用在正途上。

另外，这并不是简单的一变九的数字游戏，谁都不是睁眼瞎，能把从拍卖行到银行所有关节一路打通，这本身的成本就非同小可。

3. 高级篇

古玩投资的最高境界，叫"空手套白狼"！

李嘉诚说过："人要去求生意就比较难，生意跑来找你，你就容易做。"

通过炒作使你成为玩家圈里的红人，大家交口称赞你"眼力好"、"路子广"，你既结交爱好收藏的朋友，又认识颇具财力的老板，因此声名鹊起，无论对于学识还是人品，大家都一致认可。这时就有人找你鉴定，由于对方的苦苦央求，你实在推托不开，无奈，再帮一次忙吧！终于，在你的努力之下，皆大欢喜！无论买家还是卖家，都对你感恩戴德。好吃、好喝、好招待，外加 5%～10%的介绍费。不费一兵一卒，日进斗金，名利双收，还免交个人所得税！

钱是什么？钱不能代表人与人之间的关系。它是一种等值量化的交换工具，是促进社会繁荣发展的一种金融交通工具。充分看透并理顺了人际关系的人，才可以借力打力。信息时代，信息资源就是最大的资本。

案例分析

一件苹果水盂引发两场诉讼

美籍华人 David 是一名古玩爱好者，尤其对中国历朝历代留下的各种珍奇古董特别感兴趣。一次古玩爱好者的聚会上，David 经国内一个朋友介绍，结识了古玩收藏者谢龙胜（化名）。谢龙胜得知 David 也是一名古玩爱好者时，当下即把 David 拉到一边，偷偷告诉他说手上有一件祖传"大清康熙年制苹果水盂"，最近手头紧，想要抛售，希望能给这件宝贝找一个真正喜欢它的好买家。David 看过这件宝贝后非常喜欢，于是在看过谢龙胜委托北京一家文物鉴定中心出具的鉴定报告后，双方以 9 000 美元的价格成交。

然而没过多久，一次 David 在一群朋友面前"献宝"时，其中一位行家朋友反复品鉴后，却认为这件古玩并非康熙年制作，一时场面尴尬，David 顿觉有失脸面。

嗣后，David 多次找谢龙胜理论要求退货赔钱，都被谢龙胜拒绝。心里窝火难受的 David 便将此事大肆张扬，到处指责谢龙胜是个大骗子，还雇人跑到谢龙胜所居住的楼道内张贴"骗子夫妻还我血汗钱"等标语。此后，David 依然不解气，便一纸诉状把谢龙胜告上法院，请求退货退款，外加赔偿 9 000 美元。

而不堪其扰的谢龙胜也不甘示弱，回敬了一份诉状，请求法院判令 David 立即停止毁损名誉的侵权行为，赔礼道歉并赔偿精神损失费 5 000 元。

法庭上 David 诉称，任何一件古玩，制作年代都是评价其价值高低最关键的因素。当初自己想买"苹果水盂"，看重的就是清朝康熙年间制造。9 000 美元不是个小数目，自己绝不会冲动之下随意买下，而是完全冲着谢龙胜的承诺和所谓的鉴定报告。

"而事实上，对方为了达到牟取暴利的目的，不惜以欺诈的手段，串通商业机构制作虚假的鉴定报告。如不判令退一赔一，不足以儆效尤。"David在法庭上大声说道。

针对David的说法，谢龙胜则辩称，这件"苹果水盂"确实经过权威文物鉴定检测中心检测鉴定，只是对鉴定结论各人有各人的理解，他并未承诺这件"苹果水盂"一定是康熙年间制作，David购买时也没有提出异议。

谢龙胜说，当初交易时，一个愿买一个愿卖，双方均有意向，属合法交易。相反，David不分青红皂白，以张贴标语等方式故意毁损自己的名誉，甚至还扬言威胁，如不还钱就要挑断脚筋、敲断脚骨。"这种言行不但严重干扰了我的正常生活，还造成了很大的精神伤害。"

对此法院认为，涉案的鉴定报告仅对"苹果水盂"的成分做出检测，并未得出是否清朝康熙年间制造的结论。作为古玩爱好者，理应能对该鉴定结论的意思做出正确判断。双方的交易是真实意思表示一致的前提下，根据实物及鉴定报告完成的，不存在欺诈的情况，因此David诉请退一赔一的主张难以支持。双方发生纠纷后，David采取了不理智的方式，毁损他人名誉，据此判决David赔偿谢龙胜精神损失费1000元。

David做梦也没有想到，自己"退一赔一"的请求非但没得到法院支持，还要"倒贴"谢龙胜1000元，真是"赔了夫人又折兵"。

A货还是B货？

2005年夏天，平日喜好收藏珠宝的严菊在"觅宝"时偶然见到一只翡翠手镯，润而不腻，亮而不芒的品相令她爱不释手。在严菊看来，按照她多年的收藏经验，这只镯子当属上品。不过为保险起见，严菊在决定购买前还是请一家检测中心对这只翡翠手镯做了等级鉴定。

鉴定结论确定这只翡翠手镯为天然A货。有了这张鉴定证书，严菊毫不犹豫地以8000元的价款将这只翡翠手镯收入囊中。今年年初，严菊为了盘活资金，琢磨着要将这只翡翠手镯高价出售。她带着手镯和当年的那张鉴定证书来到上海一家珠宝店要求寄售，双方初步约定，寄售价格为40000元。其间，珠宝店也委托了同一家检测中心对这只手镯重新鉴定，结论却是该翡翠手镯为处理后的B货，而并非天然A货。珠宝店和检测中心的相关人员还特意告知严菊，2005年的鉴定证书有误。

同一家检测中心对同一只手镯的鉴定结论截然不同，天然A货竟然变成了人工B货，市场价格一下子由涨停到跌停，有多年珠宝收藏经验的严菊听到这一消息犹如晴天霹雳，胸闷至极，继而由闷而愤，遂将检测中心告上法庭。

严菊在诉状上称，被告系国家质量监督检验检疫总局与中国实验室认可委员会认可的国家级珠宝玉石检测权威机构，但正是由于被告的鉴定失误，才导致她与珠宝店的寄售合同无法继续正常履行，造成自己巨大的经济损失，请求法院判令被告赔偿经济损失20000元。

检测中心则辩称，涉案的被鉴定物应当是特定物，具有唯一性。时隔三年有余，严菊所持被鉴定物是否为原物实难查考，原告也没有证据证明该被鉴定物是唯一的、排他的。因此，原告就同一只翡翠手镯却有两种鉴定结论的指责缺乏法律依据，其索赔诉请被告难以接受。

庭审中，考虑到目前检测技术的局限，考虑到维护诉讼双方的声誉和形象，经法庭调解，原被告当场达成和解，由被告一次性补偿原告 5 000 元。

思考题

请根据这两则案例谈谈自己的看法。

本章小结

引用马未都先生的一句话作为对本章的总结："对古玩市场的行规了然于胸，轻车熟路避开那些圈套陷阱，本着'可接受性'原则，按照'十老九残'的特征，对照搜集来的古瓷残片，淘到一件'稀世之珍'，口诵书本上的'鉴赏知识'，忽悠一个'更大笨蛋'，从而赚取第一桶金。"

复习思考题

1. 什么是古玩投资？
2. 古玩投资的可接受性是指什么？请举例说明。
3. 古玩投资的原则有哪些？
4. 古玩投资有哪些方法？请举例说明。
5. 我国古玩投资的种类有哪些？

第 12 章　互联网金融

引言

　　2015 年 4 月，在华润北京大区品牌战略发布会上，华润悦景湾正式推出了 2.0 版的 LOFT——"华润盒子"，并公布其精装套餐价格"998 元/平方米，45 天完工"，引起业内关注。可定制成为产品最大的亮点，亦是其销售的卖点。相比于众筹方式解决客户定制户型、低成本置业需求，"华润盒子"则解决客户的家装之需。"华润盒子"品牌形成来自华润、爱空间及小米智能家居三方融合，其中，华润提供房源，爱空间充分吸收"华润盒子"粉丝建议，进行家装设计，小米智能则为项目提供定制的 App，可通过手机控制家里的电子设备。作为"华润盒子"的首次尝试，华润悦景湾 LOFT 产品结合年轻客群及项目层高特点，实现复式结构设计，划分 8 个独立空间，覆盖 8 种户型，爱空间则针对户型推出 8 种精装套餐，每个套餐均可进行二次设计。由于华润悦景湾 LOFT 产品全部为毛坯交付，此次与爱空间、小米智能家居合作，华润为房源销售打造一步到位解决方案，让需求引导置业。一方面，"华润盒子"作用于营销环节，与项目匹配客群的需求在设计中得到反馈，客户未置业已认可要的就是这个居住环境；另一方面，8 种精装套餐可定制，而且客户亦可要求爱空间按照自己的要求调整套餐内的设计方案，如通往 LOFT 上层的斜坡式楼梯改为旋转式楼梯，同时可利用斜坡式楼梯二楼走廊下方空间做开放式厨房，扩展空间使用功能。

　　互联网金融持续火爆的今天，为了对互联网金融的模式做一个清晰的界定，软交所互联网金融实验室从 2012 年开始，通过持续对互联网金融领域企业进行调研走访，深度解析互联网金融相关资讯，并对互联网金融创新产品、现象进行认真研究，最终系统梳理出了第三方支付、P2P 网贷、大数据金融、众筹、信息化金融机构、互联网金融门户六大互联网金融模式，本章将逐一为您解析。

本章学习目标

- 了解互联网金融的背景；
- 掌握互联网金融的六大模式、各自的特点及风险识别及防范；
- 熟悉互联网金融的发展趋势。

12.1　互联网金融概述

　　互联网金融是借助于互联网、移动通信、云计算、大数据等技术实现资金融通、支付和信息中介等业务的新兴金融服务方式。在过去 3～4 年的时间里,中国互联网金融蓬勃发展,特别是 2013 年以来呈现爆炸式增长的态势。在国内,互联网金融本质上就是小微金融,就是小微金融与互联网要素的有效融合,逐步呈现一种相对独立的业务模式或金融生态,其典型特征:一是崇尚"开放、平等、协作、分享"理念;二是遵循多样化、个性化和互动性服务的思维;三是具有移动化、及时性、透明化和标准化流程;四是业务模式上融合碎片化与集约化、低成本与高效率、程式化与互动性等优势。

12.1.1　互联网金融模式

当"互联网"与"金融"这两个当下社会最热、几乎平均薪酬最高的行业结合在一起的时候,将迸发出何种火星撞地球的碰撞?这是笔者在 2012 年下半年时的思考,但是当进入 2013 年秋季之时,才发现随着互联网金融的迅猛发展,金融已经完全从一个"高贵"、专业、远离大众的行业,成为街头巷尾热议的话题,并持续占据着诸多媒体重要版面。"屌丝理财神器"余额宝上市两周就吸金 66.01 亿元;互联网门户巨头新浪也已获得第三方支付牌照,开始发行"微博钱包";京东商城刚对外宣布经成立金融集团,融 360 的 3 000 万美元融资案例让互联网金融领域的创业者心动不已,苏宁银行、阿里银行或真或假的传闻一再牵动人们的神经……一个未来金融的新格局正随着互联网金融的发展壮大逐渐成形。互联网金融来势汹汹,几乎各大金融网站、杂志、金融论坛都在谈论它的前世今生,都在猜测它会何去何从。

1. 第三方支付

第三方支付(Third-Party Payment)狭义上是指具备一定实力和信誉保障的非银行机构,借助通信、计算机和信息安全技术,采用与各大银行签约的方式,在用户与银行支付结算系统间建立连接的电子支付模式。

根据央行 2010 年在《非金融机构支付服务管理办法》中给出的非金融机构支付服务的定义,从广义上讲第三方支付是指非金融机构作为收、付款人的支付中介所提供的网络支付、预付卡、银行卡收单以及中国人民银行确定的其他支付服务。第三支付已不仅仅局限于最初的互联网支付,而是成为线上线下全面覆盖,应用场景更为丰富的综合支付工具。

从发展路径与用户积累途径来看,目前市场上第三方支付公司的运营模式可以归为两大类:一类是独立第三方支付模式,是指第三方支付平台完全独立于电子商务网站,不负有担保功能,仅仅为用户提供支付产品和支付系统解决方案,以快钱、易宝支付、汇付天下、拉卡拉等为典型代表。以易宝支付为例,其最初凭借网关模式立足,针对行业做垂直支付,而后以传统行业的信息化转型为契机,凭借自身对具体行业的深刻理解,量身定制全程电子支付解决方案。

另一类是以支付宝、财付通为首的依托于自有 B2C、C2C 电子商务网站提供担保功能的第三方支付模式。货款暂由平台托管并由平台通知卖家货款到达、进行发货;在此类支付模式中,买方在电商网站选购商品后,使用第三方平台提供的账户进行货款支付,待买方检验物品后进行确认后,就可以通知平台付款给卖家,这时第三方支付平台再将款项转至卖方账户。

第三方支付公司主要有交易手续费、行业用户资金信贷利息及服务费收入和沉淀资金利息等收入来源。

比较而言，独立第三方支付立身于B（企业）端，担保模式的第三方支付平台则立身于C（个人消费者）端，前者通过服务于企业客户间接覆盖客户的用户群，后者则凭借用户资源的优势渗入行业。

第三方支付的兴起，不可避免地在结算费率及相应的电子货币/虚拟货币领域给银行带来挑战。第三方支付平台与商业银行的关系由最初的完全合作逐步转向了竞争与合作并存。随着第三方支付平台走向支付流程的前端，并逐步涉及基金、保险等个人理财等金融业务，银行的中间业务正在被其不断蚕食。另外，第三方支付公司利用其系统中积累的客户的采购、支付、结算等完整信息，可以以非常低的成本联合相关金融机构为其客户提供优质、便捷的信贷等金融服务。同时，支付公司也开始渗透到信用卡和消费信贷领域。第三方支付机构与商业银行的业务重叠范围不断扩大，逐渐对商业银行形成了一定的竞争关系。未来，当第三方支付机构能够在金融监管进一步放开，其能拥有目前银行独特拥有的"账户"权益时，那么带给银行的就不仅仅是"余额宝"的试点式竞争，而是全方位的行业竞争。

2013年7月央行又颁发了新一批支付牌照，持有支付牌照的企业已达到250家。在牌照监管下，第三方支付领域今后更多的是巨头们的竞争，一方面是类似支付宝、快钱、易宝支付等市场化形成的巨头，另一方面是依托自身巨大资源的新浪支付、电信运营商支付以及可能的中石化、中石油的支付平台。随着支付行业参与者不断增多，在银行渠道、网关产品以及市场服务等方面的差异性越来越小，支付公司的产品会趋于同质化，这意味着第三方支付企业需要不断寻找新的业绩增长点。移动支付、细分行业的深度定制化服务、跨境支付、便民生活服务将成为新的竞争领域，拥有自己独特竞争力及特色渠道资源成为众多第三方支付企业生存及竞争的筹码。

2. P2P网络贷款平台

P2P（Peer-to-Peer lending），即点对点信贷。P2P网络贷款是指通过第三方互联网平台进行资金借、贷双方的匹配，需要借贷的人群可以通过网站平台寻找到有出借能力并且愿意基于一定条件出借的人群，帮助贷款人通过和其他贷款人一起分担一笔借款额度来分散风险，也帮助借款人在充分比较的信息中选择有吸引力的利率条件。

P2P平台的盈利主要来自从借款人收取一次性费用以及向投资人收取评估和管理费用。贷款的利率确定或者是由放贷人竞标确定或者是由平台根据借款人的信誉情况和银行的利率水平提供参考利率。

由于无准入门槛、无行业标准、无机构监管，对P2P网贷还没有严格意义上的概念界定，其运营模式尚未完全定型。目前已经出现了以下几种运营模式，一是纯线上模式，此类模式典型的平台有拍拍贷、合力贷、人人贷（部分业务）等，其特点是资金借贷活动都通过线上进行，不结合线下的审核。通常这些企业采取的审核借款人资质的措施有通过视频认证、查看银行流水账单、身份认证等。二是线上线下结合的模式，此类模式以翼龙贷为代表。借款人在线上提交借款申请后，平台通过所在城市的代理商采取入户调查的方式审核借款人的资信、还款能力等情况。另外，以宜信为代表的债权转让模式现在还处于质疑之中，这种模式是公司作为中间人对借款人进行筛选，以个人名义进行借贷之后再将债权转让给理财投资者。

从 P2P 的特点来看，其在一定程度上降低了市场信息不对称程度，对利率市场化将起到一定的推动作用。由于其参与门槛低、渠道成本低，在一定程度上拓展了社会的融资渠道。但从目前来看，P2P 网贷暂时很难撼动银行在信贷领域的霸主地位，无法对银行造成根本性冲击。P2P 针对的主要还是小微企业及普通个人用户，这些大都是被银行"抛弃"的客户，资信相对较差、贷款额度相对较低、抵押物不足，并且因为央行个人征信系统暂时没有对 P2P 企业开放等原因，造成 P2P 审贷效率低、客户单体贡献率小，以及批贷概率低等现状，并且很多异地的信用贷款，因为信贷审核及催收成本高的原因，不少 P2P 平台坏债率一直居高不下。

据网贷之家不完全统计，目前全国活跃的 P2P 网贷平台在 800 家左右，根据了解的最近平台相关规划、建设情况，预计在 2013 年年底将达到 1 500 家左右。从目前整体 P2P 行业来看，先进入者因为有一定的知名度及投资者积累，相对大量的投资者来说，更多的是缺乏优质的信贷客户；而对于一些新上线的平台，因为缺少品牌知名度及投资者的信任，或者被迫选择一些虚拟的高利率的标的来吸引投资者，或者是依托线下合作的小贷、担保公司资源将一些规模标的进行资金规模或者时间段的分拆，以便尽快形成一定的交易量，争取形成良性循环。

P2P 网贷平台还处于培育期，用户认知程度不足、风控体系不健全，是 P2P 行业发展的主要障碍。少数平台跑路的信息也给行业带来了不好的影响，其大都是抱着捞一把就跑的心态，在平台上线不长的时间内依靠高回报率骗取投资人的资金，而很少是因为真正的经营不善而倒闭的。因此，不能因为少数害群之马的恶劣行为来彻底否定一个行业，而是要在逐步建立备案制以及相关资金监管的同时，加大对真正违法诈骗的行为进行严厉打击。

随着互联网金融的火爆，创业热情的高涨，众多的 P2P 网贷平台若想在竞争中取胜，一方面是要积累足够的借、贷群体，另一方面建立良好的信誉，保证客户的资金安全。随着对 P2P 平台的监管加强，平台资金交由银行托管，平台本身不参与资金的流动是必然趋势。另外，与第三方支付平台和电商平台合作利用互联网积攒的大数据来识别风险，以及各家 P2P 网贷平台共享借贷人信息，建立一个全国性的借款记录及个人征信都将是 P2P 网贷的发展方向，并将进一步加快利率市场化的步伐。

3. 大数据金融

大数据金融是指集合海量非结构化数据，通过对其进行实时分析，可以为互联网金融机构提供客户全方位信息，通过分析和挖掘客户的交易和消费信息掌握客户的消费习惯，并准确预测客户行为，使金融机构和金融服务平台在营销和风控方面有的放矢。基于大数据的金融服务平台主要是指拥有海量数据的电子商务企业开展的金融服务。大数据的关键是从大量数据中快速获取有用信息的能力，或者是从大数据资产中快速变现的能力，因此，大数据的信息处理往往以云计算为基础。目前，大数据服务平台的运营模式可以分为以阿里小额信贷为代表的平台模式和京东、苏宁为代表的供应链金融模式。

阿里小贷以"封闭流程+大数据"的方式开展金融服务，凭借电子化系统对贷款人的信用状况进行核定，发放无抵押的信用贷款及应收账款抵押贷款，单笔金额在5万元以内，与银行的信贷形成了非常好的互补。阿里金融目前只统计、使用自己的数据，并且会对数据进行真伪性识别、虚假信息判断。阿里金融通过其庞大的云计算能力及数十位优秀建模团队的多种模型，为阿里集团的商户、店主时时计算其信用额度及其应收账款数量，依托电商平台、支付宝和阿里云，实现客户、资金和信息的封闭运行，一方面有效降低了风险因素，同时真正地做到了一分钟放贷。京东商城、苏宁的供应链金融模式是以电商作为核心企业，以未来收益的现金流作为担保，获得银行授信，为供货商提供贷款。

大数据能够通过海量数据的核查和评定，增加风险的可控行和管理力度，及时发现并解决可能出现的风险点，对于风险发生的规律性有精准的把握，将推动金融机构对更深入和透彻的数据的分析需求。虽然银行有很多支付流水数据，但是各部门不交叉，数据无法整合，大数据金融的模式促使银行开始对沉积的数据进行有效利用。大数据将推动金融机构创新品牌和服务，做到精细化服务，对客户进行个性定制，利用数据开发新的预测和分析模型，实现对客户消费模式的分析以提高客户的转化率。

大数据金融模式广泛应用于电商平台，以对平台用户和供应商进行贷款融资，从中获得贷款利息以及流畅的供应链所带来的企业收益。随着大数据金融的完善，企业将更加注重用户个人的体验，进行个性化金融产品的设计。未来，大数据金融企业之间的竞争将存在于对数据的采集范围、数据真伪性的鉴别以及数据分析和个性化服务等方面。

4. 众筹

众筹即大众筹资或群众筹资，是指用"团购+预购"的形式，向网友募集项目资金的模式。众筹是利用互联网和SNS传播的特性，让创业企业、艺术家或个人对公众展示他们的创意及项目，争取大家的关注和支持，进而获得所需要的资金援助。众筹平台的运作模式大同小异——需要资金的个人或团队将项目策划交给众筹平台，经过相关审核后，便可以在平台的网站上建立属于自己的页面，用于向公众介绍项目情况。众筹的规则有三个：一是每个项目必须设定筹资目标和筹资天数；二是在设定天数内，达到目标金额即成功，发起人即可获得资金，项目筹资失败则已获资金全部退还支持者；三是众筹不是捐款，所有支持者一定要设有相应的回报。众筹平台会从募资成功的项目中抽取一定比例的服务费用。

此前不断有人预测众筹模式将会成为企业融资的另一种渠道，对于国内目前IPO闸门紧闭，企业上市融资之路愈走愈难的现状会提供另一种解决方案，即通过众筹的模式进行筹资。但从目前国内实际众筹平台来看，因为股东人数限制及公开募资的规定，国内更多的是以"点名时间"为代表的创新产品的预售及市场宣传平台，还有以"淘梦网"、"追梦网"等为代表的人文、影视、音乐和出版等创造性项目的梦想实现平台，以及一些微公益募资平台。互联网知识型社群试水者——罗振宇作为自媒体视频脱口秀《罗辑思维》主讲人，其2013年8月9日，5000个200元/人的两年有效期会员账号，在6小时内一售而空，也称得上众筹模式的成功案例之一，但很难具有一定的复制性。

自2013年年中以来，以创投圈、天使汇为代表的一批针对种子期、天使期的创业服务平台,以一种"众投"的模式进入人们的视野,并很好地承接了对众筹本意的理解,但是因为项目优劣评判的困难、回报率的极为不确定性,目前仅仅停留在少量天使投资人、投资机构及少数投资玩票的人当中,涉及金额也相对较小。

与热闹的 P2P 相对,众筹尚处于一个相对静悄悄的阶段。目前国内对公开募资的规定及特别容易踩到非法集资的红线,使得众筹的股权制在国内发展缓慢,很难在国内做大做强,短期内对金融业和企业融资的影响非常有限。

从行业发展来看,目前众筹网站的发展要避免出现当年团购网站由于运营模式和内容上的千篇一律,呈现一窝蜂地兴起,而又一大片地倒下的局面。这就要求众筹网站的运营体现出自身的差异化,凸显出自身的垂直化特征。

5. 信息化金融机构

所谓信息化金融机构,是指通过采用信息技术,对传统运营流程进行改造或重构,实现经营、管理全面电子化的银行、证券和保险等金融机构。金融信息化是金融业发展趋势之一,而信息化金融机构则是金融创新的产物。从金融整个行业来看,银行的信息化建设一直处于业内领先水平,不仅具有国际领先的金融信息技术平台,建成了由自助银行、电话银行、手机银行和网上银行构成的电子银行立体服务体系,而且以信息化的大手笔——数据集中工程在业内独领风骚。

目前,一些银行都在自建电商平台,从银行的角度来说,电商的核心价值在于增加用户黏性,积累真实可信的用户数据,从而银行可以依靠自身数据去发掘用户的需求。建行推出"善融商务"、交行推出"交博汇"等金融服务平台都是银行信息化的有力体现。工行的电商平台也预计在 2014 年元旦前后上线,作为没有互联网基因的银行一拥而上推广电商平台,目的何在?

从经营模式上来说,传统的银行贷款流程化、固定化,银行从节约成本和风险控制的角度更倾向于针对大型机构进行服务,通过信息技术,可以缓解甚至解决信息不对称的问题,为银行和中小企业直接合作搭建了平台,增强了金融机构为实体经济服务的职能。但更为重要的是,银行通过建设电商平台,积极打通银行内各部门数据孤岛,形成一个"网银+金融超市+电商"的三位一体的互联网平台,以应对互联网金融的浪潮及挑战。

信息化金融机构从另外一个非常直观的角度来理解,就是通过金融机构的信息化,让我们汇款不用跑银行、炒股不用去营业厅、电话或上网可以买保险,虽然这是现在已经习以为常的生活了,但这些都是金融机构建立在互联网技术发展基础上,并进行信息化改造之后带来的便利。未来,传统的金融机构在互联网金融时代,更多的是,如何更快、更好地充分利用互联网等信息化技术,并依托自身资金实力雄厚、品牌信任度高、人才聚焦、风控体系完善等优势,作为互联网金融模式的一类来应对非传统金融机构带来的冲击,尤其是思维上、速度上的冲击。

6. 互联网金融门户

互联网金融门户是指利用互联网进行金融产品的销售以及为金融产品销售提供第三方服务的平台。它的核心就是"搜索+比价"的模式,采用金融产品垂直比价的方式,将各家金融机构的产品放在平台上，用户通过对比挑选合适的金融产品。互联网金融门户多元化创新发展，形成了提供高端理财投资服务和理财产品的第三方理财机构，提供保险产品咨询、比价、购买服务的保险门户网站等。这种模式不存在太多政策风险，因为其平台既不负责金融产品的实际销售，也不承担任何不良的风险，同时资金也完全不通过中间平台。目前在互联网金融门户领域针对信贷、理财、保险、P2P等细分行业分布有融360、91金融超市、好贷网、银率网、格上理财、大童网、网贷之家等。

互联网金融门户最大的价值就在于它的渠道价值。互联网金融分流了银行业、信托业、保险业的客户，加剧了上述行业的竞争。随着利率市场化的逐步到来，随着互联网金融时代的来临，对于资金的需求方来说，只要能够在一定的时间内，在可接受的成本范围内，具体的钱是来自工行、建行，还是P2P平台、小贷公司，抑或信托基金、私募债等，已经不是那么重要。融资方到了融360、好贷网或软交所科技金融超市时，用户甚至无须像在京东买实物手机一样，需要逐一地浏览商品介绍及详细地比较参数、价格，而是更多地将其需求提出，反向进行搜索比较。因此，当融360、好贷网、软交所科技金融超市这些互联网金融渠道发展到一定阶段，拥有一定的品牌及积累了相当大的流量，成为互联网金融界的"京东"和"携程"的时候，就成为各大金融机构、小贷、信托、基金的重要渠道，掌握了互联网金融时代的互联网入口，引领着金融产品销售的风向标。

由于互联网金融正处于快速发展期，目前的分类也仅仅是一个阶段的粗浅分类，即使在将电子货币、虚拟货币归入第三方支付这一模式之后，六大模式也无法包容诸如比特币等新兴互联网金融创新产物。

12.1.2 "互联网+"小微金融

长期以来，我国小微金融存在两个薄弱环节：一是农村农民的金融服务无法有效覆盖；二是小微企业的金融服务无法获得满足。我国小微企业融资难、融资贵、信贷可得性低等结构性问题突出，金融资源配置机制有所扭曲。一是小微企业融资难。我国银行贷款主要投放给了大中型企业，大企业贷款覆盖率为100%，中型企业为90%，小企业仅为20%，微型企业几乎为0%。二是小微企业融资贵。以长三角小企业融资为例，2014年小企业从银行融资的贷款利率高达10%~15%；另据万得温州民间融资综合利率指数显示，2014年民间融资综合利率和小额贷款公司放款利率均在20%左右。三是信贷获得比例低。截至2014年年末，国内小微企业贷款余额占贷款余额不足19%。在全部小微企业中，只有约30%曾申请过贷款，获批的比例更低。

"互联网+"小微金融的最大优势是将深刻改变农村金融服务和小微企业金融服务的成本收益模式，使得小微金融可以获得长续发展的基础。互联网时代资金融通受时空限制极为有限，互联网化的投融资体系是可以跨越时空的网络，可以有效降低成本。同时，由于长尾效应的存在，使得原本分散、个性和微利的业务，可以变成集中、专业和大额利润的业务，使得小微金融的收入端实质性增长。成本端和收益端有效地融合，可以改变原有的成本收益模式，使得小微金融财务可持续性明显增强。

在互联网时代，由于存在明显的长尾效应，小微金融的分散性可能在互联网技术的整合下变成一种具有规模效应的业务模式。从贷款的规模看，阿里小贷是典型的小微金融，但是，在互联网长尾效应下，阿里小贷的收益状况比大中型金融机构更高。再以杭州某家以汽车抵押贷款为核心的 P2P 平台为例，其户均贷款规模为 6.8 万元，已经为全国各地 6 万多个借款人提供借款的信息中介服务，2015 年预计累积贷款规模将超过 150 亿元。可见，在互联网时代中，传统的小微金融行业虽然保持了单笔业务规模较小的特征，但是，其累积规模日益扩大，甚至可能发展成为千亿元级别的业务。小微金融在互联网思维下同样可以做得很大。

　　在"互联网+"时代，大中型金融机构发展小微金融存在一定的优势：一是大型金融机构的筹资能力比较强，比如大型银行获得存款或资本的能力要强于小微银行；二是大型金融机构的渠道更加通畅。五大行全部加入到互联网金融的鏖战之中，致力于提供小微金融服务，这对于五大行的业务模式而言，是一个巨大的转变。五大行的电商平台都已全部上线，囊括了中小额融资、小额支付、理财、清算、信息等各项综合金融服务，并且以特有的客户、资金和技术优势迅速扩大金融服务规模，占领市场重要地位。在工商银行融 e 购平台（电商产品线）上甚至可以申请 100 元的消费贷款。2014 年 1 月成立至 2015 年 3 月，融 e 购累积交易额度超过 1 000 亿元，在一年时间内就跻身国内领先电商之列。在工行融 e 贷（贷款产品线）2014 年给 1 亿多客户进行预授信，逸贷余额超过 1 700 亿元，累计发放贷款 2 300 亿元。可见，小微金融已经不再是小型金融机构独占一片天地，大型金融机构通过互联网技术发挥长尾效应，在小微金融服务领域已经发挥了更加重大的作用。

　　整体来说，互联网金融的出现不仅弥补了以银行为代表的传统金融机构服务的空白，而且提高了社会资金的使用效率，更为关键的是将金融通过互联网而普及化、大众化，不仅大幅度降低了融资成本，而且更加贴近百姓和以人文本。它对金融业的影响不仅仅是将信息技术嫁接到金融服务上，推动金融业务格局和服务理念的变化，更重要的是完善了整个社会的金融功能。互联网金融的发展壮大会给银行业带来了一定冲击，但也为基金公司、证券公司、保险公司、信托公司等带来了新机遇。随着互联网金融沿上述六大模式的方向深入发展，其将进一步推动金融脱媒，挑战传统金融服务的方式方法，改变金融业内各方的地位和力量对比。

　　互联网金融世界瞬息万变，正在进行的是一场金融革命，一切的一切还都是未知数，其具体形式也会不断地丰富和完善，但毫无疑问的就是，互联网金融正在以摧枯拉朽之势改变传统的金融模式。

12.2　互联网金融的风险及防范

12.2.1　互联网金融的风险

　　我国互联网企业的网贷和理财产品层出不穷，余额宝等"第三方支付加基金类"的产品不断涌现，其中不仅蕴藏着期限错配的风险，也蕴藏着货币市场波动、投资者大量赎回的风险。同时，由于网上任意"刷信用"、"改评价"的行为仍然存在，网络数据的真实性、可靠性会受到影响。此外，部分互联网平台缺乏长期的数据积累，风险计量模型的科学性也有待验证。还有部分互联网机构利用诱人的"预期高收益"来吸引消费者，推出高收益但是蕴含风险的产品，却未能够如实揭露风险，甚至误导投资者，极可能引发风险事件。

再以互联网金融中的股权众筹融资来看，它和资本市场中的低层次融资市场一样，为小额项目资金需求者提供一个开放平等自由的筹集资金渠道。但是，在规范化的资本市场中，筹资人的筹资资格和筹资用途一般要经过有关监管机构的严格审核。但是互联网的股权众筹平台缺少严格审核，任意性比较大。有些个人和机构游走于法律盲区和监管漏洞之间，进行非法经营，甚至触碰非法吸收公众存款和非法集资的底线。更有些筹资项目多时不见收益回报，筹资者不见踪迹，投资者竹篮打水一场空。

如果说，以上风险是金融业固有风险在互联网领域的放大，那么互联网技术风险则是互联网风险在金融领域的凸显。众所周知，从技术的角度出发，计算机病毒可通过互联网快速扩散与传染。一旦某个程序被病毒感染，则整台计算机甚至整个交易互联网都会受到该病毒的威胁。关于计算机交易系统的脆弱性，人们已经开始有所领略。在某些打折促销日，如中国"双十一"、西方感恩节"黑色星期五"等，由于海量的网上交易集中在某个时间点爆发，数据量大大超过系统设计的日常基准水平，导致系统无法承载，严重时会导致整个系统瘫痪。

数据泄露导致的安全风险对于互联网金融影响更大。随着数据爆炸式增长，海量数据被集中存储，方便数据的分析和处理，但如果安全管理不当，极易造成信息的泄露、丢失、损坏。互联网和信息技术日益发达，对信息的随意窃取变得更为容易，因此对大数据的安全管理能力也提出了更高要求。例如，2014年1月，韩国爆出大规模客户信息泄露丑闻。根据韩国检察院公布的数据，共约1.04亿条客户信息被泄露，涉及用户1 500万，约占韩国人口的1/3。此类事件显现出在大数据时代，互联网金融领域数据安全面临着前所未有的挑战。

对政府而言，互联网金融模式可被用来解决中小企业融资问题和促进民间金融的阳光化、规范化，更可被用来提高金融普惠性，促进经济发展，但同时也带来了一系列监管挑战。对业界而言，互联网金融模式会产生巨大的商业机会，但也会促成竞争格局的大变化。对学术界而言，支付革命会冲击现有的货币理论，互联网金融模式下信贷市场、证券市场也会产生许多全新课题，现有的货币政策、金融监管和资本市场的理论需要完善。

12.2.2 如何应对互联网金融的风险

如何应对互联网金融的风险，对于我国金融监管部门是一个新挑战。当前我国在互联网金融监管方面的首要问题是法律缺失。我国金融监管法律和法规的规制对象主要是传统金融部门、机构和领域，无法涵盖互联网金融的多个方面，也不能切合互联网金融的特殊性质。例如，在有关互联网金融市场的企业准入标准、运作方式和合法性、交易者身份认证方面，目前尚无明晰的法律界定，由此导致某些互联网金融企业打"擦边球"，踩线经营，损害了市场参与者利益，累积了金融风险。因此，互联网金融领域的立法和执法工作迫在眉睫。当然，在这一过程中，监管机构应该注意构建灵活的、具有针对性与弹性的监管体系，既要弥补监管缺位，又要避免过度监管。

其次，针对互联网金融企业自身的问题，应充分加强行业自律监管，用行业准入制度来代替政府的行政审批。通过加强行业协会的作用，助推行业的规范化发展。目前在这方面已经进行了初步的尝试，比如已经有中关村金融互联网行业协会和互联网金融千人会等行业协会的设立。

再次，要加强对互联网金融参与者的教育和保护。一方面，互联网金融参与者是投资者，应该充分向他们提示投资互联网金融产品的风险，特别要向他们揭示这种风险远高于传统金融产品的风险，帮助他们树立风险防范意识。另一方面，互联网金融参与者也是消费者，对于他们的合法正当权益，应当加大保护力度和建立切实的保护措施。

最后，对于互联网金融固有的技术风险，应该进一步加强网络安全管理，从更高的层次上来防止风险传播、系统瘫痪和信息泄露。

12.3　互联网金融的投资技巧

随着互联网金融的多样化发展，越来越多的投资理财者转向网络理财。互联网金融理财产品丰富，而且操作灵活方便，收益相对较高，受到了大部分投资者的青睐，不少投资者都从传统金融领域中转战到互联网金融中。但是对于刚刚进入互联网金融投资的人来说，只要是投资理财必然会存在一定的风险，投资者们要做的就是学会使用各种技巧去规避这些风险。

12.3.1　不被高收益迷惑

自从互联网金融兴起，越来越多的人关注互联网金融之后，差不多每天都有新的理财平台出现，虽然随着相关法律法规的出台，互联网金融行业逐渐规范化，但由于法律法规刚出不久，许多细则还未完善，所以互联网金融行业还是鱼龙混杂的，为此，投资者在进行投资时一定要小心考察平台的背景。

此外，因为互联网金融的投资收益率远远高于银行，而且门槛低、要求少，所以很多投资者都是奔着高收益去的，但如果平台是非法集资、携款逃跑，那么对投资者来说是极其危险的，投资者想要安全地进行互联网金融投资，就不可以被高收益迷惑。尽量选择一些有稳定收益的平台，投资者可以选择经营时间比较久的平台，如陆金所、红岭创投等平台。

12.3.2　分散投资

在互联网金融投资中，为了降低风险也会把资金分散投资，这样即使某个平台翻船了，其他的平台仍然能带来收益。而投资者们可以如何分散投资呢？第一个就是投资者可以自己考察合适的平台，一般不会低于 10 个平台，每个平台占资金比例的 5%～10%，不过这需要投资者对平台十分有把握。

第二个就是可以选择互联网金融第三方平台来挑选平台和产品，例如金斧子、91 金融、生菜网（见图 12-1）等平台，通过这类平台，投资者可以轻松实现分散投资、降低风险，保证收益的稳定性。

以生菜网为例，投资者可以通过生菜网，挑选并投资不同平台的优质产品，同时还可以获得额外收益，因为生菜网是一家互联网金融导购返利平台，它把与平台的部分合作佣金折算成年化收益率直接给投资者返利，以现金形式返利到投资者个人账户中。目前生菜网已与宜人贷、有利网、积木盒子等平台有合作关系，方便投资者选择平台。

图 12-1　生菜网 App 界面图

通过这类第三方理财平台，投资者既可以分散投资，也可以获得更多收益，所以选择这类互联网金融第三方平台进行投资也是一个不错的选择。

12.3.3　深思熟虑后再选择理财平台

互联网金融理财是建立在平台上的，如果平台不存在了，那么所有的投资都将付诸东流，所以在选择平台时要三思而后行。一般正规的互联网金融平台是不会参与任何资金交易的，它只是作为中介关系，将借贷人和投资人联系在一起。所以，在考察平台资质时，要详细了解它的运作方式，资金流向情况等。

12.4　互联网金融的未来

12.4.1　互联网金融的发展趋势

无论在国外还是国内，互联网金融都呈现两大主线：技术因素驱动与制度因素驱动。只是在我国，金融市场化改革过渡期的制度化因素变得更加复杂。就内容来看，未来的互联网金融创新有两大方向，即金融"基础设施"+金融中前台服务功能。

需要强调的是，金融创新中"过于求快"和"停滞不前"都是错误的。例如在互联网金融领域，当大家喊着要对欧美进行"弯道超车"、彰显后发优势之时，却没有想到，一方面，在信息和技术传播如此快速的全球化时代，我们所认为的金融"后发优势"真的存在吗？如果存在，为什么发达国家不能迅速地学习和借鉴，而甘心被我们超越？另一方面，着眼于规模和数字、脱离结构、功能和服务实体的"金融超车"是否有意义、会否真正成功，还是会造成"翻车"或"脱轨"？所有这些，都值得我们进行更加深入的思考。

在增长亮点缺乏的情况下，互联网金融被许多银行看作是转型契机和"救命稻草"。例如，作为大银行的代表，工行推出"融 e 购"电商平台、"融 e 联"即时通信平台和"融 e 行"直销银行平台"三大平台"；作为股份制银行的佼佼者，平安银行构建了橙 e 网、口袋

银行、平安橙子等面向公司、零售、同业等客户群体的互联网门户。还有更引人关注的，如
浦发银行于 7 月 7 日正式推出 SPDB+浦银在线互联网金融服务平台，与第三方公司合作展
开 P2P 业务。

需要承认的是，在互联网信息技术的冲击下，各国银行都更加重视其中的机遇和挑战。
例如，到 2015 年 4 月，据统计华尔街六大银行五年里裁员 8 万，其中各银行裁员人数最多
的为固定利率、汇率和期货部门，而有研究者分析发现银行技术和风险管理、合规部门反而
会增加雇员。这就充分体现了大银行对于新技术、新风险的高度重视和"未雨绸缪"。

应该说，国内银行业基于互联网金融的创新，逐渐获得更加良好的政策环境支持。因为
就现有的互联网金融监管思路来看，实际上是致力于推动同业业务监管的一致性。这就意味
着将来更多从产品功能和业务本身出发，对 P2P 网贷等新兴业态，过去过于宽松逐渐转为趋
严，而对银行的严格监管则会相对有所放松，这在理论上对银行发展互联网金融形成利好。

综合来看，各家银行的互联网金融创新重点，可以归纳为几个方面。一是渠道替代，即
通过发展电子银行、移动银行、直销银行等，对原有的业务流程与组织架构进行渠道优化与
变革；二是依托新的产品或业务，着力推动零售业务拓展与强化个人客户获取能力；三是积
极介入电商，以此来向互联网企业学习，通过大力拓展业务场景来增加客户黏性；四是尝试
把原有的融资类业务搬到网上，如对互联网供应链金融的尝试；五是布局以移动支付为代表
的新兴电子支付业务以及基于互联网的中间业务；六是对互联网金融新业态的直接介入与间
接合作，如与 P2P 网贷、第三方支付的合作等。

12.4.2 传统金融业互联网金融创新面临挑战

预计未来以银行为代表的传统金融行业的互联网金融创新将会面临以下挑战：

（1）业务范畴与边界不清晰，各家银行的互联网金融业务根本无法进行横向比较，各银
行究竟希望通过发展互联网金融业务，达到大而全的"超市"还是"精品店"，大多没有清
晰的"顶层设计"。

（2）其互联网金融业务与传统业务板块之间，存在突出的协调矛盾，这往往体现在财富
管理类产品、渠道、人员、激励约束机制等多方面。

（3）部分银行致力于打造自己的 O2O 闭环生态圈，但长远来看，互联网金融的真正优
势，或许还是应该体现为开放型的平台，以多平台共赢为目的，而非独家通吃。

（4）对于某些互联网金融创新来说，究竟是基于提升上市银行投资价值的"噱头"，还
是真正有利于发掘新的、可持续的业务增长点，还需要进一步观察。

（5）传统金融体系的主要"短板"在于小微金融、居民消费金融和财富管理，互联网金
融创新价值应该在于弥补这些不足，是否有能力并且愿意抓住这些"痛点"，仍然是银行面
临的挑战。

客观来看，银行的互联网金融创新逐渐体现出"大资本驱动"的特点，小银行做互联网
金融的优势并不明显。未来将呈现三大主线。一是工行等"巨头"由于拥有资本优势，因此
容易进行大规模布局，可以实现对于互联网金融的"简单粗暴"式发展，但能否真正实现以
"客户体验"为中心，还缺乏迫在眉睫的动力。二是平安银行等依托于各类准金融控股集团

的银行，只要能够依托集团资源，有效实现互联网金融板块之间、互联网金融与传统业务之间的综合功能协调，则有较大的发展前景。三是新兴互联网企业发起的民营银行，要真正在激烈的银行业竞争中，杀出一条独有的"互联网银行"发展道路，仍然是困难重重。

就银行发展互联网金融的"蓝海"来看，应当抓住现有金融体系功能亟须完善的领域。一是居民金融，即如何更好地通过降低门槛、提高便利性来满足居民金融需求，包括消费金融和财富管理。其中，经济发展动力调整与提升国内消费需求相关，而现有消费金融创新的低水平对此形成严重制约；面向不同阶层的财富管理创新，不仅有助于老百姓增加财产性收入，而且有助于促使中高收入者培育稳健的投资理念。二是小企业金融，这里包括对小微企业的资金支持、风险管理支持、财富管理，还有对小企业信用环境与文化建设的帮助。我们看到，作为解决就业等诸多社会矛盾的着眼点，小微企业金融现有的"行业细分"已经难以解决矛盾问题，而是需要不断拓展服务边界和内容。三是跨境金融服务，尤其是伴随人民币国际化和金融市场开放的快速发展，金融服务的"走出去"和"引进来"都变得更加迫切，而互联网金融技术手段有助于推动跨境金融服务能力的提升。

总的来看，原有银行体系更适应工业化时代的需求，随着后工业社会的工业4.0来临，互联网金融给银行提供了一条新的转型道路，但无论国外还是国内，互联网金融仍然很难以对银行业起到颠覆性影响。在明确业务边界的基础上，各银行需要对自己通过互联网金融业务达到的最终目标和路径有更加清晰和准确的理解和认识，不能只是停留在"跑马圈地"的思路。

案 例 分 析

保利携手民生银行推"利民保"，客户购房享理财收益

2015年4月10日，保利地产宣布联手民生银行推出名为"利民保"的理财产品。购买产品的客户享受两种利益，一种是可以坐享封闭期内的理财收益，另一种是可以用优惠价格锁定项目开盘时的售价以及优先选购的权益。此外，即使用户不购买也可享受由民生银行提供的保底收益。据悉，目前"利民保"首度落地的项目为广州保利金融中心。推出"利民保"，保利实现三方共赢局面。其中，客户是理财产品的直接受益者，坐享收益的同时拥有低价购房权，而保利与民生银行则各取所需。

首先，携民生银行推"利民保"，保利兼顾客户买房及理财。保利与民生银行推出"利民保"，针对广州保利金融中心期房产品，客户以房源市场总价20%的金额购买相应理财产品，即锁定房源定制总价，进入理财封闭期。在封闭期结束后，至项目开盘，客户如选择交易房源，可获得定制以外的收益和优先置业权，如放弃交易，购买理财产品的金额全部归还，同时享民生银行保底4%的理财回报。以保利金融中心将售的公寓为例，市场价177万元，按照150万元定制总价计算，如客户选择交易，直接获利27万元，如放弃，按35.4万元一年期理财，可获得1.4万元利息收益。如此，保利借"利民保"可提前锁定房款及客源，客户选择买房或退出均可获益，对项目销售有利无弊。

其次，"利民保"迎合保利和民生银行双方利益。一方面，随着"利民保"上线，民生

银行理财业务客源拓宽，内部流通资金充裕，可放贷，保利为自己打通一条低成本融资渠道；另一方面，"利民保"释放于保利旗下期房项目，锁定价与市场价存在价差，在市场行情上行期，市场价估值上涨，客户可期收益将增加，置业意愿也将增强。

"互联网+"营销以理财产品形式出现，是一种变相的总价让利策略，迎合客户低总价购房意愿。我们认为，房产行情向好，进入卖方市场，房企惜售保利润的局面将持续，以价换量之外，采取结合互联网金融的方式，借力金融属性让利于民，是房企营销与互联网碰撞中的一大方向。该营销策略既不会牺牲企业利润，又保证客户享受不错的资金回报，对于意向置业客户而言，获得理财收益相当于总房款优惠，而如"利民保"可锁定期房总价，则直接给予总价让利，客户低于预期置业。

本章小结

1. 互联网金融的六大模式：第三方支付、P2P 网络贷款平台、大数据金融、众筹、信息化金融机构、互联网金融门户的概念、特点、类型和发展现状。

2. 在互联网金融与小微金融之间的关系，互联网金融对大型金融机构发展小微金融存在一定的优势：一是大型金融机构的筹资能力比较强，比如大型银行获得存款或资本的能力要强于小微银行；二是大型金融机构的渠道更加通畅，因此能更好地提升中大型机构的金融业务，同时解决小微金融的难题。

3. 清晰互联网在解决中小企业融资问题和促进民间金融普惠的同时，也带来了一系列监管挑战。如何宏观调控和货币政策的风险，如何控制影子银行引发局部系统性风险，合法性的问题，如何保护投资者利益的问题和大量违约风险的问题。

4. 了解互联网金融未来的发展前景及对传统金融机构带来哪些新的挑战。

复习思考题

1. 什么是互联网金融？
2. 互联网金融的六大模式是什么？各自的类型和特点是什么？
3. 互联网金融的风险有哪些？如何监管？
4. 如何进行互联网金融投资技巧有哪些？请举例说明。
5. 简要说明未来互联网金融的发展趋势。

第 13 章　投资理财设计与资产组合策略分析

引言

　　一般来说,理财分析师在对客户提供投资理财规划设计时,首先要对客户的财务状况、理财目标、风险承受力进行分析。尽管每位客户都有独特的条件和目标,但是也存在着共性,这就是生命周期理论。处于生命周期各阶段的理财个人或者家庭往往面临着相似的理财目标、收入状况和风险承受能力。

本章学习目标

- 了解个人生命周期与投资组合的关系;
- 掌握资产配置的基本知识;
- 熟悉税收对投资理财的影响。

13.1　个人与家庭的生命周期

13.1.1　个人理财者的生命周期

1. 概述

　　在探讨理财者的生命周期之前,有必要先了解一下投资者的投资目的。总的来说,投资目的是把购买力从当前转移到未来。投资者为了某种原因会推迟对商品或服务的消费,投资组合就是为了满足这样一种需求而进行的一种价值在不同时间、不同投资品种上进行分配的设计。具体来说,投资的目的可以分为以下几类:

　　(1)应对财务紧急状况或财务危机而进行的储藏需要。

　　(2)未来特定支付的需要,如购买房地产及汽车等支出。

　　(3)为退休而进行的养老准备。

　　(4)留给后代的继承财产。

　　之所以关注投资者的生命周期,是因为投资者在不同的生命阶段具有不同的财务状况、不同的资金需要(这种需要的不同源于投资者所处生命阶段的不同,以及个人和家庭财务状况的不同),这决定着投资者的投资数量和投资目标有所不同,从而投资品种的选择和配置不同。或者说,划分投资理财者的生命周期,其目的在于划分理财者所处的财务生命周期阶段，分析其在不同阶段的不同财务状况、不同投资需求，从而对其进行有效的个人投资理财规划。

2．财务生命周期

划分理财者的生理生命周期不是我们的目的，划分其财务生命周期才是投资理财规划的关键。一般而言，理财者的财务生命周期可以划分为以下几个阶段：累积阶段、巩固阶段和支付阶段。

（1）累积阶段。处于累积阶段的个人理财者会有相对稳定的收入来源，但住房、交通、个人或子女教育的支出往往超出收入，会使个人的债务增加。但处于这一阶段的投资者往往开始积累资产，而净资产值较小。他们通常具有较长的投资期限和不断增长的赢利能力，所以会进行一些风险相对较高的投资，期望获得高于平均值的收益。

（2）巩固阶段。处于巩固阶段的个人，其收入开始超过了支出，债务开始减少，资产不断积累，为未来的退休提供保障。该阶段的规划重点有所改变，从单纯的积累资产转变为巩固现有资产与积累资产并重。这一转型使投资理财者的投资特点也发生改变，即投资具有长期性，中等风险的投资品种对他们会有更大的吸引力，以在获得收益的同时，保住现有的资产。

（3）支付阶段。当个人退休后，往往进入了支付阶段。在这个阶段，个人一般不再有薪水或工资收入，其生活费用由社会保险和先前投资收入来补偿。尽管人们会选择低风险的投资来保住储蓄的名义价值，但一般仍会进行一些高风险的投资以补偿通货膨胀对资产的贬值。

在投资理财的生命周期内，每个人有各种各样的投资目标，如表 13-1 所示。近期的高优先目标通常是那些短期的财务目标，如住房贷款的首付款、读高中的子女的大学学费等。对于这些目标，一般不选择高风险的投资品种。对于长期的高优先目标，通常包括具有在一定年龄退休的条件，由于这些目标的长期性，可以用高风险的投资品种来达到目标。

表 13-1　处于不同生命周期阶段个人的投资目标

投资理财者的类型	短期目标	长期目标
大学高年级的学生	租赁房屋 获得银行的信用额度 满足日常支出 储蓄 购买汽车 进行本人教育投资	偿还教育贷款 开始投资计划 购买房屋 进行投资组合 建立退休基金
20 多岁的单身青年	建立备用基金 将日常开支削减 10% 旅行 将旧的交通工具更新	进行子女的教育基金的投资

投资理财者的类型	短期目标	长期目标
30 多岁的已婚投资者 （孩子尚小）	子女的教育开支增加 增加收入 购买保险 购买新的家具	购买更大的房屋 将投资工具分散化，以规避风险 出售原有的房产
50 多岁的已婚投资者 （子女已经成年）	提高投资收益的稳定性 退休生活保障性投资	制定遗嘱 制定退休后的旅游计划 养老金计划的调整

13.1.2 家庭理财的生命周期

投资理财者的财务生命周期固然十分重要，但每位理财者不仅是从个人角度出发，而且是在整个家庭的财务基础上进行投资理财规划的。下面就对家庭的生命周期进行分析。

产品具有生命周期，包括研发期、成长期、成熟期和衰落期，对家庭的生命周期也可以进行相似的划分，即家庭的形成期、成长期、成熟期和衰老期。

（1）家庭的形成期是指从结婚到子女的出生。这一阶段，支出随家庭成员的增加而不断增加，储蓄不断减少。如果决定购置住房，负债会十分沉重，可积累的资产很有限。但由于家庭成员都年轻，可以承受较高风险的投资。

（2）家庭的成长期是指子女出生到其完成学业为止。这一时期，支出主要集中在子女的教育上，但由于家庭成员相对固定，因此支出相对固定，并且有可预见性。储蓄趋于稳定，随着收入水平的逐渐提高，可累积资产逐渐增加，投资开始有所增加。如果存在负债的话，负债也会逐渐减少，可以分散一部分投资到较高风险的投资品种上。

（3）家庭的成熟期是指从子女完成学业到夫妻均退休为止。由于子女逐渐取得收入并独立，因此家庭收入增长很快，支出减少，储蓄增加很快，资产积累达到高峰，逐渐为退休做准备。

（4）家庭的衰老期是指从夫妻均退休开始，到最后一人过世为止。此时不再拥有工资收入，收入主要来源于理财收入或转移性收入，储蓄和资产逐渐减少，医疗支出增加，投资以低风险为主。

在个人和家庭的不同生命周期阶段，由于具有不同的财务特征，因此需要不同特点的投资工具组合，以满足不同的财务需要。例如，在子女小或自己获得收入的能力很强时，流动性需求强烈，所以流动性好的投资品种在理财规划中应占据很大的比例。而在家庭的形成期至衰老期，高风险的股票等金融工具的投资应逐年减少。

13.2 投资理财的因素分析

在分析不同理财者的共性后，接下来对不同的个体进行分析，这些具体因素包括财务、税收、时间、投资态度和其他投资特点。

13.2.1　财务

个人和家庭在不同时期的财务状况是不同的。即使处于同一生命周期的个人或家庭，其财务状况也存在着差别，有的富裕，收入水平高，有的是一般水平，因此进行投资理财规划时必须首先对规划对象的财务状况进行考察。对财务状况进行考察的内容包括对资产、负债、人力资本（个人工资水平）的分析。资产不仅包括通常意义上的金融资产，即股票、债券、银行存款、保险年金、外汇、黄金及现金，还包括房地产、汽车、个人实业等。负债包括银行的贷款（如住房抵押贷款、汽车消费贷款、商业贷款等）及从其他个人或家庭所借的现金。对未来的收入的分析也是个人财务状况规划的一个重要方面，人力资本则是该未来收入现金流的贴现值。对于收入稳定的家庭来说，其人力资本这一项资产的风险较低，该家庭其他资产的风险承受能力就较高；反之，对于收入不稳定的家庭，其人力资本的这项资产的不确定性较高，而真正用于一般意义上的投资资产的风险承受能力就较弱。

13.2.2　税收

税收在个人投资组合的构建中起着十分重要的作用。首先，不同的金融投资工具的税收特征是不同的，理财者在进行投资决策时，应把税收作为收益的减项加以考虑。其次，理财者在进行日常消费时，也会面临不同的税收待遇，从而影响个人的支出计划，影响投资和理财的规划。当然，由于我国的所得税税法还相对简单和不完善，税收在理财规划中的作用还不显著，但即使这样，不同投资理财工具的税收差别仍是进行投资时一个重要的考虑因素。

在美国，最好的避税方法就是购买市政债券。这些债券是免税的，通常被称为免税债券，因为许多州或市政债券的利息是免联邦所得税的，如果投资者是本州的居民，本州或当地的利息收入税也是免的。对于拥有庞大资产而每年都会获得很高收入的富人来说，这种免税债券极具吸引力。同时赎买房地产从某种意义来说也是一种投资，这种与家庭财产相关的支出可以享受联邦税的扣减，因而使得对家庭财产所有权的投资成本降低，比较具有吸引力。

在我国，国家为了鼓励企业和个人投资开办实体，一般不对企业的留存未分配的收益征收所得税。个人为了不使所得税课及自己的投资额，往往把自己的投资所得留存在企业账上，作为对企业的再投资。而企业可以把这笔收益以债券或股票的形式记入个人名下，避免了缴纳高额的个人所得税。因此出于避税的考虑，个人持有了更多的流动性差的非交易股权或债权。

13.2.3　时间

时间在投资中是至关重要的因素。投资工具的期限不仅影响其投资回报，还会对投资风险产生重要的影响。如果投资期限足够长，那么投资普通股的收益将远远高于债券和其他的保值工具（如黄金）。如果将 1 美元在 1802 年分别投资于美国股市、债券、国库券和黄金，那么到 1997 年，也就是接近两百年后，投资于股市的 1 美元增值到 747 万美元，而投资于债券、国库券、黄金则分别增值到 10 744 美元、3 879 美元和 11.17 美元，而在这个阶段 CPI

也上升到 11.37 美元。从长期看，黄金刚好弥补了通货膨胀对收益的损失，而股票的收益超过通货膨胀的幅度则达到每年 7%。另外，只要期限足够长（如几十年），那么不管什么时间进入股市，投资收益都相当可观，并且风险甚至低于其他避险工具。但是，如果股票投资的期限很短，比如说 5 年，可能当时正是一个股票的持续低迷时期，这样短的投资期限将使投资者的投资出现亏损，如表 13-2 所示。

表 13-2 股票年实际报酬率与投资期限的关系（1802—2007 年）

	1 年	5 年	10 年	15 年	25 年	50 年
报酬率上限	25.1%	14.4%	11.2%	10.3%	8.7%	7.7%
报酬率下限	−11.1%	−0.6%	2.4%	3.4%	4.7%	5.7%
标准差	18.1%	7.5%	4.4%	3.3%	2.0%	1.0%

由表 13-2 可以看出，随着时间间距的拉长，报酬率的上下限差异越来越小，标准差也越来越小。显示出投资年限越长，平均报酬率越稳定。这项统计结果表明，同一种投资工具的风险，是可以通过拉长投资期限来降低的，因此投资期限越长，越可以选择短期内高风险的工具。

这种经验已被广泛用于投资规划中。此经验来自这样一个事实：金融投资长期看来是一波高于一波的，但一个大的波段可能长达 5～7 年，如果投资时处于波峰，在需要资金时，可能会遭受变现的损失。而如果投资期限长，则可能跨越几个周期，最终会找到一个合适的点平仓，赚取收益。

因此，在进行投资理财规划时，对理财者的投资期限的了解是非常重要的。如果投资期限较长，那么就应该加大对股票等金融工具的投资，因为股票投资这种在短期内看似风险较高的投资工具，从长期来看却是收益又高，风险又低。反之，如果投资期限较短，那么股票投资是风险非常大的。为了保本，应该持有收益较为稳定的资产，如债券、国库券、黄金等。

投资期限对资产配置有重要影响的另一个原因是复利效应。由于复利的作用，期限越长，收益率的差异造成的资产的最终价值的差异越显著。例如，两种资产——股票和债券，股票的平均收益率为 10%，而债券的平均收益率为 3%。如果投资期限为 50 年，那么 1 元钱投资于股票和债券的最终价值分别为 117.39 元和 4.38 元，二者相差 27 倍。但是如果投资期限只有 2 年，那么两种投资的最终价值则为 1.21 元和 1.06 元，差异很小。因此，对于期限较短的投资者来说，收益率高低的重要性相对较低，而投资的风险应该是主要考虑的因素，因为如果一旦亏损，会导致短期的理财目标无法实现。

13.2.4 投资态度和其他投资特点

理财者的态度主要是指理财对不同的收益—风险比例所持有的态度，简单地说，就是对待风险的态度，即投资者宁愿接受较低的收益率而规避风险，还是追求高收益率而愿意承担高风险。投资者对待风险的态度，决定了其在不同金融工具和不同期限之间的选择。

理财者对收益和本金的风险承受能力受到许多因素的影响。

（1）理财者本人工资收入情况及其工作的稳定性。

（2）理财者配偶工资收入情况及其工作的稳定性。

（3）理财者及其家庭的其他收入来源。

（4）理财者年龄、健康、家庭情况及其负担情况。

（5）任何可能的继承财产。

（6）任何对投资本金的支出计划，如教育支出、退休支出或任何其他的大宗支出计划。

（7）理财者对待风险的态度。

（8）生活费用支出对投资收益的依赖程度等。

风险承受能力直接导致投资者对投资工具的选择、收益率水平的期望和对投资期限的安排等方面。下面对年龄、理财目标的弹性、理财者主观的风险偏好和其他因素进行说明。

1. 年龄

投资者年龄越大，所愿意承受的风险越低。假设一生中可用来投资的钱分为两部分：一部分是过去的储蓄；另一部分是未来的储蓄。以 40 年的工作期限为累积储蓄的期限，年龄越大，过去的储蓄越多，未来的储蓄越少。过去储蓄的累积为现在的资产，是现在承受风险的头寸；未来储蓄则可以当做现在资产的减值在以后期限的分摊。刚踏入社会的青年人，过去的储蓄较少，表明现在承担风险的能力较弱，但未来的储蓄部分很大，其以后分摊的本金多，因此可以承担较高的风险。反之，即将退休的人，过去的储蓄很多，表明可往后平摊的本金少，因此不愿意承担高风险。至于退休的人，已无工资收入，仅靠理财收入维持生活，若生活费已动用到本金，而本金又投资到高风险的投资工具上时，此时已无任何本金平摊，需要资金时只能卖出部分投资，则可能遭受价格损失。即使将来价格能够恢复到理想水平，由于资产数量减少，亏损难以弥补。

对于年轻人，工资收入有不断增加的趋势，过去的损失较容易以现在或未来的收入弥补，他们可以较充分地享受这种优势，而即将退休的人则对这种有利的情况享受的时间很短。

2. 理财目标的弹性

理财目标的弹性越大，其承担的风险能力就越高。如果理财目标短并且完全无弹性，则应投资于银行存款、国库券等风险较低的品种。例如，对于有出国旅游的计划，如果投资收益较好，则可到欧洲旅游；如果投资收益不好，则可选择旅游费用较低的地方等。这样即使是短期计划，也可以承担较大的风险。

3. 理财者主观的风险偏好

从理财者主观因素探讨，每个人的冒险性格不同，对损失的承受能力也会呈现很大的不同。这种主观偏好常常会超越上述的客观因素，成为决定最后投资工具选择或投资组合配置的关键因素。

理财者对风险的态度不是一成不变的，随着时间的推移和经济情况、市场环境的变化，投资的态度也会发生变化；随着新产品在金融市场的不断推出，也会产生新的收益风险组合。扩大理财者的选择范围，一定程度上会改变理财者对风险的承受能力，更重要的是，理财者在不同时期的财务状况不同，会直接改变理财者对风险的承受能力，使理财者对风险进而对投资的态度发生根本性改变。

4．其他因素

其他因素包括消费及投资习惯、社会保障体系的健全与否等。从消费投资习惯这一角度来看，有的家庭倾向于购买房地产，而有的则更倾向于投资实业，有的人擅长炒股而愿意持有更大比例的股票等。从社会保障体系健全与否的角度来看，缺乏社会保障体系会使人们在进行资产配置时更加谨慎。此外，东西方传统消费的观念不同，也影响着东西方人不同的投资态度。

13.2.5　我国的具体经济环境与理财者的投资态度

我国目前是一个不太富裕的发展中的转型国家，相比发达国家，投资的情况有其特有的地方。其中比较突出的有两方面：一是相对较低的收入水平决定了我国居民的风险承受能力不强；二是转型经济下的各种社会福利和保障体系还不健全，对理财的影响很大。

1．较低的收入水平

一个国家的居民收入水平直接决定了其风险的承受能力。低收入水平的理财者在生活必需品上的支出占个人收入的比例较大，同时还要为不确定的流动性需求做准备。因此，其能够用于投资的资金非常有限。作为一个理性理财者，其投资工具必然是储蓄、国库券等低风险、高流动性的产品。而中等收入水平的理财者，其恩格尔系数较小，有更多的剩余资金用于投资，其风险的承受能力要比低收入阶层高，可以投资于风险较高的品种。高收入水平理财者由于可用于投资的资金充裕，其能够承受更高的风险，大量的资金能够保证其分散投资，投资的范围明显增大，甚至可以投资黄金、古玩或房地产等资金占用较大的投资品种。对风险的承担，既包括对可能损失的承担，也包括对低流动性的承担。

收入对理财者的投资态度起到关键的作用，所以对一国居民的基尼系数的分析中可以找出一国理财者收入水平的分布，从而了解各个阶层的收入状况，分析其投资和风险承受能力，进而选择更为合适的投资工具。在不同收入水平上的理财者的数目及其资金量对金融机构提供什么样的产品起着重要作用（见表13-3）。

表13-3　2008—2014年我国居民基尼系数

年　　份	2008	2009	2010	2011	2012	2013	2014
基尼系数	0.491	0.490	0.481	0.477	0.474	0.473	0.469

2．转型经济下的福利制度和保障体系

社会的分配方式对理财者的影响作用是巨大的，会对理财者的收入和支出两方面产生影响。近年来，我国个人收入的增长速度十分迅速。在经济改革进程中，我国对原来的一系列社会福利制度进行了改革，特别是医疗、就业、住房、养老、教育等方面的改革，使部分实物福利货币化，表现为原来由国家控制的部分收入以货币的形式转移到个人的手中，使个人

的可支配收入发生变化。1979 年以来，国民收入的分配格局由"藏富于国"变为"藏富于民"，国民收入明显向个人倾斜。

虽然住房、医疗、教育、养老制度的改革使人们手中拥有的资金增加，但同时又导致未来收入的不确定性的增加和预期支出的增加，强化了人们预防性动机的货币需求，降低了理财者对风险的承受能力，这就相应增加了对保险、住房、养老和教育的投资需求。

13.3 个人或家庭理财的资产配置

在确定理财目标后，要构建一个投资组合来实现理财目标，即把资金投在不同的实物资产或金融品种上，以及同一投资工具中的不同产品的组合上，从而达到在特定风险的基础上确定的收益水平，或者在特定收益水平上尽量降低风险。这就是理财的资产配置。资产配置实际上是作为一种资产配置的规划、市场择时和资产组合多样化形式出现的。

13.3.1 资产配置前要考虑的因素

在进行配置之前，其他一些个人基本需要必须得到满足，否则在没有足够的支付生活基本费用及为不可预测的不确定性事件提供保障资金之前，是不可能进行投资的。

1. 保险

我国居民还没有普遍购买保险的习惯，应当说，人寿保险是投资前应首先考虑的规划。尤其在当今我国实行养老制度改革的情况下，在进行投资规划前，做好养老保险规划是十分必要的。我国由于长期实行社会福利制度，直到目前许多单位仍然为职工发放退休金，1998年的养老制度改革使部分个人的养老金集中在社保基金和单位的年金中。虽然有这些养老保障制度，但随着改革的深化，人们未来收入的不确定性也增加了，为自己投资必需的保险是明智的。

同时，保险本身也是财务目标的一部分，可以用来规划自己的现金流，而且一旦投保人在未来财务目标实现之前死亡，可以使自己的家人避免遭受财务困境。保险还可以用来实现理财者长期的财务规划，如退休计划。保险还可以为其他一些不确定因素提供风险转嫁，如健康医疗保险帮助投保人支付医疗费用；伤残保险为投保人在丧失劳动能力时提供持续的收入；汽车及其他贵重物品的保险为财产受到损坏时提供保护。

2. 现金储备

人们持有现金的动机分为消费性动机、预防性动机及投机性动机。生活中不可避免会发生一些意外事情，如失业、不可预测的费用发生及一些好的投资机会的出现，因此保留一定的现金是必要的。持有一定的现金不仅可以提供一个必要的应急缓冲，还能减少为支付意外事件发生的费用而被迫在不好的时机出售正在进行投资的资产的可能性。

理财者对保险和现金的需求是随着时间的变化而变化的。例如，退休的个人可能靠人寿保险来作为其主要的收入来源，而其伤残保险的需求会减少。

13.3.2 资产配置的含义

1. 资产配置规划

资产配置是一个双目标的计划，即个人的财务目标是为了预防可能出现的流动性危机和规划未来的退休生活。根据所处的不同时期使资产保持不同的比例，需要对资产进行动态调整。因为证券等其他金融工具的价格每时每刻都在变化，因此需要随时随地调整金融证券的比例。这显然需要大量的时间和精力，而且是不必要的。因此，资产配置规划实际上往往是设定一定的范围，而不是一个定值。

2. 市场择时

资产配置是根据预期市场或经济的变化而转换资产组合以回避风险或追求更大的收益。例如，预期利率下调时，一个含有80%增长型股票和20%货币市场基金的投资组合，可以调整为20%的债券、60%的利率敏感性股票和20%的货币市场基金的组合。而在预期通货膨胀增大时，可能会采取与前面相反的操作，如减少固定收益证券而增加价格随通货膨胀而上涨的资产。即如果埋财者认为某种投资品种被定价过高，就应当卖出此类品种；如果认为某种投资品种被低估了，则应当增加投资组合中这种品种的比例。

3. 选择证券以实现投资多样化

证券种类的增加使理财者的可选范围拓宽，而且使理财者在获取同样收益水平的情况下减少风险的承担。

13.3.3 资产配置的重要性

如何构建一个投资组合，其步骤应为：首先制定投资策略，即选择哪些类型的资产，每种资产的投资比例为多少；其次选择时机，即在什么时间构建或调整投资组合；最后选择具体的投资品种，构建投资组合。

有关研究表明，在资产配置中，85%～95%的收益来自第一步对长期资产分配的决策。有的研究甚至得出，选时、选择具体的投资品种实际上会减少平均收益，同时增加收益的波动性。与之相对的被动式的赎买股票指数期权的投资策略反而可获得更高的收益。

投资的风险是每个理财者都关心的，投资风险通常用收益的标准差来衡量。高收益对应高风险，各种资产的收益和风险是不同的，制定投资策略时，要根据理财者具体的情况来确定投资类别和比例，从而满足理财者对收益和风险的要求。组合中不同类型的资产配置有利于减少组合收益的波动性，但很大程度上风险在资产分配决策时就已经确定了。

资产的决策配置决定了长期内大多数投资组合的收益和风险。至于择时、选择具体的投资品种则发挥着很小的作用。

13.3.4 资产配置与文化差异

这里的文化差异包含很多内容，既包括人口的特征，如年龄分布、受教育情况、城乡人口分布、传统文化等，也包括一国的社会形态、组织和管理形式，如法律法规、公司治理结构、金融市场发展程度、投资限制、税收等。这些因素会在人们的投资理财中产生影响。

13.3.5　各种资产的收益和风险的特征

在前面的章节中我们介绍了各种投资品种，大致被分为实物型投资和金融类投资。实物型投资一般指投资者买入投资品种的所有权，从而对其进行占有、使用、收益和处分。金融类投资也可分为固定收入的投资品种，如储蓄、债券和优先股；收益波动性较大的股权类投资，如股票、权证等；交易类品种，如期权、期货等。这些工具的收益与风险特征如表 13-4 所示。

表 13-4　世界资本市场：年总收益（1960—2004 年）百分比

投资品种	几何平均值（%）	算术平均值（%）	标准差（%）
股权	9.08	10.21	15.28
美国	8.81	10.20	6.89
欧洲	7.83	8.94	15.58
亚洲	15.14	18.42	30.74
其他地区	8.14	10.21	10.88
债券	6.36	6.50	5.56
美国	5.70	5.93	7.16
公司债券	5.35	5.75	9.63
政府债券	5.91	6.10	6.43
其他国家	6.8	7.01	6.88
国内公司债券	8.35	8.58	7.26
国内政府债券	5.79	6.04	7.41
跨国债券	7.51	7.66	5.76
现金等价物	6.38	6.42	2.92
美国	6.49	6.54	3.22
外国	6.00	6.23	7.10
房地产	9.44	9.49	3.45
商用	8.49	8.57	4.16
住宅用	8.86	8.93	3.77
农用	11.86	12.13	7.88
贵金属	9.11	12.63	29.26
银	9.14	20.51	75.34
黄金	9.08	12.62	29.87
美国市场财富投资组合	8.63	8.74	5.06
其他国家市场财富投资组合	7.76	8.09	8.48
不包括贵金属	8.34	8.47	5.24
包括贵金属	8.39	8.54	5.80
美国通胀率	5.24	5.30	3.60

注：美国公司债券中包括优先股；标准差以算术平均值计算。

由表 13-4 可知，资产的风险越大（标准差越大），其预期收益也就越高。对于大多数的理财者都是风险规避型的，因此这种收益和风险的关系是合理的。

13.3.6 对于不同风险偏好的资产配置

理财分析师在对客户进行理财策划时，应对客户的风险承受能力进行细致的分类，并针对每种类型的客户列出其相应的资产组合（见表 13-5）。客户对待风险的态度大致分为保守型、轻度保守型、均衡型、轻度进取型、进取型。保守型的理财者会将其大部分资金投资于风险较小的投资品种中，如固定利息存款等。进取型的理财者则会把大部分资金投入股票、金融衍生工具等风险较高的投资品种中去。同时进取型理财者为了获得更高的收益，往往运用杠杆投资的方法来提高其可支配的资金，当然这也就承担了更高的风险。

表 13-5 不同风险偏好下适合选择的资产组合

资产组合	现金投资	国内定息投资	海外定息投资	国内股票	海外股票	房地产
保守型	25% （20%～30%）	45% （40%～50%）	0% （0%～5%）	15% （10%～20%）	0% （0%～5%）	15% （10%～20%）
轻度保守型	20% （15%～25%）	40% （35%～45%）	0% （0%～5%）	20% （15%～25%）	0% （0%～5%）	20% （15%～25%）
均衡型	15% （10%～20%）	20% （15%～25%）	0% （0%～5%）	30% （25%～35%）	5% （0%～10%）	25% （20%～30%）
轻度进取型	10% （5%～20%）	15% （10%～20%）	5% （0%～5%）	40% （30%～50%）	10% （10%～25%）	20% （10%～30%）
进取型	5% （0%～20%）	5% （0%～10%）	0% （0%～5%）	50% （30%～55%）	20% （10%～30%）	20% （10%～30%）

可以看出，保守型客户的资产分配策略主要是在确保资产安全的基础上获得稳定的收入，因此风险较低的现金投资和国内定息投资比例高达 25%和 4%，而风险较高的股票投资只占 15%。这样的投资组合在短期内不会出现重大亏损，长期可以获得较稳定的资本增长率。

轻度保守型客户的资产组合也非常强调收入的安全性，以及长期稳定的资本增值。组合产生的收入流相对稳定，而且配置一部分股票和房地产投资，还可以产生一定的避税收益。

均衡型客户在各种资产之间的分配相对比较均衡，并且从长期来看可以在收入与资本增值之间获得一个较好的均衡。但长期有一定的波动，相应地也可能造成损失。由于有较大比例的股票和房地产投资，在税收方面会获得更多的好处。

轻度进取型客户的资产组合策略更多强调资产的增值，而较少考虑现金收入的需求。资产中往往有一半的资金投资于股票等高风险的品种，而较少投资于现金和固定利息。同时，股票、房地产等投资的投资比例过大也意味着市值波动较频繁，波动范围较大，出现亏损的可能性较高。

进取型客户的资产组合策略强调的是中长期收益的最大化。资产组合中股票和房地产等高风险、高成长的资产占绝对比例，其市场经济的波动会给组合市值造成很大的影响，其面对的风险最大。

13.3.7　资产配置的策略

理论上，应根据理财者的风险偏好并运用多样化的统计方法来确定资产分配决策。但在实际中，决策过程本身要复杂得多。由于资产分配具有不同动机，有的人希望改变投资组合的收益分布，有的人希望选择市场时机。因此资产分配分为三大独立类别：政策资产分配、战略资产分配和战术资产分配。介于战术资产分配与政策资产分配之间可再分为战略资产分配，其期限长于战术资产分配而短于政策资产分配。

1．政策资产分配策略

在进行投资理财过程中，政策资产分配对长期投资组合的收益影响最大。它用来描述长期投资政策的决定，使投资收益源于市场大规模变化和一些最具进攻性的短期战术战略。战术资产分配和动态资产分配是指为了避免市场不利因素对投资组合收益的影响而进行的保险策略。其目的不一定是获得更高的收益，而是"避险"，其优点是可以通过更具有进攻性的资产配置政策来降低成本。

2．战略资产分配策略

（1）战略资产分配的过程。政策资产分配是以理财者对待风险的态度、理财者（或资产持有者）长期追求成本最低及投资组合能够履行为基础而进行的理想化预测。

资产分配包括资产类别选择、投资组合中各类资产的适当搭配，以及对这些搭配资产进行适时管理。确定最能满足理财者风险和回报率目标的资产配置，是实现理财计划长期目标的最重要决策。由于这个过程涉及的时间很长，故被称为战略资产分配。

战略资产分配的目的是在投资组合中以某一特定方式将资产有效地配置在一起，以达到理财者在承受一定风险的情况下，获得最大收益率的目标。这个过程包括 4 个核心步骤：① 理财者要确定组合中合适的资产；② 理财者要确定这些合适资产在持有期间或计划范围的预期回报率；③ 在对回报率和风险做出估计后，运用最优化理论来确定在每个风险水平上能够获得最大收益的投资组合的资产结构；④ 在可容忍的风险水平上选择能够提供最优回报率的投资组合。

在投资领域内可以进行投资的资产包括普通股票、债券和货币市场工具这些主要资产类型。近年，理财者已把国际资本纳入投资组合中，如国际资本市场上的股票、非美元债券等，有的理财者则把房地产和风险资本也纳入进来，进一步扩大了投资的范围。

在上述的第 2 步中，理财者还要估计各资产类型的预期回报率及其承担的风险。可以用两种方法来估计资产的风险回报率：一是假定未来与过去相似，可以根据过去的经历推测未来；二是情景法，即建立适当的经济情景，并估计各情景下的回报和风险。

在制定最优风险回报率的资产组合中，可以通过有关投资组合的最优化理论来确定这些最优投资组合，如马科维茨的 EV 模型。

如何选择满足理财者需要的投资组合呢？对于风险偏好的理财者，应选择较高风险的投资组合。这些理财者为获得高收益率，愿意承担较高的未能实现特定回报率的风险。对风险规避的理财者应选择风险较低的投资组合，他们对实现预期的投资回报率更为关注。

前面只考虑了资产类别的战略性投资组合，但是在构建投资组合时也应把负债考虑进去，也就是使资产/负债最优化。

（2）战略资产分配的方法。长期管理资产组合，理财者可以采用三种方法。第一种是确定恰当的资产组合，并在3～5年的时间内保持这种组合，这被称为购买并持有法。对长期而言，这种方法是消极的，具有最小的交易和管理成本，但不能随着市场的变化而变化。第二种被称为恒定混合法，这种方法是长期保持投资组合中各类资产的恒定比例。为了维持这种恒定的比例，需要资产管理者在资产价格发生变化时，进行定期的再平衡和交易。第三种方法被称为投资组合保险。它在本质上最具有动态性，所需要的再平衡和交易的程度最高。其目的是在获得股票市场的预期高回报率的同时，限定下跌的风险。但如何有效地实施这个方法是个难点。第二种、第三种方法是积极的，对投资组合定期进行再平衡并伴随相应的交易。这三种方法各有特点，都能给不同的理财者带来特定的收益，但没有哪种方法明显优于其他方法（见表13-6）。

表13-6　三种资产分配方法的比较

策　　略	市场行情下降/上升	有利的市场环境	要求的流动程度
购买并持有法	不行动	牛市	小
恒定混合法	购买下降资产，出售上升资产	易变、无趋向	适度
投资组合保险	出售下降资产，购买上升资产	强趋势	高

购买并持有法是购买初始资产组合，并长期持有组合中的资产。不论资产的相对价格发生怎样的变化，这种方法都不进行积极的再平衡。这是一种便于操作和分析的战略。

恒定混合法的实质是保持组合中各类资产的固定比例。例如，一个股票和债券的组合，理财者需要在股票市场变化时，对组合进行再平衡操作。当股票市场价格上涨时，股票在这个投资组合中的比例上升，理财者应在股票价格上涨时卖出部分股票而买入债券；反之，股票价格下跌时，股票在投资组合中的比例下降，理财者应卖出部分债券而转向增加股票市场的投资。

以一种简化的投资组合保险战略即恒定比例投资组合保险（CPPI）来探讨投资组合保险的操作。CPPI的一般形式为：

$$股票金额 = m \times （全部投资组合价值 - 最低价值）$$

在进行操作时，理财者应先确定表示投资组合最低价值的一个最小数量。"全部投资组合价值-最低价值"表示对最低价值的有效保护。恒定比例投资组合保险战略使用大于1的乘数 m。给定一个乘数和最低价值，就可以根据公式确定投资于股票的数量，即在股票下跌时卖出，在股票上涨时买进。

3．战术资产分配策略

长期资产组合一旦确定，理财者可以通过确认资产类别市场定价的差异，并适时改变资产类别组合，这被称为战术资产分配。战术资产分配是一种积极的资产管理方式，可以被看作恒定混合法长期资产配置战略的一个变种。它根据市场与经济条件的变化,通过在各大市场之间变换资产分配,从而提高投资组合收益。战术资产分配可以被看作适时管理资产组合的方式之一。

战术资产分配可以是一个中期过程(投资期是 1~3 年),也可以是一个短期过程(投资期不到 1 年)。战术资产分配的特征有:

(1)一般是建立在一些分析工具(如回归分析和最优化分析)基础上的客观、量化过程。很多理财者主要依靠主观的判断进行的投资方式不能称为战术资产分配,而是常规的平衡管理。

(2)一般由价值测量手段控制,主要受一种资产类别预期收益率的客观测量驱使。预期报酬的客观测量必然会导致一个以价值为导向的过程。

(3)该过程通常会促使在市场行情下跌后买进,在市场行情上涨时卖出,除非其他资产的行情也发生同样的剧烈变化。因此这种操作方式的本质是逆向的。战术资产分配通过测量哪种资产具有最大的收益率,而哪种资产已经不利,从而引导理财者购买受人欢迎的资产,而放弃不利的资产。

(4)资产配置一般依靠"均值回复"原则。假定某时期股票收益与债券收益相比,已经比正常水平高出 1%,但大多数的投资者仍预期股票还会再获得 1%的额外收益(高于债券收益)而创下新高。假定这时市场将回归到正常的状态,即股票收益下降了 1%或债券收益上涨了 1%,如果在股票下跌时卖出股票或在债券上涨时买进债券,那么此时股票额外收益将会远远超过债券的 1%额外风险溢价。这种市场回归均衡的趋势是战术资产分配中主要的利润机制。

案例分析

年轻夫妇的理财规划

1. 基本情况

张先生 32 岁,硕士,电脑软件工程师,现就职于一家大型电脑公司,年薪 22 万元。妻子,金女士,政府公务员,年薪 5.2 万元,房改中已分房。张先生投资股票 10 万元,现持有的股票市值为 4.6 万元;投资收藏品 10 万元;张先生已于三年前购买了 20 年交费期的重大疾病终身保险 5 份;张先生夫妇双方的父母不需资助;张先生夫妇拟购买一辆 10 万元左右的轿车。目前银行存款为 35 万元。

2. 财务情况

(1)家庭日常生活开支每年约 3 万元。
(2)张先生和妻子健身开支每年 1 万元。
(3)旅游支出每年约 1 万元。
(4)紧急备用金每年 1 万元,以活期存款形式保存,金额保持在 3 万元。
(5)健康投资。张先生继续维持现有重大疾病终身保险保单的效力,年支出 3 250 元。

金女士购买20年交费期的人寿康宁终身保险5份，年保费3050元，夫妇合计年交费6300元。

（6）养老保险。张先生夫妇各购买20年交费期的国寿鸿泰年金保险（分红型）20份，张先生年交费6800元，金女士年交费7200元，合计年交费14000元。

（7）意外保障。张先生夫妇各购买国寿金卡1份，年支出560元。

（8）证券投资。继续持有4.6万元的股票，并每年追加4万元。

（9）收藏品投资。继续持有原收藏品，且每年追加10万元。

（10）汽车购买。从家庭存款中支出10万元购买一辆汽车。另外，每年安排支付汽车的保险费、维修费、过路费、汽油费、年检费、停车费等共计2万元。

（11）外汇投资。从家庭存款中支出12.5万元投资于美元。

（12）黄金投资。从家庭存款中支出12.5万元，投资于黄金或投资于金币。

3. 理财规划分析

张先生的家庭收入较高且比较稳定。从当前的投资规划来看，应把家庭理财的重点放在风险投资上，以追求高额的投资回报，但同时应当兼顾风险，进行适当的避险操作，以确保家庭生活支出始终留有余地。

（1）日常开支。张先生的收入较高，消费自然会高一些。每年3万元的开销可以保障夫妻有品位的生活。旅游消费和健身支出使夫妻俩的生活更加丰富。

（2）紧急备用金。张先生夫妻二人处于青年阶段，而且收入较高，因此紧急备用金不必太多。每年安排1万元，以活期存款形式存在，保持3万元左右，较为合适，即够用又保证资金的一定流动性。

（3）健康投资。对于年轻家庭来说，健康投资是一项战略性的投资。这是起步投资，经济负担轻，保障金大。同时，还可以错开人到中年时的家庭消费高峰期。待张先生夫妻分别到48岁和46岁时，健康投资已完成。目前张先生夫妻年合计交费只需6300元，就分别获得了15万元的保险，还有重大疾病保险10万元。

（4）养老保险。对于张先生这样的家庭，养老投资也是一项战略性的投资。张先生夫妻这时启动这项投资，年交费的负担轻，而获得的收益很大。

（5）张先生夫妻从现在分别进行养老投资，在20年中共投入资金28万元。那么，张先生从60岁起，金女士从55岁起，二人至79岁若生存，每年可从保险公司领取养老金5000元，月均417元。若被保险人死亡，保险公司将给付20万元的赔偿。被保险人生存到80岁，保险公司将给付20万元的期满保险金。与此同时，张先生夫妇还可以获得一份可观的分红。

（6）意外保障。每年花费560元，张先生夫妇可以分别获得37.9万元的保障。对年轻夫妇是非常必要的。

（7）证券投资。张先生继续持有原股票，并在股市向好的时候追加投资，为获利创造了机会。当然应当重视动态调整其股票组合。另外，张先生可以购买部分基金、债券和其他金融工具，以便更好地分散投资风险，构建投资组合。

（8）收藏品投资。在收藏品市场处于有利时机时，进行买卖，获取价差收益。

（9）汽车购买。张先生夫妇有能力进行汽车的购买，而且对其家庭来说是十分必要的。

（10）外汇和黄金投资。对于张先生来说，目前持有大量的现金或储蓄是不划算的，应当采取积极的理财方式。应当在分散风险的基础上进行多样化的投资以获取高额回报。但是由于张先生夫妇都没有时间打理其投资品，而且专业知识也有限，这样会制约其资产的管理，因此应考虑是否购买专家理财式的投资金融工具，即委托基金公司、财务公司等专业化的理财公司来进行投资理财。

（资料来源：中国金融教育发展基金会金融理财标准委员会官方网站）

单身白领的理财规划

1. 基本情况

李小姐，单身，31 岁，外企公司财务主管，年薪大约 180 600 元，总支出 82 700 元，家庭支出占总收入的 45%。根据李小姐目前每月的现金流状况，适当增加每月消费支出，提高生活品质是完全可以承受的。

2. 财务情况

李小姐总资产为 947 000 元，其中现金 15 000 元（以银行活期方式持有），这属于应急金，一般家庭应准备 3~6 个月的家庭开支的应急金，以备不时之需，因此李小姐的现金存款 15 000 元比较合适。债券 12 000 元，在加息的过程中，债券所受影响较大，但其投资比例并不大，因此 12 000 元的债券应属于卖出品种。定期存款 200 000 元，虽然加息增加了利息收入，但是利息税的存在减少了利息收入。在李小姐的总资产中房地产占 500 000 元，流动资产占 447 000 元，因此流动资产的相对比例较高。在没有良好的投资方向的时候，降低流动资产的比例是最明智的选择。李小姐总负债 335 000 元，占总资产的 35%，在李小姐流动资产较高的情况下，减少负债所占比例应是上策。我们通过表 13-7、表 13-8 和表 13-9 对李小姐的财务状况进行分析。

表 13-7　每月收支状况　　　　　　　　　　　　单位：元

收入状况		支出状况	
本人收入	12 000	基本生活开销	700
配偶收入	—	衣食住行	800
房租收入	2 000	医疗费	100
		住房贷款	2 800
		房租支出	1 600
收入总计	14 000	支出总计	6 000

结余：8 000

表 13-8　年度性收支状况　　　　　　　　　　　　单位：元

收入状况		支出状况	
年终奖金	12 000	保险费	5 700
存款、债券利息	400	其他支出	5 000
其他红利	200		
收入总计	12 600	支出总计	10 700

结余：1 900

表 13-9　家庭资产负债状况　　　　　　　　　　　　单位：元

家庭资产		家庭负债	
现金	15 000	房屋贷款（余额）	335 000
定期存款	200 000		
债券	12 000		
房地产（出租）	500 000		
外汇存款	220 000		
资产总计	947 000	负债总计	335 000

资产净值：612 000

3. 理财目标

李小姐的理财目标有三个：一是提前归还部分贷款，卖掉一部分外币，买入伞型基金，或持有外汇宝。二是中长期目标：结婚、养老。三是找到合适的投资渠道，使闲置资金能够达到 10%～15%的年投资回报率。李小姐的理财目标明确而且非常理性，但她高估了投资回报率，这在当前市场中是比较困难的。

4. 专家理财分析

（1）学会正确的家庭理财方法和树立正确的家庭理财目标，聘请专业的理财顾问为其长年的理财专家。可以看出，李小姐对经济变化有一定的敏感性，能够对出现的经济状况做出及时的反应，但由于其工作较忙且对理财不够专业，仍然存在一些问题，有必要学习一些理财方法与技巧，只有这样才能使她的财产更好地增值和更好地提高生活品质。李小姐是一名31 岁的单身女性，会有许多不确定性事件发生，如结婚等大事会对她的财务状况产生大的影响。但在 2006—2007 年，中国的经济出现了新一轮的景气周期，因此李小姐应及时改变其原有的理财方案。因此一位长期的专业的理财顾问的存在，会对李小姐的财务状况问题给予最及时和最全面的帮助。

（2）长短期目标相结合。对经济周期反应小的理财规划应继续实施，对经济周期反应大的计划，在经济出现拐点的时候进行及时调整。

1）调整房贷额度。由于目前加息的周期已经来临，对于李小姐高额的闲置资金和股市、期市、债市、汇市、黄金市场等多种投资方式在加息周期及行业景气度拐点走势不明朗的前提下，归还部分房贷，减少利息支付，是目前经济形势下的明智选择。

2）卖掉美元、日元，换成人民币。目前美元、日元等外币的存款利率均低于同期人民币利率，且美元大额度贬值，而人民币又处于加息周期，保存外币不合适，应果断地抛出外币换成人民币。

3）增持货币市场基金。人民币加息使货币基金成为较好的投资品种，因为货币基金是所有基金品种中风险最低的。它随时可以兑付，流动性好，从收益来看，平均年回报率也高于同期定期银行存款利率，且基金收益可以享受免税的优惠。在股市、债市走势还不明朗的情况下，投资货币基金市场是闲置资金的最好出路。

4）增加日常消费。李小姐已经 31 岁了，且不想单身，非常向往婚姻生活，在目前闲置资金没有很好出路的情况下，不如投资在自己的身上，增加自己的自信心与魅力，不失为一种很好的投资。例如，增加每月美容、健身，以及购买营养品、化妆品、时尚服装的消费，增强自己对异性的吸引力，同时使自己的独身生活丰富多彩些。

5）社会保险的投入对经济的反应较小，因此不必要做太大的改变，但是由于李小姐单身，收入单一，建议增加部分的意外险，以规避意外发生对其生活造成太大的影响。

根据专家对李小姐理财的建议，调整其资产、负债结构如表 13-10 所示。

表 13-10　家庭资产负债状况　　　　　　　　单位：元

家庭资产		家庭负债	
现金	15 000	房屋贷款（余额）	0
货币市场基金	97 000		
债券	0		
房地产（出租）	500 000		
外汇存款	0		
资产总计	612 000	负债总计	0

资产净值：612 000

基于对李小姐上述的调整，如果三年后经济出现新的景气周期，李小姐仍然保持自己的收入水平，将会有更多的收入增加到货币市场基金中来，新增的收入总额为 193 700 元（8 000×12×3+19 00×3），加上目前 97 000 元的货币市场基金的本金及收益（假设每年的收益率为 2.47%）为 104 366 元。三年后李小姐在不改变自己生活质量的前提下其流动性总资产将达到近 40 万元的水平。

（资料来源：选自首届上海十佳理财之星评选理财案例获奖作品）

退休家庭的理财规划

1. 基本情况

赵先生，60 岁，公务员，已退休，每年从单位领取退休金 12 000 元。妻子孙女士，55 岁，已经退休，年退休收入为 8 000 元。赵先生夫妇二人拥有自己的住房，由于退休，故居住在小城市，交通便利无购车计划。但是由于医疗改革，夫妻二人的医疗费用支出的不确定性极大。二人为未来的医疗费支出规划为每人每年 2 500 元；退休后的旅游计划是每年 5 000 元。另外，赵先生的父亲需要赡养，每年为其安排生活需花费 2 400 元，这种支出假定持续 10 年。赵先生的子女每年给夫妇二人 3 000 元的生活费。赵先生每年的生活费支出为 14 400 元，如果一人去世，则生活费支出为 9 600 元。如果有一人或两人生病，还需要额外的支出。赵先生拥有银行存款 30 000 元，投资于国债 30 000 元。假定目前的折现率为 3%。

2. 未来现金流状况

忽略储蓄和国债产生的收入，那么赵先生夫妇的未来现金流的现值计算如下（假定夫妇二人均活到 80 岁）：

赵先生夫妇每年的现金收入=赵先生的退休收入+孙女士的退休收入-二人的生活费支出-每年的医疗费支出+子女的赡养费-赡养父母的费用=12 000+8 000-14 400-5 000+3 000-2 400=1 200（元）。当赵先生去世后，李女士的现金流=8 000-9 600-2 500+3 000=-1 100（元）。

赵先生夫妇的现金流的现值=1 200×PVIFA（3%，10）+3 600×PVIFA（3%，10）×PVIFA（3%，10）-1 100×PVIFA（3%，20）×PVIFA（3%，5）=30 296（元）

在赵先生 70 岁之前每年旅游两次，每次花费 5 000 元，则旅游费用的现值为 21 011 元。医疗支出的费用难以估计，且不确定性极大。但赵先生夫妇有近 60 000 元的资金（用于投资国债和银行存款）可用。

3. 理财规划分析

赵先生夫妇现在拥有的资产和未来的现金收入足够二人基本生活支出，但是在上述分析中，我们没有考虑二人意外重大疾病的支出。而一旦发生重大疾病，二人的积蓄就显得不够了，而这种情况发生的概率非常大，因为赵先生夫妇已经步入老年，身体每况愈下。

这种对现金可能的大量需求可以通过安排更多的易变现的资产来满足，如保留更多的现金，投资于更多的货币市场基金产品，另外就是进行相关的保险，不但在发生重大意外情况时有保额支付，而且可以将保单抵押出去获得借款，以解燃眉之急。对于赵先生这样的老年理财者，不仅应当购买意外事故和重大疾病保险，还应购买死亡保险。

一些主要的资产如房地产，一旦发生损失，其重置成本会十分高昂，因此应对它们进行保险。投资风险可以通过分散投资和审慎地选择风险较小的投资品种来防范。因此要重新规划赵先生资产的配置。

赵先生夫妇二人各购买 10 年交费期的国寿康宁保险两份，赵先生年交费 3 000 元，孙女士每年交费 1 820 元，年合计交费 4 820 元，同时获得 20 000 元的重大疾病保险。若保单到期后，则可领回所交纳的全部保费（不计利息）30 000 元和 18 200 元，作为二人的养老金，但最好还是仍然投资于保险。赵先生夫妇也应购买财产保险，具体根据其所拥有的资产来确定。

像赵先生这样的退休家庭的资金流动性很差，除了固定的退休收入之外，没有任何的收入来源，由于其未来的现金流小，故很难从银行筹到借款，因此增加资产的流动性是十分重要的。由于赵先生夫妇的未来收入有限，且流动性又差，因此投资的风险管理是重中之重。

股票这样波动性较大的投资品种对于赵先生夫妇而言是不适合的，对其投资应持谨慎的态度，应选择国债类基金和货币市场基金等低风险、流动性好、收益稳定的品种。高流动性可以满足未来对流动性的要求，低风险可以保证投资遭受损失的可能性较小，而且获得高于同期银行存款利率的投资回报率。所以赵先生可以考虑投资 20 000 元用于低风险的基金，余下的资金用于交纳保险费用和进行储蓄及国债投资。

（资料来源：中国金融教育发展基金会金融理财标准委员会官方网站）

本章小结

1. 理财者的财务生命周期可以划分为以下几个阶段：累积阶段、巩固阶段和支出阶段。在投资理财的生命周期内，个人有各种各样的投资目标。

2. 不同的投资理财者要受到财务、税收、时间、投资态度和其他一些因素的影响。不同理财者对待风险的态度因各自不同的年龄、资金的动用时间、理财目标的弹性及理财者的主观风险偏好不同而不同。

3. 相对较低的收入水平以及各种社会福利和保障体系还不健全决定了我国居民的风险承受能力不强。

4. 在个人进行资产配置前应考虑个人的保险、现金储备等基本因素。资产配置策略包括长期资产配置策略和战术资产配置策略两种。

复习思考题

1. 如何理解生命周期对投资理财的影响？
2. 如何衡量投资组合中的风险？为什么多样化投资会分散风险？
3. 资产配置策略有哪几种？各自的特点是什么？
4. 试说明资产配置的过程。
5. 确定具体投资工具时应遵循哪些原则？
6. 实践演练题。

家庭档案：

妻子小丽，31 岁，某单位会计师；

先生陈涛，31 岁，某单位管理人员；

儿子陈陈，1 岁，在家，幼儿。

理财目标：

近期买新房，3 年内买车，5 年后投资房地产。

收入中上等并无负债：

小丽及其先生的月收入不低，分别为 5 500 元和 10 500 元，两人每个月的生活费为 6 000 元，每个月还有结余 9 000 元。每年用于旅游、人情费等支出大约是 2 万元。目前，家有 20 000

元活期存款、30 万元定期存款和 3.4 万元的公积金存款，还有 14.7 万元的股票类基金和 4.4 万元的债券类基金。小丽为自己购买了一份 10 万元的重大疾病险，为儿子买了一份保额为 20 万元的综合险，每年的保险费支出为 8 000 元。

首要需求是购房：

现居住的旧房面积过小，不能满足需要，所以近期想买一处新房。旧房现在市值为 65 万元。

中期目标是买车：

小丽和其先生经常出去旅游，如果有自己的车就会方便很多，而且儿子今后的上下学也方便接送，因此筹划在 3 年内买辆车。

远期目标：

培养孩子需要准备一笔教育基金。沈阳房价近年涨了很多，许多人炒房地产赚了钱，小丽也制定了一个中远期目标，即 5～10 年计划投资 60 平方米的房地产用于出租。

请问，如果小丽要想实现这些目标，该如何安排资金？是否应另外规划一些投资品种？

参考文献

[1] 张凤君. 证券基础[M]. 北京：中国财政经济出版社，2005.

[2] 王秀芳. 证券投资理论与实务[M]. 北京：北京大学出版社，2005.

[3] 张伟. 基础统计[M]. 北京：中国财政经济出版社，2005.

[4] 中国金融教育发展基金会金融理财标准委员会组织. 投资规划[M]. 北京：中信出版社，2004.

[5] 理财规划实务编撰委员会. 理财规划实务（增修订四版）[M]. 台北：台湾金融研训院，2012.

[6] 彭振武. 中国家庭的投资理财模型[M]. 北京：机械工业出版社，2010.

[7] 威廉姆·B·布鲁格曼，杰弗瑞·D·费雪. 房地产融资与投资[M]. 逮艳若，等译. 北京：机械工业出版社，2003.

[8] 张颖. 个人理财基础[M]. 北京：对外经贸大学出版社，2015.

[9] 姜何，王祖建. 财富杠杆——外汇交易入门[M]. 北京：经济管理出版社，2012.

[10] 刘亚萍. 金融投资案例分析[M]. 北京：科学出版社，2012.

[11] 吴小平. 保险原理与实务[M]. 北京：中国金融出版社，2013.

[12] 魏华林，林宝清. 保险学[M]. 北京：高等教育出版社，2010.

[13] 陈朝先. 人身保险[M]. 北京：中国金融出版社，2011.

[14] 苏毅平，任淑美. 家庭理财实务[M]. 北京：机械工业出版社，2012.

[15] 叶永良，张启富. 证券投资学[M]. 北京：经济科学出版社，2012.

[16] 任淮秀. 证券投资案例教程[M]. 北京：北京大学出版社，2011.

[17] 余婧. 均值—方差的近似偏度投资组合模型和实证分析[J].运筹学学报，2015，3:106–114.

[18] 徐晓宁，何枫，陈荣，等. 允许卖空条件下证券投资组合的区间二次规划问题[J].系统工程理论与实践，2013，33:2533–2538.

[19] 罗洪浪，王浣尘. 现代投资组合理论的新进展[J]. 系统工程理论方法应用，2012，22:185–189.

[20] 徐丽梅. 现代投资组合理论最新进展评述及其分支的发展综述[J]. 首都经济贸易大学学报，2014，4:75–79.

[21] 郑振龙，陈志英. 现代投资组合理论最新进展评述[J]. 厦门大学学报，2012，2:17–24.

反侵权盗版声明

电子工业出版社依法对本作品享有专有出版权。任何未经权利人书面许可，复制、销售或通过信息网络传播本作品的行为；歪曲、篡改、剽窃本作品的行为，均违反《中华人民共和国著作权法》，其行为人应承担相应的民事责任和行政责任，构成犯罪的，将被依法追究刑事责任。

为了维护市场秩序，保护权利人的合法权益，我社将依法查处和打击侵权盗版的单位和个人。欢迎社会各界人士积极举报侵权盗版行为，本社将奖励举报有功人员，并保证举报人的信息不被泄露。

举报电话：（010）88254396；（010）88258888

传　　真：（010）88254397

E-mail：　dbqq@phei.com.cn

通信地址：北京市万寿路173信箱

　　　　　电子工业出版社总编办公室

邮　　编：100036